서울대 학문 목적 한국어⁺ 시리즈
말하기·듣기·**읽기**·쓰기

서울대
한국어⁺plus

학문 목적

읽기

서울대학교 언어교육원 지음

서울대학교출판문화원

머리말

최근 들어 한국 내 대학 및 대학원에서 수학하고 있거나 진학하고자 하는 외국인의 수가 더욱 증가하고 있는 추세입니다. 외국인 학생들에게 한국어 구사 능력은 실생활에서 필요할 뿐만 아니라 대학 학업에 있어서도 성패를 좌우하는 불가결한 기본 수단입니다. 학문 목적의 한국어 교재는 일반 목적의 한국어 교재와 내용 및 구조 측면에서 차별화가 필요합니다. 한국어 학습자의 학습 목적은 한국어 교수 학습 방법은 물론 교재화 방식을 결정하는 중요한 변수 중 하나이기 때문입니다.

이러한 사실에 초점을 맞추어 서울대학교 언어교육원 한국어교육센터에서는 외국인 유학생들을 대상으로 한국 대학에서의 학습·연구 활동을 목적으로 하는 새로운 교재를 출간하게 되었습니다. 이 교재는 대학 수학에서 요구되는 기능과 장르를 중심으로 『말하기』, 『듣기』, 『읽기』, 『쓰기』 네 권으로 구성되며, 그중 『읽기』는 다음과 같은 특징을 가지고 있습니다.

첫째, 대학 교양 서적 및 전공 서적의 내용을 파악하기 위한 효율적인 읽기 능력을 기른다는 목적 아래 학습 내용을 '어휘 익히기', '텍스트 읽기', '내용 이해하기', '구성 이해하기', '쓰기'로 나누어 제시하였습니다. 먼저 주제 어휘 제시와 텍스트 읽기, 내용 이해하기 활동을 통하여 효율적인 읽기 활동이 이루어지도록 하였습니다. 다음으로 '구성 이해하기' 활동을 통하여 제시된 텍스트의 장르적 특성을 파악하고 구체적으로 연습하며 익힐 수 있도록 하였습니다. 또한 읽기와 연계된 쓰기 과제 단계로 각 장르 특성에 맞게 텍스트를 쓰도록 구성하였습니다.

둘째, 유학생들이 적합한 주제로 선정된 텍스트를 읽고 새로운 지식을 배우고 이를 기반으로 대학에서 실시하는 각종 과제들을 수행할 수 있도록 주제 중심 교수요목으로 구성하였습니다. 주제는 정치, 경제, 사회, 문화, 역사, 문학 등 광범위한 분야에 걸쳐 선정함으로써 외국인 유학생에게 필요한 지식을 습득할 수 있도록 하였습니다.

셋째, 학습자들이 짧은 기간에 효과적으로 읽기 능력을 향상시킬 수 있도록 대학의 교양 과정이나 교과목에서 접하기 쉬운 내용의 텍스트를 선정하였습니다. 또한 다양한 읽기 형식과 전략을 제시함으로써 대학 수학 과정에서 그와 유사한 텍스트를 접했을 때 활용할 수 있도록 하였습니다.

넷째, 읽기뿐 아니라 읽기와 연계된 쓰기도 중요한 비중으로 다루었습니다. 각 장르에 맞는 쓰기 과제를 수행하기 위해 장르 특성에 따른 구조를 익히고 각 장르에 따른 어휘 표현에 대한 학습도 제시하였습니다. 외국어로서 한국어 학습자들에게는 어휘·문법 등에 대한 학습 요구가 높으며, 실제 쓰기 과제를 수행하기 위해 언어적 요소들을 익히는 것이 필수적이기 때문입니다. 이에 따라 각 장르의 전형적인 구조와 어휘 및 표현을 제시하였고, 이에 관해 연습할 수 있는 부분을 포함시켰습니다. 이러한 연습을 통하여 학습자들은 다양한 장르 텍스트의 표현에 대해 인식을 고양하고 실제 사용해 봄으로써 표현의 적절성과 정확성을 높일 수 있을 것입니다.

이 책이 완성되기까지 많은 분들의 노력과 수고가 있었습니다. 오랜 기간에 걸쳐 이루어진 집필 및 출판 과정에서 이분들의 도움이 아니었다면 책이 만들어질 수 없었을 것입니다. 본 교재를 기획하고 기본 틀을 잡는 데 기여하신 최은규 선생님, 집필 초기에 참여한 최지영 선생님, 연구반 수업에서 사용하며 많은 조언을 해주신 안경화, 정인아, 김민애, 최지훈 선생님의 노고에 감사를 드립니다. 아울러 책이 출판되기까지 오랜 기간 동안 작업을 도와주신 서울대학교출판문화원의 김종서, 권석만 전 원장님과 박진수 현 원장님, 그리고 관계자 여러분께도 고마운 마음을 전합니다.

2017년 3월
저자 일동

일러두기

〈서울대 한국어+ 학문 목적 읽기〉는 총 15개 과로 이루어져 있으며, 각 과는 다음과 같이 구성됩니다.

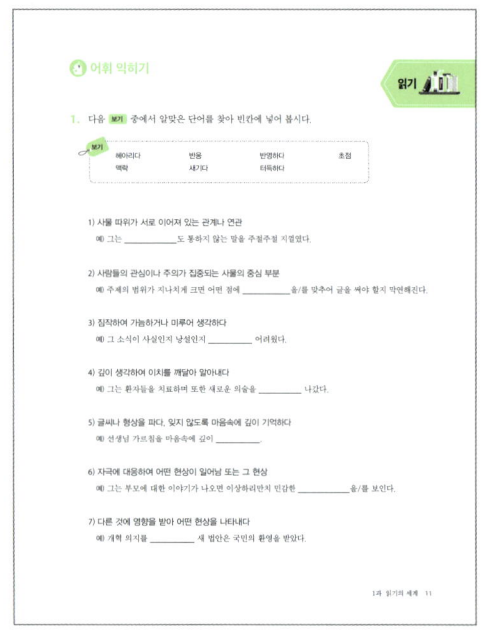

어휘 익히기

주제와 관련된 어휘를 제시하고 문장을 통해 의미와 용법을 익힙니다.

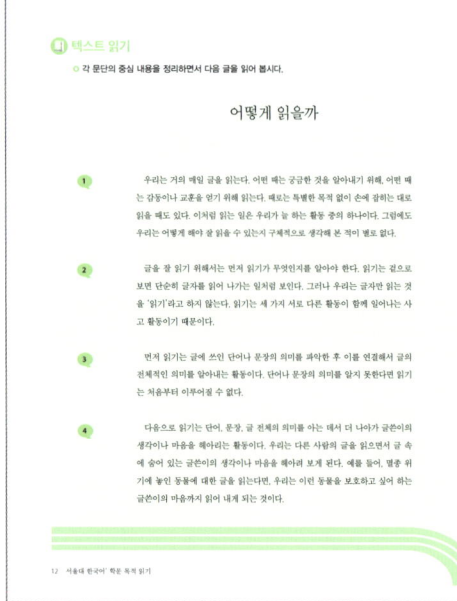

텍스트 읽기

설명문, 논설문, 수필, 소설 등 다양한 문어 텍스트를 읽고 글의 구조 및 언어 표현을 이해하며 훑어 읽기, 자세히 읽기, 주제 찾기, 주장과 근거 찾기 등 다양한 읽기 기술을 익힙니다.

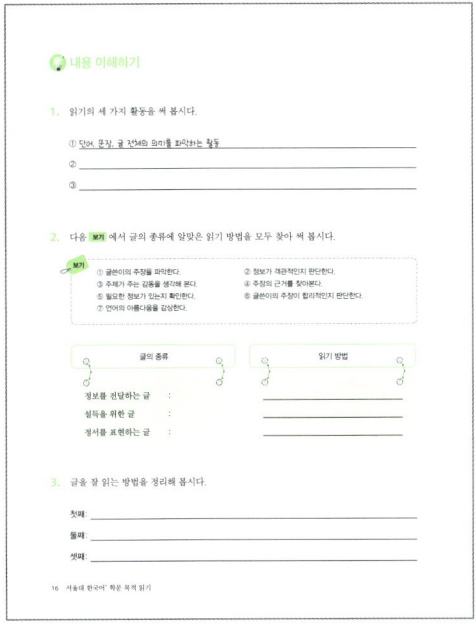

내용 이해하기

해당 과의 텍스트를 읽고 문제를 통해 읽은 내용을 확인합니다.

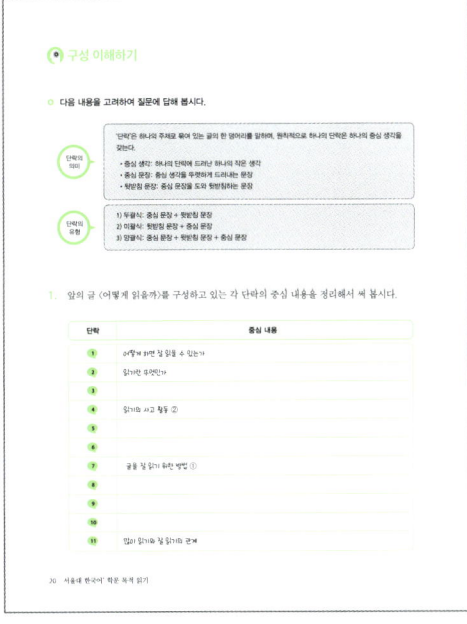

구성 이해하기

논증하기, 묘사하기, 요약하기, 분석하기 등 쓰기 기능과 관련된 표현을 제시하고 연습을 통해 이를 익힙니다.

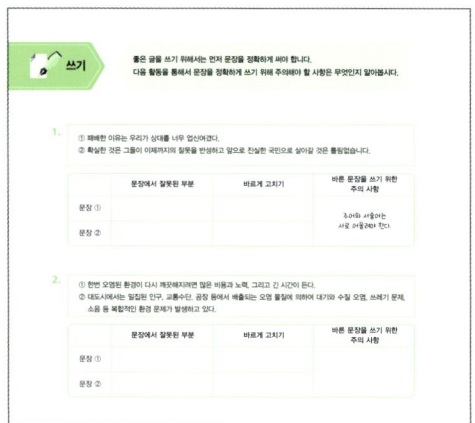

쓰기

학습자가 개별적으로 또는 동료와 상호 작용하면서 쓰기 과제를 수행하며 주장하는 글, 설명하는 글, 묘사하는 글 등 다양한 장르의 글쓰기를 익힙니다.

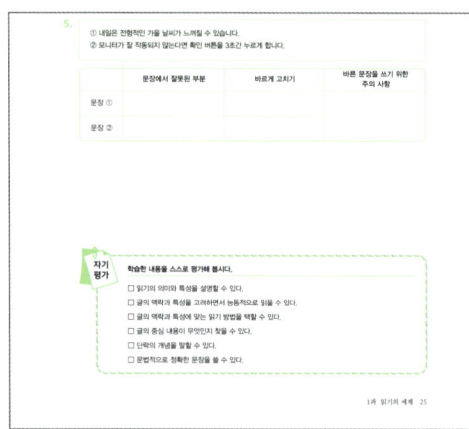

자기 평가

자기 평가 질문을 통해서 학습자 스스로 해당 과의 학습 성취도를 점검함으로써 자기 주도 학습으로 이끕니다.

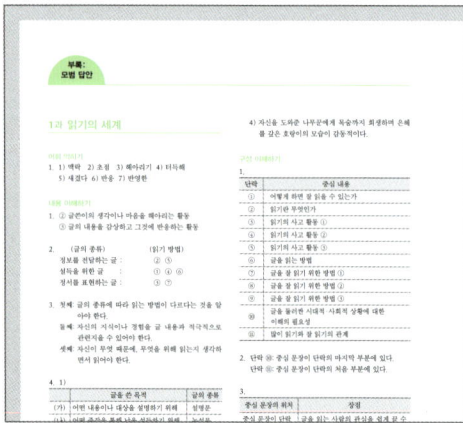

부록

연습 문제의 모범 답안과 어휘 색인을 제공합니다.

차례

머리말	2
일러두기	4
교재 구성표	8

1과	읽기의 세계	10
2과	언어와 문화	26
3과	스트레스와 건강	42
4과	한국의 절	58
5과	남북 분단	74
6과	한국의 미	88
7과	여러 나라의 공부 방식	100
8과	신비한 미생물의 세계	114
9과	수돗물의 미래	128
10과	자연과 삶	142
11과	한국의 커피 역사	158
12과	경제와 인재	172
13과	시와 정서	184
14과	깨달음이 있는 경험	196
15과	문학과 사회	210

부록	234

교재 구성표

단원	어휘 익히기	텍스트 읽기	내용 이해하기	구성 이해하기	쓰기
1과 읽기의 세계	헤아리다, 반응, 반영하다, 초점, 맥락, 새기다, 터득하다	• 어떻게 읽을까	• 읽기의 세 가지 활동 • 글을 잘 읽는 방법	• 단락의 의미 • 단락의 유형	• 문장을 정확하게 쓰기 위해 주의해야 할 사항
2과 언어와 문화	정체성, 지칭어, 보존하다, 정착, 농축, 계승하다, 호칭어, 금기	• 우리말과 우리 문화	• 우리말의 언어 문화적 가치 정리 • 일상생활에서 사라진 말의 의미 • 속담에 담겨 있는 문화적 특성	• 설명문의 정의 • 설명문 쓰는 과정 • 설명문 쓰기의 요건	• 개요 작성 • 개요 바탕으로 설명문 쓰기
3과 스트레스와 건강	조이다, 투사, 퇴행, 대처, 방어 기제, 격변, 합리화, 승화	• 스트레스	• 스트레스와 스트레스원의 정의 • 스트레스 대처 방법의 종류	• 분류의 개념 • 분류의 방법으로 글쓰기 • 분류 표현	• 분류 기준 정하고 분류의 방법으로 글쓰기
4과 한국의 절	의례, 번뇌, 단청, 변용, 수호하다, 설파하다, 이정표	• 절	• 일주문과 불이문의 의미 • 석등의 상징	• 분석의 개념 • 분석의 방법으로 글쓰기 • 분석의 유용성 • 분석의 표현	• 분석 기준 정하고 분석의 방법으로 글쓰기
5과 남북 분단	분단, 구축하다, 냉전, 명분, 전향, 신탁 통치, 주둔하다	• 한국 분단 과정 (1945~1950)의 원인	• 각 문단의 중심 내용 정리 • 부르주아 민족주의, 사회주의적 민족주의 설명	• 원인 분석하여 설명문 쓰기의 요건	• 원인 분석의 방법으로 설명문 쓰기
6과 한국의 미	씨름, 구성, 묘사, 필치, 구도, 풍속화, 시선, 감각적	• 예측할 수 없는 승부의 현장을 연출하다-씨름	• 김홍도의 치밀한 화면 구성 • 그림 〈씨름〉의 구도	• 묘사의 개념 • 묘사의 방법으로 글쓰기	• 대상 선택하여 묘사하는 글쓰기
7과 여러 나라의 공부 방식	사상, 논쟁, 원천, 암송, 융합, 주입식, 교류	• 여러 나라의 공부법	• 한 나라의 공부 철학과 그 나라 문화의 관계 • 여러 나라의 공부 방식	• 비교와 대조의 개념 • 비교와 대조하기 방법으로 글쓰기 • 비교와 대조 방식의 유용성 • 비교와 대조 표현	• 대상 선택하여 비교하는 글쓰기
8과 신비한 미생물의 세계	추적, 면역, 미생물, 아군, 감염, 특공대, 침투	• 자살 특공대가 된 살모넬라균 암 치료 기술	• 살모넬라균의 정의 • 살모넬라균을 암세포 없애는 무기로 적용하는 과정	• 요약하기의 개념 • 요약하기의 방법	• 글 〈자살 특공대가 된 살모넬라균 암 치료 기술〉 요약하기

단원	어휘 익히기	텍스트 읽기	내용 이해하기	구성 이해하기	쓰기
9과 수돗물의 미래	불소, 우려하다, 임상 실험, 축적되다, 시행, 부작용, 유해 물질	• 수돗물 불소화 논쟁	• 두 의견의 내용 확인 • 두 주장 글의 주장과 근거 정리하기 • 두 글의 쟁점 찾기	• 논증의 개념 • 논증 방식	• 논증하는 글쓰기
10과 자연과 삶	자생지, 동반자, 생태계, 멸종되다, 보존하다, 파괴하다, 야생화	• 우리의 삶과 함께하는 야생화	• 글을 쓴 목적 • 글쓴이가 독자에게 당부하는 내용	• 정보 서적의 개념 • 정보 서적의 특성	• 자신에게 필요한 정보 찾아 내용 정리하기
11과 한국의 커피 역사	전파력, 서구화, 허영, 근대화, 사교, 굴곡, 변천	• 한국 근현대사의 커피 역사	• 책 〈고종 스타벅스에 가다〉의 내용 • 한국의 커피 변천사 정리	• 서평의 정의 • 서평 쓸 때 유의할 점	• 서평 쓰기
12과 경제와 인재	채용, 역량, 인재, 선발, 인성, 발굴, 등용하다	• 세종이 관노 출신 장영실을 중용한 까닭	• '채용이 곧 『전부다.』'라는 말의 의미 • 세종의 인재 선발 방법	• 논평의 개념 • 논평 쓰는 방법	• 사회적 쟁점에 대한 논평 쓰기
13과 시와 정서	몸짓, 빛깔, 향기, 잊혀지다, 눈짓, 전파, 황량하다	• 꽃	• 시 〈꽃〉의 짜임 및 전개 방식의 특성	• 시 감상문 쓰는 방법	• 시 감상문 쓰기
14과 깨달음이 있는 경험	분수, 얽매이다, 집착, 해방감, 무소유, 이해관계, 빈손	• 무소유	• 난초의 상징적인 의미 • 집착에서 오는 괴로움	• 수필의 개념 • 수필 쓸 때 유의할 점 • 수필 쓰는 방법	• 수필 쓰기
15과 문학과 사회	확장, 공방전, 이판사판, 협정, 폐업, 아웅다웅하다, 구멍가게	• 원미동 사람들	• 작품의 중심 사건 정리 • 작품의 사회·문화적 배경		

1과 읽기의 세계

○ 다음 자료를 보고 질문에 답해 봅시다.

 에디슨: 책은 위대한 천재가 인류에게 남겨 주는 유산이며 아직 태어나지 않은 자손들에게 주는 선물로서, 한 세대에서 다른 세대로 전달된다.

 생 피에르: 좋은 책은 좋은 친구와 같다.

키케로: 책은 청년에게는 음식이 되고, 노인에게는 오락이 된다. 부자일 때는 지식이 되고, 고통스러울 때는 위안이 된다.

새뮤얼 스마일스: 사람의 품격이 그가 읽는 바의 서적으로 판단되는 것은 사귀는 벗으로 그 사람을 판단할 수 있는 것과 같다.

에디슨

키케로

스마일스

1. 즐겁게 읽었던 책이나 감명 깊게 읽었던 책에 대해 말해 봅시다.

2. 그 책이 감명 깊었던 이유를 생각해 본 후, 위의 인물들처럼 책에 관한 자신의 생각을 명언으로 만들어 봅시다.

어휘 익히기

1. 다음 보기 중에서 알맞은 단어를 찾아 빈칸에 넣어 봅시다.

> 보기
>
> 헤아리다 반응 반영하다 초점
> 맥락 새기다 터득하다

1) 사물 따위가 서로 이어져 있는 관계나 연관
   예) 그는 _____도 통하지 않는 말을 주절주절 지껄였다.

2) 사람들의 관심이나 주의가 집중되는 사물의 중심 부분
   예) 주제의 범위가 지나치게 크면 어떤 점에 _____을/를 맞추어 글을 써야 할지 막연해진다.

3) 짐작하여 가늠하거나 미루어 생각하다
   예) 그 소식이 사실인지 낭설인지 _____ 어려웠다.

4) 깊이 생각하여 이치를 깨달아 알아내다
   예) 그는 환자들을 치료하며 또한 새로운 의술을 _____ 나갔다.

5) 글씨나 형상을 파다, 잊지 않도록 마음속에 깊이 기억하다
   예) 선생님 가르침을 마음속에 깊이 _____.

6) 자극에 대응하여 어떤 현상이 일어남 또는 그 현상
   예) 그는 부모에 대한 이야기가 나오면 이상하리만치 민감한 _____을/를 보인다.

7) 다른 것에 영향을 받아 어떤 현상을 나타내다
   예) 개혁 의지를 _____ 새 법안은 국민의 환영을 받았다.

텍스트 읽기

○ 각 문단의 중심 내용을 정리하면서 다음 글을 읽어 봅시다.

어떻게 읽을까

1. 우리는 거의 매일 글을 읽는다. 어떤 때는 궁금한 것을 알아내기 위해, 어떤 때는 감동이나 교훈을 얻기 위해 읽는다. 때로는 특별한 목적 없이 손에 잡히는 대로 읽을 때도 있다. 이처럼 읽는 일은 우리가 늘 하는 활동 중의 하나이다. 그럼에도 우리는 어떻게 해야 잘 읽을 수 있는지 구체적으로 생각해 본 적이 별로 없다.

2. 글을 잘 읽기 위해서는 먼저 읽기가 무엇인지를 알아야 한다. 읽기는 겉으로 보면 단순히 글자를 읽어 나가는 일처럼 보인다. 그러나 우리는 글자만 읽는 것을 '읽기'라고 하지 않는다. 읽기는 세 가지 서로 다른 활동이 함께 일어나는 사고 활동이기 때문이다.

3. 먼저 읽기는 글에 쓰인 단어나 문장의 의미를 파악한 후 이를 연결해서 글의 전체적인 의미를 알아내는 활동이다. 단어나 문장의 의미를 알지 못한다면 읽기는 처음부터 이루어질 수 없다.

4. 다음으로 읽기는 단어, 문장, 글 전체의 의미를 아는 데서 더 나아가 글쓴이의 생각이나 마음을 헤아리는 활동이다. 우리는 다른 사람의 글을 읽으면서 글 속에 숨어 있는 글쓴이의 생각이나 마음을 헤아려 보게 된다. 예를 들어, 멸종 위기에 놓인 동물에 대한 글을 읽는다면, 우리는 이런 동물을 보호하고 싶어 하는 글쓴이의 마음까지 읽어 내게 되는 것이다.

마지막으로 읽기는 글의 내용을 감상하고 그것에 반응하는 활동을 포함한다. 예를 들어, 서자의 슬픔을 안고 태어나 평등한 세상을 만들기 위해 온갖 어려움을 겪는 홍길동의 이야기를 읽으면서 우리는 안타까운 마음, 동정하는 마음을 갖게 된다.

이제부터는 글을 읽는 방법을 생각해 보자. 글을 잘 읽기 위한 방법에는 여러 가지가 있지만 여기서는 꼭 필요한 것만 간략히 살펴보도록 한다.

첫째, 글을 잘 읽으려면 글의 종류에 따라 읽는 방법이 조금씩 다르다는 것을 알아야 한다. 각 글들은 저마다 쓰임새가 다른 만큼 그것들을 읽는 데도 다른 요령이 필요하다. 설명문처럼 정보를 전달하기 위한 글은 그 글이 담고 있는 사실적인 정보에 주의를 기울여야 한다. 우선 읽으려는 글에 필요한 정보가 있는지를 확인해야 하고, 그 정보가 객관적인지도 생각해 보아야 한다. 또 중요한 정보와 덜 중요한 정보를 나누어 보는 것도 좋다. 논설문처럼 주장을 통해 남을 설득하고자 하는 글은 먼저 그 주장을 알아내야 한다. 그러고 나서 글쓴이의 생각이 타당한지를 헤아려 보아야 한다. 글쓴이가 그런 주장을 하게 된 이유나 근거를 파악하여 읽으면 글쓴이의 주장이 합리적인지 아닌지를 판단할 수 있게 된다. 시나 소설처럼 정서적인 글은 글이 주는 느낌을 찬찬히 음미하면서 읽는 것이 중요하다. 문학 작품에 표현된 언어의 아름다움을 느끼며 읽어도 좋고, 주제가 주는 감동과 교훈을 감상하면서 읽어도 좋다.

둘째, 글을 잘 읽으려면 자신의 지식이나 경험을 글 내용과 적극적으로 관련 지을 수 있어야 한다. 불국사를 직접 다녀왔거나 불국사를 다룬 방송을 본 경험이 있는 학생들이 불국사 기행문을 읽는다고 하자. 능숙한 독자는 기행문 속에서 '탱화'라는 낯선 단어를 접했을 때 자신의 경험을 떠올려 최대한 글 내용에 가까운 그림을 머릿속에 그려낼 것이다. 그리고 '아, 탱화라는 것은 대웅전 벽에 붙여져 있던, 부처님과 제자들을 그린 화려한 채색의 그림이구나!' 하고 이해하게 될 것이다. 이처럼 자신의 지식과 경험을 읽기에 적극적으로 반영할 때 똑같은 글을 읽어도 글의 내용을 더 정확하고 풍부하게 이해할 수 있게 된다.

9 셋째, 글을 읽을 때는 자신이 무엇 때문에, 무엇을 위해 읽는지 생각하면서 읽어야 한다. 글을 읽는 목적에 따라 글을 읽는 초점과 방법을 달리해서 읽을 필요가 있기 때문이다. 갯벌의 생태계에 대한 책을 읽는 경우를 생각해 보자. 여행을 가기 위해서 읽는 사람과 환경 문제에 대한 지식을 얻기 위해서 읽는 사람의 처지는 다를 수밖에 없다. 앞의 사람은 재미있고 알찬 여행을 위해서 갯벌에 사는 생물들의 이름과 습성을 눈여겨보아야 할 것이다. 반면에 뒤의 사람은 환경 문제를 더 잘 이해하기 위해서 사람들의 삶과 갯벌 생태계의 관계에 주목해야 할 것이다.

10 글을 둘러싼 시대적·사회적 상황은 글의 의미와 가치를 다르게 만든다. 그것은 무엇보다 글을 쓴 사람이 놓인 자리와 글을 읽는 사람이 놓인 자리가 다르기 때문이다. 예를 들어, 눈먼 아버지를 봉양(奉養)하기 위해 모진 고생을 하다가

인당수 바다에 몸을 던진 심청의 이야기를 생각해 보자. 이 이야기는 효행의 가치를 가장 중요하게 여기던 조선 시대에 여러 사람들의 손을 거쳐 만들어진 것이다. 그래서 심청이 바다에 몸을 던졌다 살아나 아버지와 다시 만나게 되는 비현실적인 결말도 자연스럽게 받아들일 수 있었을 것이다. 그러나

같은 이야기를 우리들이 읽으면 어떨까? 오늘날의 한국 사회에도 옛날부터 이어져 내려온 효행의 가치에 대한 인식은 여전히 남아 있다. 그러나 그에 못지않게 지금의 청소년들은 부모의 삶에 종속(從屬)되지 않고 자신의 삶을 창조해 가는 것이 중요하다고 생각한다. 이러한 맥락에서 보면 어린 심청이 아버지를 위해 고생을 마다하지 않은 것은 이해할 수 있다고 하더라도 자신의 생명까지 버리려 한 것에 대해서는 쉽게 동의하지 못할 수도 있다. 이처럼 글을 쓰는 사람과 글을 읽는 사람은 서로 다른 시대적·사회적 상황 속에서 서로 다른 경험과 지식을 갖고 살아가는 경우가 많다. 그러므로 글을 읽는 사람은 자기가 읽고 있는 글이 어느 시대, 어떤 사회에서 어떤 생각을 가진 사람에 의해서 쓰였는지 이해할 필요가 있다.

글을 읽는 일과 관련해서 마음에 새겨 두어야 할 것이 있다. 글을 잘 읽으려면 많이 읽어야 한다는 것이다. 이 말은 글을 자주 접하여 글과 친해져야 한다는 뜻이다. '많이 읽으면 글의 의미를 자연스럽게 터득할 수 있게 된다.'는 옛말처럼, 글과 친해지면 어느 순간 어려운 글도 쉽게 이해할 수 있는 경지에 이르게 된다. 많이 읽어서 글에 익숙해진 사람이 글을 잘 읽을 수 있게 되는 것은 당연한 이치이다. 선천적인 읽기 재능이나 훌륭한 독서 취향을 가진 사람만이 글을 잘 읽는 것이 아니라는 사실을 반드시 기억해야 한다. 많이 읽고 깊이 생각하는 것이야말로 훌륭한 독서가가 되는 더딘 지름길이다.

『중학교 국어 1-1』(지학사, 2010) 중에서

내용 이해하기

1. 읽기의 세 가지 활동을 써 봅시다.

① 단어, 문장, 글 전체의 의미를 파악하는 활동

② _____

③ _____

2. 다음 보기 에서 글의 종류에 알맞은 읽기 방법을 모두 찾아 써 봅시다.

> 보기
> ① 글쓴이의 주장을 파악한다.
> ② 정보가 객관적인지 판단한다.
> ③ 주제가 주는 감동을 생각해 본다.
> ④ 주장의 근거를 찾아본다.
> ⑤ 필요한 정보가 있는지 확인한다.
> ⑥ 글쓴이의 주장이 합리적인지 판단한다.
> ⑦ 언어의 아름다움을 감상한다.

글의 종류	읽기 방법
정보를 전달하는 글	: _____
설득을 위한 글	: _____
정서를 표현하는 글	: _____

3. 글을 잘 읽는 방법을 정리해 봅시다.

첫째: _____

둘째: _____

셋째: _____

4. 다음 세 편의 글을 읽고 글을 쓴 목적 및 종류에 따라 읽는 방법이 어떻게 달라지는지 알아봅시다.

(가) 늑대는 개과에 속하는 포유동물로 티베트승냥이라고도 한다. 몸길이 100~130cm, 어깨 높이 62~76cm, 꼬리 길이 34~50cm, 몸무게 25~45kg이다. 다리는 길고 굵으며 몸은 셰퍼드와 같이 날씬하지 않고 조금 둔하게 보인다. 꼬리를 위쪽으로 구부리지 않고 항상 밑으로 늘어뜨리고 있는 것이 개와 늑대의 차이점이기도 하다. 꼬리는 긴 털로 덮여 있으며 발뒤꿈치까지 늘어졌고, 코는 넓은 머리에 비해 길고 뾰족하다. 이마는 넓고 약간 경사졌다. 눈은 비스듬히 붙어 있고, 귀는 항상 빳빳이 일어서 있으며 밑으로 늘어지지 않는다.

번식기는 1~2월이며, 임신 기간은 60~62일이고, 4~6월에 3~6마리의 새끼를 낳는데, 많게는 10마리까지도 낳는다. 일부일처제로 보통은 가족 단위로 생활하지만, 겨울에는 여러 가족이 모여 큰 떼를 형성한다. 한국, 시베리아, 사할린 섬, 중국, 인도, 말레이 제도를 비롯해 인도네시아의 수마트라 섬, 자바 섬 등지에 분포한다. 한국의 경우 2012년 5월 31일 멸종위기 야생 동식물 1급으로 지정되어 보호받고 있으나, 남한 지역에서는 이미 멸종한 것으로 알려져 있다. 야생 늑대의 수명은 정확히 알려진 것이 없고, 동물원에서는 12~15년 정도 산다.

(나) 현재 전 세계적으로 야생 동물의 수가 급격히 줄고 있다. 인간의 무차별한 포획 및 남획, 개발과 환경 오염으로 인해서 야생 동물의 서식지와 도래지가 감소하고 서식 환경이 악화되고 있기 때문이다. 산업화가 진행되면서 각종 도시화, 벌채 등에 의해 지연림이 사라지고 산림 개발을 위해 도로가 만들어지면서 먹을거리가 부족해 살아남는 야생 동물이 줄고 있는 것이다.

야생 동물의 수가 줄어들어 결국 멸종이 되어버린다면 생태계의 균형 자체가 파괴될지도 모른다. 야생 동물들이 먹이 사슬에 의해 먹고 먹히는 관계는 생태계의 항상성을 유지하고, 먹이를 먹거나 번식을 통해 개체군이 자연적으로 조절된다. 이렇게 야생 동물로 인해 건강해진 자연은 정화 기능, 기상 조절, 유독 성분 흡수 등을 통해 인간들의 삶을 건강하게 해 줄 수 있는 것이다. 따라서 더 늦기 전에 야생 동물의 수가 감소하는 데 대한 방지책을 찾아야 한다. 우선은 무분별한 개발을 중지하고 야생 동물의 자연 서식지를 보존하려는 노력을 해야 한다. 또한, 개발이 꼭 필요한 경우에는 야생 동물 보호구를 지정하여 야생 동물의 자유로운 서식이 가능하도록 만들어 주어야 한다.

(다)

옛날 어느 산골에 마음씨 착한 나무꾼이 살고 있었다. 하루는 그 나무꾼이 나무를 하다가 비녀가 목에 걸려 울고 있는 호랑이를 보게 되었다. 나무꾼은 사람을 잡아먹은 호랑이가 괘씸했지만 살려 달라는 호랑이를 외면할 수 없어서, 다시는 사람을 잡아먹지 않겠다는 다짐을 받고 비녀를 뽑아 주었다.

그다음 날부터 호랑이는 은혜를 갚기 위해 나무꾼의 집에 나무를 한가득 가져다 놓기 시작했다. 그러자 마을에 호랑이가 나타났다는 소문이 퍼지고 호랑이를 잡는 사람에게 많은 상금을 준다는 벽보가 붙게 되었다. 그날 밤 나무꾼 앞에 호랑이가 찾아와 자기는 어차피 곧 죽을 몸인데 마지막으로 은혜를 갚고 싶으니, 내일 거리에서 자신이 나타나 난동을 부리면 자신에게 활을 쏘아 달라고 하였다.

다음 날 나무꾼은 차마 호랑이를 쏠 수 없어 일부러 활을 빗나가게 쏘았지만 호랑이가 달려와 화살을 맞고 쓰러져 죽었다. 덕분에 나무꾼은 큰 상을 받았지만, 마음이 너무 아파 '은혜 갚은 호랑이'라는 비석을 새겨 호랑이 무덤 앞에 세워 주었다.

이상배 엮음, 『은혜 갚은 호랑이』(흥진P&M, 2005) 중에서

1) 위의 글을 쓴 목적과 글의 종류가 무엇인지 다음 표의 빈칸에 정리해 봅시다.

	글을 쓴 목적	글의 종류
(가)	어떤 내용이나 대상을 설명하기 위해	
(나)		논설문
(다)		

2) 다음 중에서 글 (가)를 통해 알아낼 수 있는 정보에 ✔ 표시를 해 봅시다.

- 늑대가 속한 과　　　　　(　　　)
- 늑대의 분포지　　　　　(　　　)
- 늑대의 외양　　　　　　(　　　)
- 늑대의 습성　　　　　　(　　　)
- 야생 늑대의 수명　　　　(　　　)

3) 글 (나)에 나타난 글쓴이의 주장과 그 근거를 써 봅시다.

주장

근거

4) 글 (다)가 우리에게 감동을 준다면 그 이유는 무엇인지 말해 봅시다.

구성 이해하기

o **다음 내용을 고려하여 질문에 답해 봅시다.**

단락의 의미

'단락'은 하나의 주제로 묶여 있는 글의 한 덩어리를 말하며, 원칙적으로 하나의 단락은 하나의 중심 생각을 갖는다.

- 중심 생각: 하나의 단락에 드러난 하나의 작은 생각
- 중심 문장: 중심 생각을 뚜렷하게 드러내는 문장
- 뒷받침 문장: 중심 문장을 도와 뒷받침하는 문장

단락의 유형

1) 두괄식: 중심 문장 + 뒷받침 문장
2) 미괄식: 뒷받침 문장 + 중심 문장
3) 양괄식: 중심 문장 + 뒷받침 문장 + 중심 문장

1. 앞의 글 〈어떻게 읽을까〉를 구성하고 있는 각 단락의 중심 내용을 정리해서 써 봅시다.

단락	중심 내용
1	어떻게 하면 잘 읽을 수 있는가
2	읽기란 무엇인가
3	
4	읽기의 사고 활동 ②
5	
6	
7	글을 잘 읽기 위한 방법 ①
8	
9	
10	
11	많이 읽기와 잘 읽기의 관계

2. 단락 10 과 11 에서 중심 문장이 각각 어디에 위치하는지 말해 봅시다.

   단락 10

   단락 11

3. 중심 문장의 위치에 따른 글의 장점을 생각해서 써 봅시다.

중심 문장의 위치	장점
중심 문장이 단락의 처음 부분에 있는 경우	
중심 문장이 단락의 마지막 부분에 있는 경우	

4. 다음 글을 읽고 질문에 답해 봅시다.

   텔레비전은 풍부하고 질 좋은 교양을 제공함으로써 시청자들의 평균적인 교양 수준을 높여 준다. 현대인들은 한가롭게 교양을 쌓을 수 있는 시간이 그리 많지 않다. 텔레비전은 빠르고 간편하게 현대인들에게 부족한 교양을 쌓게 해 준다. 또한 텔레비전은 즐거운 오락으로 시청자들의 스트레스를 해소시켜 준다. 텔레비전은 고단한 하루 일과와 생존 경쟁에 시달리는 시청자들의 마음을 달래는 안식처가 된다.

1) 중심 문장이 몇 개인지 찾아 써 봅시다.
   • 중심 문장:

2) 이 글의 문제는 무엇인지 찾아보고 어떻게 고쳐야 하는지 말해 봅시다.
- 문제:
  ➡ 고치는 방법:

5. 다음 글을 읽고 질문에 답해 봅시다.

미국 TV 토크 쇼 중 가장 인기 있고 영향력 있다는 '오프라 윈프리 쇼'에서는 언젠가 집중적으로 마리아 슈라이버라는 아동 문학가가 쓴 『티미는 왜 저래?(What's Wrong with Timmy?)』라는 책을 소개했다. 한 시간에 걸쳐 예화를 들어가며 윈프리가 소개한 이 책은, 케이트라는 여덟 살짜리 소녀가 이웃에 새로 이사 온 소년이 혼자 공놀이를 하고 있는 것을 보고 "엄마, 쟤는 왜 저래?"라는 질문을 하는 데서 시작한다. 다운 증후군으로 정신 박약인 티미가 공놀이를 하는 모습이나 부정확한 발음으로 천천히 말하는 품이 여느 아이와 달랐기 때문이다. 엄마는 케이트를 티미에게 데리고 가서 소개하고, 티미도 '너와 하나도 다를 게 없는 아이'라는 것을 가르친다. "네가 산수 문제를 풀 때 어려워하듯이 티미는 무엇인가 배우는 데 조금 더 시간이 걸릴 뿐이란다." 엄마의 말을 이해한 케이트는 티미와 인사를 나누고 함께 농구를 하며 놀자고 제안, 자연스럽게 다른 친구들도 가담해 모두 함께 어울리게 된다는 이야기이다. 사실 하나도 새롭거나 재미있을 것 같지 않은 도덕적 이야기이지만, 영향력 있는 토크 쇼에서 이 책을 다룬 것은 물론 교육적인 목적에서이다. 직접 출연한 작가 슈라이버는 아이들에게 '올바르게 생각하는 법', 즉 장애를 가진 친구도 공포나 놀림, 또는 동정의 대상이 아닌 자신과 똑같은 인간임을 가르치기 위해 이 책을 썼다고 했다. 토크 쇼 중에 윈프리는 톰 설리반이라는 시각 장애인 사업가의 인터뷰를 인용했다. 설리반은 절망과 자괴감에 빠졌던 자기의 인생을 바꾸어 놓은 말은 단 세 단어였다고 했다. 어렸을 때 혼자 놀고 있는 그에게 옆집 아이가 "같이 놀래?"라고 물었고, 그 말이야말로 자신도 다른 사람과 똑같은 인간임을 인정해 주고 살아갈 용기를 주는 말이었다고 했다. 이에 슈라이버는 '같이 놀래?'는 자기가 쓴 모든 작품의 주제로 볼 수 있다고 답했다. 모든 아이들이 서로 '다름'을 극복하고 함께 하나가 되어 '같이 놀 수 있는' 세상을 만드는 것이 자신이 쓴 작품들의 궁극적인 목적이라는 것이었다. 그 프로그램을 보면서 나는 비단 슈라이버뿐만 아니라 어쩌면 동서 고금을 통해 쓰인 모든 위대한 문학 작품들의 기본적 주제는 '같이 놀래?'인지도 모른다는 생각이 들었다. 형형색색으로 다르게 생긴 수십 억의 사람들이 서로 부대끼고 자리싸움하며 살아가는 이 세상에서 인간적 보편성을 찾아 어떻게 다른 사람을 이해하고 궁극적으로 화합하고 사랑하며 살아가는가를 가르치는 것이야말로 문학의 과업이기 때문이다.

장영희,
『문학의 숲을 거닐다』
(샘터, 2005) 중에서

1) 위 글의 단락을 나누어 봅시다.

2) 옆의 친구가 나눈 단락과 자신이 나눈 단락을 비교해 보고 다르다면 왜 다른지, 어떤 기준으로 나누었는지 이야기해 봅시다.

 **쓰기**

좋은 글을 쓰기 위해서는 먼저 문장을 정확하게 써야 합니다.
다음 활동을 통해서 문장을 정확하게 쓰기 위해 주의해야 할 사항은 무엇인지 알아봅시다.

1.
① 패배한 이유는 우리가 상대를 너무 업신여겼다.
② 확실한 것은 그들이 이제까지의 잘못을 반성하고 앞으로 진실한 국민으로 살아갈 것은 틀림없습니다.

	문장에서 잘못된 부분	바르게 고치기	바른 문장을 쓰기 위한 주의 사항
문장 ①			주어와 서술어는 서로 어울려야 한다.
문장 ②			

2.
① 한번 오염된 환경이 다시 깨끗해지려면 많은 비용과 노력, 그리고 긴 시간이 든다.
② 대도시에서는 밀집된 인구, 교통수단, 공장 등에서 배출되는 오염 물질에 의하여 대기와 수질 오염, 쓰레기 문제, 소음 등 복합적인 환경 문제가 발생하고 있다.

	문장에서 잘못된 부분	바르게 고치기	바른 문장을 쓰기 위한 주의 사항
문장 ①			
문장 ②			

3.
① 수염을 기른 그 남자는 생긴 것과는 달리 말투가 여간 상냥했다.
② 수진이의 병세는 예전에 비해 별로 나아졌다.

	문장에서 잘못된 부분	바르게 고치기	바른 문장을 쓰기 위한 주의 사항
문장 ①			
문장 ②			

4.

① 약은 약사에게 상의하십시오.
② 원시 시대부터 인간은 끊임없는 발전을 거듭해 온 것은 우리가 인정해야 하는 사실이다.

	문장에서 잘못된 부분	바르게 고치기	바른 문장을 쓰기 위한 주의 사항
문장 ①			
문장 ②			

5.

① 내일은 전형적인 가을 날씨가 느껴질 수 있습니다.
② 모니터가 잘 작동되지 않는다면 확인 버튼을 3초간 누르게 합니다.

	문장에서 잘못된 부분	바르게 고치기	바른 문장을 쓰기 위한 주의 사항
문장 ①			
문장 ②			

자기 평가

학습한 내용을 스스로 평가해 봅시다.

☐ 읽기의 의미와 특성을 설명할 수 있다.
☐ 글의 맥락과 특성을 고려하면서 능동적으로 읽을 수 있다.
☐ 글의 맥락과 특성에 맞는 읽기 방법을 택할 수 있다.
☐ 글의 중심 내용이 무엇인지 찾을 수 있다.
☐ 단락의 개념을 말할 수 있다.
☐ 문법적으로 정확한 문장을 쓸 수 있다.

2과 언어와 문화

○ 다음 자료를 보고 질문에 답해 봅시다.

▶ 유목 생활을 하는 마사이 족의 언어는 소를 나타내는 어휘가 16개나 되고, 감자의 기원국으로 알려진 페루의 인디언들이 사용하는 언어는 감자를 나타내는 어휘가 50개 이상이나 된다고 한다.

- 마사이 족의 소를 나타내는 어휘: 16개
- 페루 인디언의 감자를 나타내는 어휘: 50개 이상

▶ 폴리네시아 언어 중에서 투발루 어의 '코코넛'을 나타내는 말에는 다음과 같이 다양한 것들이 있다.

- pii: 살이 적고 단물이 최고로 많은 단계에 있는, 마실 수 있는 코코넛
- mukomuko: 너무 딱딱해지기 전 단계에 있는, 약간의 살이 있는 코코넛
- uto: 껍질을 씹을 수 있고 물이 여전히 단 단계에 있는 코코넛
- motomoto: mukomuko와 동일하나 그보다 좀 더 굳은 살이 있는 코코넛
- niu: 살이 강판으로 갈릴 정도로 충분히 익은 코코넛

1. 위의 자료처럼 같은 대상을 나타내는 어휘의 수가 언어마다 다르게 나타나는 이유가 무엇일까요?

2. 투발루(Tuvalu) 어의 '코코넛'을 나타내는 말처럼 하나의 단어가 세분화된 경우를 자기 나라의 말에서 찾아 친구와 함께 말해 봅시다.

어휘 익히기

1. 다음 보기 중에서 알맞는 단어를 찾아 빈칸에 넣어 봅시다.

> **보기**
>
> 정체성   지칭어   보존하다   정착
> 농축   계승하다 호칭어   금기

1) 사람이나 사물을 가리켜 이르는 말

   예) 배우자에 대한 _____만 해도 집사람, 안사람, 처, 마누라 등 다양하다.

2) 잘 보호하고 간수하여 남기다

   예) 그녀는 제주도의 노래와 춤을 _____ 전승하기 위해서 많은 노력을 기울였다.

3) 일정한 곳에 자리를 잡아 붙박이로 있거나 머물러 삶

   예) 인간이 떠돌기를 그만두고 _____의 단계로 옮아가면서 환경에 적절한 다양한 집의 형태가 나타나게 되었다.

4) 변하지 않는 존재의 본질을 깨닫는 성질

   예) 자기의 _____을/를 확인하기 위해 굳이 자기가 떠나온 지역의 뿌리를 찾을 필요는 없다.

5) 사람이나 사물을 부르는 말

   예) '여보'는 20세기 초·중반에는 그리 많이 쓰이지 않았으나 지금은 가장 많이 쓰는 부부간의 _____이다.

6) 마음에 꺼려서 하지 않거나 피함

   예) 어머니는 남은 음식을 버리거나 하는 일은 절대 _____(으)로 여기신다.

7) 액체를 진하게 또는 바짝 졸임

   예) 진한 커피의 맛을 간편하게 즐기고 싶은 사람들이 요즘은 커피 _____액 제품을 많이 구입하는 것으로 나타났다.

8) 조상의 전통이나 문화유산, 업적 따위를 물려받아 이어 나가다

   예) 부모의 생업을 _____ 일이 현대 사회에 와서는 많이 사라졌다.

텍스트 읽기

○ 각 문단의 중심 내용을 정리하면서 다음 글을 읽어 봅시다.

우리말과 언어문화

1 　말을 배운다는 것은 단순히 다른 사람과 의사를 주고받을 수 있는 수단을 얻는 것 이상의 의미를 지닌다. 우리는 우리말을 배우고 사용함으로써 그 속에 담긴 전통과 생활문화를 익히며 한국인으로서의 정체성을 형성해 나간다. 즉 의식하든 못 하든 말에 담긴 우리 민족 고유의 문화적 특성을 배우고 한국인으로서 구별될 수 있는 특징을 지니게 되는 것이다. 그러므로 우리는 말을 통해 우리의 역사 속에 면면히 이어 온 삶의 양식을 배우고 조상들의 삶의 모습을 되새겨 보는 기회를 가질 수 있다. 또한 현재까지 우리의 삶에 영향을 미치고 있고 앞으로도 미치게 될 말 속에 담긴 고유한 생활문화와 가치에 대해 알게 된다.

2 　우리 삶의 양식은 역사 속에서 끊임없이 변화해 왔다. 따라서 과거에 쓰이던 물품 중에는 시대와 생활 방식의 변화로 일상에서는 사라지고 그 이름을 사전 속에서밖에 찾아볼 수 없게 된 것들도 있다. 이런 표현들 속에는 일상생활을 담는 '의식주'와 관련된 말이 많다. 이를테면, 전통적인 신의 대명사라고 할 수 있는 '짚신'이 있다. 짚신은 볏짚으로 가는 새끼를 꼬아 만든 신으로, 주로 벼농사를 짓던 우리 조상들에게는 가장 일반적인 신이었을 것이다. 하지만 지금은 박물관에서나 찾아볼 수 있다. 또한 삼으로 만든 '미투리', 노를 엮어 만든 것으로 겨울에 집 안에서 신던 '노파리', 나무를 파서 만든 신으로 주로 비 오는 날에 신던 '나막신' 등도 마찬가지인데, 우리는 이런 말을 배우고 사용함으로써 조상들이 오랜 역사 속에서 어떻게 살아왔는지에 대해 알게 된다.

우리 민족이 살아온 모습은 우리의 주식인 '밥'을 구분하는 여러 표현들을 통해서도 살펴볼 수 있다. 끼니를 걱정할 정도로 넉넉하지 않았던 생활은 밥을 국이나 물 없이 먹는 '강다짐', 반찬 없이 먹는 '매나니', 소금만을 반찬으로 삼아 먹는 '소금엣밥', 남이 먹다 남긴 '대궁' 등 밥을 구분하는 말을 통해서 그 흔적을 살펴볼 수 있다. 또 고들빼기, 고비, 고사리, 냉이, 달래, 더덕, 두릅, 머위, 미나리, 씀바귀, 참나물, 취 등은 우리 산천에서 오랫동안 조상들과 함께 살아온 풀과 나물들이다. 철에 따라 밥상에 달리 오르는 이런 다양한 나물들은 채식을 위주로 한 우리의 식생활 문화를 보여 준다. 이는 정착적인 농경 생활과 산천으로 둘러싸인 생활 환경으로 인해 발달한 우리 민족의 음식 문화로서, 유랑 생활로 인해 발달한 서양 유목민들의 육식 문화와 구별되는 특성이다.

　우리말에 담긴 언어 문화적 특성은 혈연관계에 대한 용어가 발달한 것에서도 알 수 있다. 이는 관계의 가깝고 멂 또는 높고 낮음을 부르는 말이나 이를 가리키는 말인 호칭어 및 지칭어를 통해서 분명히 표현된다. '삼촌'과 '외삼촌', '고모'와 '이모' 등으로 친가와 외가를 구분하여 부르고, 영어와 같은 언어에서는 '엉클'이라는 한 단어로 표현되는 관계들을 '큰아버지, 작은아버지, 종숙, 재종숙, 고모부, 이모부' 등의 다양한 용어로 나타낸다. 이는 한 담장 안에 대가족이 모여 살던 전통적인 가족 형태에서 비롯된 것으로, 누가 누구인지를 정확히 가려 부르고 일러야 했던 상황이 반영된 것으로 볼 수 있다.

　그런데 사람 사이의 관계를 세분하여 명확히 표현하고자 했던 것은 우리말에 발달한 높임 표현과도 연관이 있다. 높임 표현의 쓰임에는 상하 관계뿐만 아니라 친소 관계도 큰 영향을 끼친다. 여기서 분명히 알아야 할 것은 우리말에 혈연관계를 나타내는 용어가 발달한 것이 우리가 친족을 중심으로 다른 사람을 소외시키는 삶을 살아온 것을 의미하지는 않는다는 사실이다. 혈연관계가 중시되는 우리 사회에서 흥미로운 점은 친족이 아닌 타인을 부를 때 '할아버지, 할머니, 아저씨, 아주머니' 등의 친족 호칭어를 사용한다는 것이다. 이는 한 동네에 사는 많은 어른들이 먼 친척에 해당하는 환경에서 발달한 언어 사용법인데, 이것이 결국 우리 민족 전체를 같은 피를 나눈 동포로 여기는 생각의 변화로 연결되며 일상 표현으로 굳어진 결과인 것이다. 그래서 우리의 전통적인 생활 양식 속에서는 자기와 관련된 것을 '나'라는 말로 나타내기보다는 '우리'라는 공동체적 표현으로 나타내는 것이 자연스러우며, 이것은 지금의 언어생활에까지 영향을 미치고 있다. 이처럼 우리는 인간관계를 통해 호칭어, 지칭어를 배우고 사용하면서 그런 말들의 그물을 엮고 있는 전통의 끈을 보고 있는 것이다.

6 우리는 '온고지신'이라는 표현을 통해 현재와 과거의 연관성을 강조하곤 한다. 그런 관점에서 속담과 금기 표현은 과거의 삶을 반영하는 언어 표현이 현재까지도 빛을 잃지 않는 대표적인 예들이라고 할 수 있다. 그러므로 속담과 금기 표현을 살펴보는 것을 통해서도 우리말의 언어 문화적 특성을 알 수 있다. 속담은 전통적인 생활문화에서 농축된 지혜가 완결된 문장의 형식에 담겨 전달되어 온 표현이다. '벼 이삭은 익을수록 고개를 숙인다.', '동냥자루도 마주 벌려야 들어간다.', '아니 땐 굴뚝에 연기 날까?', '범에게 물려가도 정신만 차리면 산다.' 등 그 표현에

는 과거의 생활 모습을 보여 주는 용어가 많이 쓰였지만, 그것이 전달하는 삶의 교훈은 현재에도 유효하다. 또한 금기 표현은 특정 행동을 금하는 언어 표현으로서 구성원들이 지켜야 하는 최소한의 행동 규범이라고 할 수 있다.

이는 전통 사회로부터 전해 내려온 것인데, 그 예로는 '국물 먹다 남기면 복 나간다.', '손을 까불면 복 달아난다.', '남을 비웃으면 입이 비뚤어진다.' 등이 있다. 이와 같은 금기 표현을 통해 금해지는 행위들은 현대 사회에서도 여전히 긍정적으로 평가받지 못하는 것들이 많다. 이와 같은 표현들 속에서 우리는 전통적 가치와 규범의 흔적을 찾고, 그것이 현대에 지니는 중요성을 되새길 수 있다.

끝으로 요즘에도 우리가 자주 접할 수 있는 모습을 통해 우리말에 담긴 언어 문화적 특성을 살펴보자. 어떤 사람이 맛있는 음식으로 가득한 생일 잔칫상을 차리고도 손님들에게 "차린 것은 없지만 많이 드세요."라고 하거나, 상당히 가치가 있는 선물을 건네면서 "별것 아닙니다."라는 표현을 쓰면 우리는 그가 우리말에 담긴 우리 문화에 길들여진 사람임을 확신할 것이다. 또한 동일한 상황에서 상대방에게 그런 말을 들으면서도 이상하게 생각하지 않는 사람도 마찬가지의 경우이다. 하지만 요즈음에는 "정성껏 준비했습니다. 맛있게 드세요." 또는 "이것 큰맘 먹고 산 거예요."라는 말을 심심찮게 들을 수 있다.

시간이 흐르면서 생활 양식도 변하고 자연히 그것을 담는 언어 표현에도 변화가 생긴다. 따라서 우리는 말의 쓰임에만 신경을 쓸 것이 아니라, 그것이 보여 주는 우리 문화의 변화에도 주의를 기울여야 한다. 중요한 것은 우리말에 담긴 언어 문화적 특성과 가치를 올바로 판단하여, 보존해야 할 것과 발전적으로 계승해야 하는 것을 구분하는 바른 눈을 갖는 일이라 하겠다.

『중학교 국어 3-1』(비상교육, 2012) 중에서

내용 이해하기

1. 다음은 앞의 글에 나타난 '우리말의 언어문화적 가치'를 정리한 것입니다. 빈칸에 알맞은 말을 넣어 봅시다.

> 우리는 우리말을 배우고 사용함으로써 그 속에 담긴 _____와/과 _____을/를 익히며 한국인으로서의 _____을/를 형성해 나간다. 의식하든 못 하든 말에 담긴 우리 민족 고유의 _____을/를 배우고 한국인으로서 구별될 수 있는 특징을 지니게 된다.

2. 이 글에서 우리 삶의 양식을 보여 주는 말 중 일상생활에서 사라진 말을 찾아 그 의미를 적어 봅시다.

일상생활에서 사라진 말	의미
짚신	볏짚으로 가는 새끼를 꼬아 만든 신

- 이와 같은 말들이 일상생활에서 사라진 이유가 무엇인지 말해 봅시다.

3. 다양한 나물 이름을 통해 알 수 있는 조상의 식생활 문화의 특성은 무엇인지 말해 봅시다.

4. 친족이 아닌 타인을 부를 때에도 '할아버지, 할머니'나 '아저씨, 아주머니'로 부르는 이유는 무엇인지 말해 봅시다.

5. 다음은 한국에서 살고 있는 미국 여성 제시카와 한국 여성 수미 사이의 대화입니다. 대화를 보고 질문에 답해 봅시다.

> 수미: 어제 우리 남편이 갑자기 꽃을 사와서 깜짝 놀랐어요.
> 제시카: 네? 우리 남편이요?

1) 이 대화에서 제시카가 놀란 이유는 무엇입니까?

2) 이 외에도 한국어에 반영되어 있는 언어 문화적 특성 때문에 발생하는 문화적 차이의 예에는 어떤 것이 있는지 말해 봅시다.

6. 일상생활에서 자주 접할 수 있는 표현들을 예로 들어 한국어의 언어문화적 특성에 대해 말해 봅시다.

7. 친구와 함께 한국어와 다른 나라 언어의 차이에 대해 말해 보고 정리해서 써 봅시다.

8. 오래전부터 내려오는 속담에는 과거의 생활 모습과 문화가 잘 나타나 있습니다. 친구와 함께 다음 속담의 의미를 찾고 그 속담에서 짐작할 수 있는 문화적 특성을 말해 봅시다.

속담	의미
• 벼 이삭은 익을수록 고개를 숙인다. • 빈 수레가 요란하다.	'겸손'을 미덕으로 여기는 문화
• 봄비가 많이 오면 아낙네 손이 커진다. • 여름비는 잠비고 가을비는 떡비다.	
• 암탉이 울면 집안이 망한다. • 어리석은 사내가 똑똑한 여자보다 낫다.	

9. 친구와 함께 속담을 찾아봅시다.

   1) 자기 나라의 속담

   2) 자기 나라의 속담 속에 담겨 있는 생활 모습과 문화

구성 이해하기

○ 앞의 글 〈우리말과 언어문화〉는 설명문입니다. 다음 사항을 고려하여 질문에 답해 봅시다.

- 설명문: 어떤 대상의 특성이나 사실, 지식, 정보 등을 체계적으로 전달하는 글
- 설명문 쓰기
  ① 계획하기: 설명할 내용을 떠올려 보고 어떤 자료를 어떻게 수집할지 계획한다.
  ② 수집한 자료에서 내용 선정하기
  ③ 내용 조직하기
  - 선정한 내용들을 통일성 있게 조직한다.
  - 글의 전체 내용과 세부 내용의 흐름을 한눈에 볼 수 있도록 개요를 작성한다.
  - 개요는 머리말, 본문, 맺음말의 세 부분으로 나누어 작성한다.

1. 이 글의 내용을 '머리말, 본문, 맺음말'로 나누어 다음과 같이 정리해 봅시다.

머리말	• 말과 문화의 관계:
본문	• 한국어 어휘에 나타난 언어문화적 특성 1: • 한국어 어휘에 나타난 언어문화적 특성 2: • 한국어 어휘에 나타난 언어문화적 특성 3: • 한국어 어휘에 나타난 언어문화적 특성 4: • 한국어 언어 표현에 나타난 언어문화적 특성 1: • 한국어 언어 표현에 나타난 언어문화적 특성 2:
맺음말	• 한국어와 관련하여 남아 있는 과제:

2. 1에서 정리한 내용을 바탕으로 이 글의 주제를 파악하여 써 봅시다.

---

3. 설명문을 쓸 때에는 다음과 같은 요건을 갖추어 내용을 구성해야 합니다. 질문에 답하면서 이 글이 이러한 요건을 갖추고 있는지 판단해 봅시다.

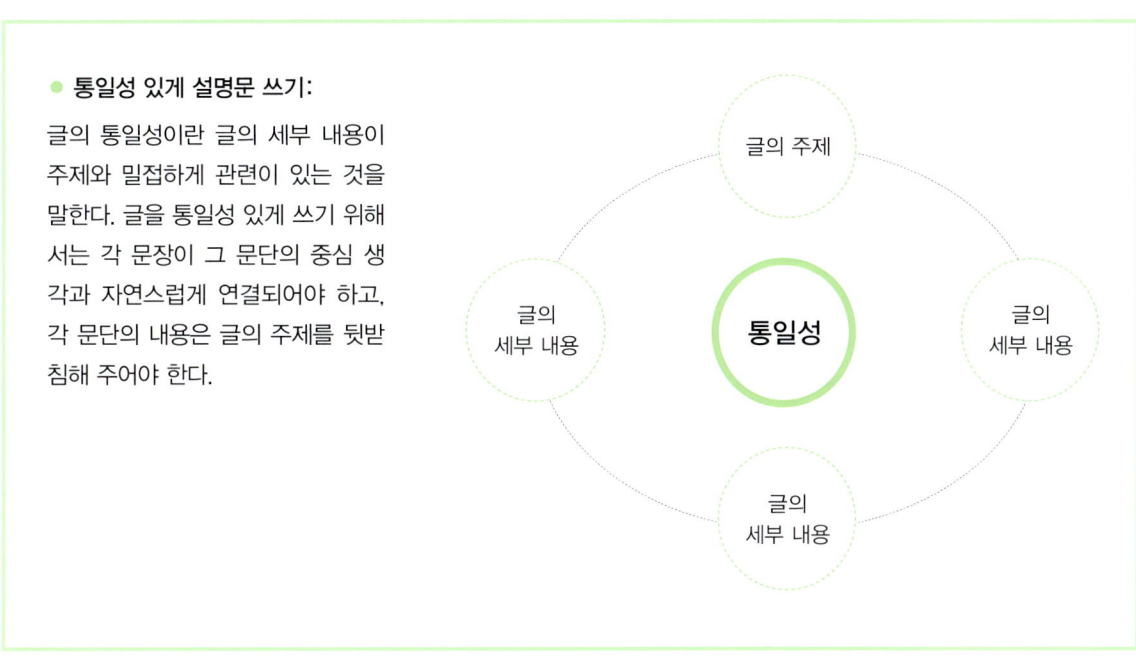

- **통일성 있게 설명문 쓰기:**
  글의 통일성이란 글의 세부 내용이 주제와 밀접하게 관련이 있는 것을 말한다. 글을 통일성 있게 쓰기 위해서는 각 문장이 그 문단의 중심 생각과 자연스럽게 연결되어야 하고, 각 문단의 내용은 글의 주제를 뒷받침해 주어야 한다.

1) 글을 이루는 내용들이 서로 긴밀하게 연결되어 있습니까?

2) 하나의 문단에는 하나의 중심 내용이 들어 있습니까?

3) 각 문단의 중심 내용은 글 전체의 주제와 긴밀하게 연결되어 있습니까?

4. 다음 글을 읽고 질문에 답해 봅시다.

> 우리말에는 '비'와 관련된 아름다운 순우리말이 많다. 비가 막 내리기 시작할 때 몇 방울 떨어지는 것을 '비꽃'이라 한다. 가루처럼 포슬포슬 내리는 비는 '가루비', 굵고 세차게 퍼붓는 비는 '작달비', 먼지나 잠재울 정도로 아주 조금 내리는 비는 '먼지잼'이라 한다. 동풍, 서풍, 남풍, 북풍도 순우리말로 써야 한다. 동쪽에서 부는 바람은 '샛바람'이고, 서쪽에서 부는 바람은 '하늬바람', 남쪽에서 부는 바람은 '마파람', 북쪽에서 부는 바람은 '덴바람'이다. 봄비, 여름비, 가을비, 겨울비도 각기 다른 아름다운 순우리말을 가지고 있다. 봄에는 할 일이 많아서 비가 와도 일을 해야 하기 때문에 '일비'가 내리고, 여름에는 바쁜 일이 없어서 비가 오면 낮잠을 자기 좋기 때문에 '잠비'가 내린다. 가을에는 가을걷이가 끝나 떡을 해 먹고 여유롭게 쉴 수 있기 때문에 '떡비'가 내리고, 겨울에는 농한기라 술을 마시면서 놀기 좋기 때문에 '술비'가 내린다.
>
> 장승욱, 『재미나는 우리말 도사리』 (하늘연못, 2001) 중에서

1) 이 글의 주제를 적어 봅시다.

2) 이 글에서 통일성을 깨뜨리는 문장을 찾아서 밑줄을 그어 봅시다.

3) 위 2)에서 밑줄 그은 문장이 이 글의 통일성을 해치는 이유는 무엇인지 말해 봅시다.

5. 다음은 글의 내용을 뒤섞어 놓은 것입니다. 잘 읽고 질문에 답해 봅시다.

(가) 한반도에는 큰가시고기, 잔가시고기, 가시고기, 청가시고기, 두만가시고기가 있다. 그런데 사람들은 모든 종류의 가시고기들이 다 새끼를 지키다 죽는다고 알고 있는데, 실제는 큰가시고기만이 유일하게 산란하고 새끼를 지키다 죽는다.

(나) 한때 '가시고기'라는 제목의 장편 소설이 베스트셀러가 된 적이 있었다. 먹지도 자지도 않고 열심히 알들을 돌보는 가시고기 같은 마음으로 백혈병에 걸려 죽음의 문턱까지 내몰린 아들을 보살피는 아버지의 사랑을 담은 소설이다.

(다) 　그리고 마지막에 죽어서 새끼들의 먹이가 된다고 아는 사람들이 많은데, 사실은 그렇지 않다. 치어들이 모두 부화하고 먹이 활동을 하고 있음에도 불구하고 수컷은 새끼 곁을 떠나지 않고 끊임없이 새끼들을 보호한다. 혹 다른 물고기가 다가가면 가시를 세우고 맹렬히 돌격하여 새끼들에게 위협이 되는 요소를 제거하려 한다. 산란 이후부터는 최소한의 먹이만을 먹으면서 새끼 보호에 치중하기 때문에 조금씩 말라 가며, 새끼를 떠나보내고 나서 혼자 죽는다.

(라) 　큰가시고기는 부성애가 강한 동물이다. 풀잎이나 뿌리 따위를 입으로 물고 와 둥지를 만들고 그곳에 암컷이 산란하게 한다. 암컷이 몇 시간 안에 죽고 나면 수컷은 부화할 때까지 경계색(등은 짙은 청색, 배는 빨간색)을 띠며 아무것도 먹지 않으며 새끼를 지킨다.

1) 글의 통일성을 고려하여 (가)~(라)의 문단 순서를 바로잡아 봅시다.

(나) ➡ (　　) ➡ (　　) ➡ (　　)

2) 문단의 순서를 위 1)과 같이 정한 이유에 대해서 친구들과 이야기해 봅시다.

 **쓰기**   여러분이 설명하고 싶은 주제를 하나 정하여 설명하는 글을 써 봅시다.

1. 설명하고 싶은 주제를 하나 선택하여 적어 봅시다.

_____

2. 선택한 주제와 관련한 자료를 여러 매체에서 찾고 주제와 관련해 꼭 들어가야 할 내용인지 ○, ×로 체크하여 정리해 봅시다.

매체	내용	주제와의 연관성(○, ×)
사전		
책		
신문		
잡지		
인터넷		

3. '머리말, 본문, 맺음말'의 각 문단에 들어갈 내용을 간단히 정리하여 개요를 작성해 봅시다.

머리말	
본문	
맺음말	

4. 개요를 바탕으로 통일성 있게 설명문을 써 봅시다.

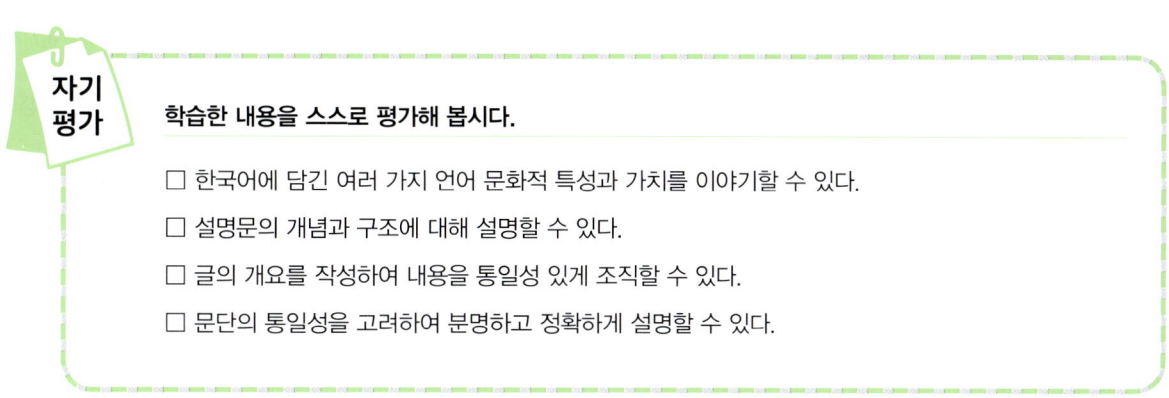

자기 평가

학습한 내용을 스스로 평가해 봅시다.

☐ 한국어에 담긴 여러 가지 언어 문화적 특성과 가치를 이야기할 수 있다.
☐ 설명문의 개념과 구조에 대해 설명할 수 있다.
☐ 글의 개요를 작성하여 내용을 통일성 있게 조직할 수 있다.
☐ 문단의 통일성을 고려하여 분명하고 정확하게 설명할 수 있다.

3과 스트레스와 건강

o 다음 자료를 보고 질문에 답해 봅시다.

스트레스의 특징

❶ 일생을 살아가는 동안 누구나 스트레스를 받는다.

❷ 스트레스는 내·외부의 변화(요구)에 의해 유발되어 정신 및 신체에 변화(반응)가 일어나는 것이다.

❸ 스트레스는 요인에 상관없이 뇌를 포함한 신체 기관이 영향을 받아 비특이적인 반응이 일어나지만, 그 자체가 질병은 아니다.

❹ 스트레스를 극복하려면 새로운 상황에 맞추어 다시 새롭게 균형을 잡는 것이 필요하다. 이렇게 재적응에 성공하게 되면 스트레스가 오히려 건강과 미래에 도움이 될 수 있다.

1. 요즘 여러분이 받고 있는 스트레스는 무엇인지 말해 봅시다.

2. 스트레스를 받을 때 신체적·정신적 반응은 어떻게 나타나는지, 그리고 그 스트레스를 어떻게 푸는지 말해 봅시다.

어휘 익히기

1. 다음 보기 중에서 알맞은 단어를 찾아 빈칸에 넣어 봅시다.

   > **보기**
   > 조이다   투사(되다)   퇴행   대처
   > 방어 기제   격변   합리화(하다)   승화(하다, 시키다)

   1) 어떤 현상이 더 높은 상태로 발전하다
      예) 그 작곡가는 인간의 슬픔과 괴로움을 음악으로 _____ 것으로 유명하다.

   2) 이론이나 이치에 합당하게 하다
      예) 그는 그 상황에서 누구라도 그렇게 할 수밖에 없었을 거라며, 자기로서는 최선을 다했다고 스스로를 _____ 려고 했다.

   3) 느슨하거나 헐거운 것을 단단하거나 팽팽하게 만들다
      예) 나사가 너무 세게 _____ 있어서 풀기가 어렵다.

   4) 두렵거나 불쾌한 정황이나 욕구 불만에 직면하였을 때 스스로를 방어하기 위하여 자동적으로 취하는 적응 행위
      예) 사람들이 이미 일어난 사고를 기억하지 못하는 것은 그 사고로 인한 괴로움에 시달리지 않으려는 _____ 때문이라고 한다.

   5) 상황 따위가 갑자기 심하게 변하다
      예) 그 시대는 한국 사회에 아주 많은 변화가 있었던 정치적 _____ 기라고 할 수 있다.

   6) 하나의 매질(媒質) 속을 지나가는 소리나 빛의 파동이 다른 매질의 경계면에 이르게 되다
      예) 강물에 _____ 태양 광선이 눈부셨다.

   7) 어떤 정세나 사건에 대하여 알맞은 조치를 취하다
      예) 예상하지 못한 시련이 다가왔을 때 어떻게 _____ 하느냐에 따라 회사의 운명이 달라질 것이다.

   8) 공간적으로 현재의 위치에서 뒤로 물러가거나 시간적으로 현재보다 앞선 시기의 과거로 가다
      예) 최근의 사태는 발전이 아니라 오히려 과거로 _____ 하는 것 같다는 생각을 하게 한다.

텍스트 읽기

○ 각 문단의 중심 내용을 정리하면서 다음 글을 읽어 봅시다.

스트레스

1 스트레스는 라틴어 'stinger'에서 유래한 말이다. 그 의미는 '팽팽하게 조이다'로 인간이 역경과 고난을 당할 때 매우 긴장한 상태를 표현하는 말로 사용되고 있다. 이러한 스트레스는 오랫동안 심리학자들의 연구 주제로 다루어졌지만, 그 정의는 통일되지 않았다. 때로는 외부의 위협이나 도전 상황으로 해석되기도 하고(자극으로서의 스트레스), 심장이 빨리 뛰거나 호흡이 빨라지는 형태의 반응으로 표현되기도 한다(반응으로서의 스트레스).

2 사람들에게 자극을 주어 스트레스를 유발하는 스트레스원(源)은 크게 세 가지 범주, 즉 격변적 사건, 사적인 스트레스원, 배경 스트레스원으로 분류할 수 있다.

3 첫째, 격변적 사건은 갑자기 발생하여 일시에 많은 사람들에게 영향을 미치는 강력한 스트레스원이다. 태풍, 비행기 추락, 9·11 테러, 아이티 지진과 같은 재앙은 수많은 사람들에게 일시에 영향을 미칠 수 있는 격변적 사건의 예다. 그러나 흥미롭게도 격변적 사건은 때때로 그 강도가 덜한 사건보다 장기적인 스트레스를 일으키지 않는다. 그 이유는 이와 같은 사건은 분명한 해결 방법이 있기 때문이다. 즉 이러한 사건을 경험하고 나면 앞으로 나타날 최악의 결과가 무엇인지 알게 되고, 이로 인해 발생한 스트레스에 대해서는 다른 사람과 공유하며 서로 격려를 받기 때문이다.

둘째, 사적인 스트레스원에는 부모나 배우자의 사망, 직업 상실 등과 같은 주요 생활 사건이 포함된다. 전형적으로 사적인 스트레스원은 직접적인 주요 반응을 일으킨다. 예컨대, 사랑하는 사람의 죽음으로 인한 스트레스는 사망 직후에 그 강도가 크지만, 시간이 지날수록 그 강도는 점점 약해지고 이에 더 잘 대처할 수 있게 된다.

셋째, 배경 스트레스원은 은행이나 식당에서 긴 줄에 서 있는 것과 교통 체증 등으로 인한 것을 말한다. 이 스트레스원은 수시로 대하게 되는 사소한 자극(예: 시간 지연, 자동차 소음)이다. 또한 학교나 직장에서의 불만족, 관계 불만족 같은 장기적이면서도 만성적인 문제도 포함된다. 이러한 스트레스원은 자체적으로 불쾌한 정서나 기분을 일으키지만, 개인의 입장에서 취할 수 있는 대처나 반응을 요구하지는 않는다.

우리는 거의 습관적으로 스트레스로부터 자신을 보호하기 위해 어떤 대처 방안을 사용하지만, 일반적으로는 이러한 반응을 인식하지 못한다. 스트레스에 대처하는 방법은 크게는 직접적 대처와 방어적 대처로 분류해 볼 수 있다. 직접적 대처는 스트레스 상황에 직면했을 때 그 상황을 변화시키기 위해 취하는 행동을 의미하며, 무의식적인 수준에서 일어나는 방어적 대처는 방어 기제의 사용을 의미한다.

직접적 대처에는 해롭고 위험하다고 생각되는 대상으로부터 자신을 보호하기 위해 언어적 공격이나 신체적 폭력을 행하는 '공격적 행동' 대처 방법과 스트레스를 덜 받기 위해 자신의 태도나 목표에 대해 취하는 '태도 및 포부 수준의 조절' 방법, 그리고 문제 장면으로부터 회피하는 '철수' 방법이 포함된다. 이 중에서 가장 효과적인 방법은 '철수' 방법인데, '공격적 행동' 방법은 사회적으로 용납될 수 없기 때문에 사람들은 가능한 한 공격적 행동을 피하려 하고 공격성을 자제하지 못할 때는 죄책감을 느끼기도 한다. 사회적으로 용납 가능한 공격적 감정은 운동 경기, 연극 무대, 소설 등을 통해서 대리적으로 해소할 수도 있다.

⑧ 방어적 대처는 위협이나 좌절에 대해 실제로는 그렇지 않다고 스스로 확신시키거나 얻을 수 없는 것은 원래부터 원했던 것이 아니라고 믿는 방법으로, 일종의 자기 기만적 대처 방식이고 무의식적으로 갈등을 해소하려는 심리적인 반응이다. 주요 방어 기제로는 '부정', '퇴행', '동일시', '승화', '반동 형성', '주지화', '전위', '투사', '억압', '합리화' 등이 포함된다.

⑨ '부정'은 고통스러운 환경이나 위협적인 정보를 거부하는 것으로 가장 흔한 방어 기제 중 하나다. 대개 위협적인 정보를 의식적으로 거부한 다음에 그 정보가 잘못된 내용이라고 간주하는 부정적 해석이 뒤따르게 된다. 예를 들면, 자녀가 학교에서 도둑질을 했다는 경찰의 연락에 부모는 처음에 "그럴 리가 없어. 우리 아이는 그런 아이가 아니야."라고 하다가, 다음에는 "뭔가 오해가 있을 거야."라는 식으로 부정함으로써 자신의 불안으로부터 도피하고자 한다.

⑩ '퇴행'은 주로 생의 초기에 성공적으로 작용했던 생각이나 만족스러웠던 행동 양식에 의지함으로써 현 상황에서의 위협이나 불안을 해소시키는 방어 기제다. 아이에게서 발견되는 전형적인 퇴행의 예로는 대소변을 잘 가리던 아이가 동생이 태어난 이후 부모의 관심이 온통 동생에게 쏠리자 동생과 같이 바지에 소변을 보거나 심지어는 기어 다니는 행동을 하는 경우를 들 수 있다.

'동일시'는 자신의 불안이나 자신이 부족하다고 느끼는 감정을 피하기 위해 다른 사람의 바람직한 점을 자기 것으로 끌어들이는 것이다. 이는 다른 사람 또는 다른 집단과의 동질성을 느낌으로써 자기만족을 찾는 방어 기제다. 예를 들면, 부모가 자식이 승진하면 자기도 성공한 것처럼 느끼는 식이다.

'승화'는 공격적 행동과 같이 사회적으로 용납되지 않는 형태의 대처 수단을 사회적으로 바람직한 형태로 변형하여 적응에 도움을 주는 것을 말한다. 예를 들면, 외과 의사는 칼을 사용하여 다른 사람의 배를 가르는 수술을 하게 되는데, 칼을 휘두르는 공격적인 행동이 의사라는 직업 때문에 사회적으로 용납되도록 승화시킨 경우다.

'반동 형성'은 자기가 느끼고 바라는 것과는 정반대로 감정을 표현하고 행동하는 것인데, 대체로 자신의 욕구나 감정이 너무나 받아들일 수 없는 무거운 죄의식에 사로잡힐 때 나타나는 방어 기제다.

'주지화'는 '부정'의 교묘한 형태라고 할 수 있는데, 골치 아픈 문제로부터 벗어나거나 위협적인 감정에서 자기를 떼어놓기 위해 가끔 문제 장면이나 위협 조건에 관한 지적인 토론 및 분석을 하는 경우가 있다. 즉 주지화는 스트레스를 부정하는 고등 수단이라고 볼 수 있다.

'전위'는 만족되지 않는 충동 에너지를 다른 대상에게로 돌림으로써 긴장을 완화시키는 방어 기제다. 예를 들면, 자녀를 갖고 싶지만 그렇지 못한 부부가 이웃집 아이를 끔찍이 사랑하거나 애완동물에 집착하는 경우다.

16 '투사'는 자기 자신이 동기나 불편한 감정을 다른 사람에게 돌림으로써 불안 및 죄의식에서 벗어나고자 하는 방어 기제다. 일이 이렇게 된 것은 모두 다 당신 때문이라는 식의 책임 회피나 지나친 비판 및 편견 등은 모두 투사의 예라 할 수 있다.

17 '억압'은 고통스러운 감정과 경험에 대한 의식을 봉쇄하는 가장 흔한 방어 기제다. 수치스러운 생각, 죄의식을 일으키는 생각, 고통스러운 기억 등을 의식 수준 아래로 밀어내는 반응이며, 대체로 자신도 모르는 사이에 일어나는 것으로 보인다. 억압의 극단적인 형태로 과거의 일부를 완전히 잊어버리는 기억 상실증이 있다.

18 '합리화'는 사회적으로 용납되지 않는 감정 및 행동에 대해 용납되는 이유를 붙여 자신의 행동을 정당화함으로써 사회적 비판이나 죄의식을 피하는 방어 기제다. 예를 들면, 먹고 싶으나 먹을 수 없는 포도를 신 포도이기 때문에 먹지 않겠다고 말하는 것이다.

19 지금까지 다양한 스트레스 대처 방안을 살펴보았는데, 그렇다면 과연 어떻게 하면 스트레스에 가장 효과적으로 대처할 수 있는가? 효과적인 대처는 스트레스원의 성질과 통제 가능성에 달려 있기 때문에 이 질문에 대한 보편적인 하나의 해결책은 없다. 따라서 스트레스원을 바르게 파악하고 적절하게 대처한다면 보다 건강하고 발전된 삶을 살 수 있을 것이다.

민윤기·김보성·안권순·한건한, 『인간생활과 심리학』(학지사, 2011) 중에서

🟢 내용 이해하기

1. 스트레스와 스트레스원이 무엇인지 말해 봅시다.

스트레스	

스트레스원	

2. 다음은 각각 어떤 스트레스원에 해당하는지 써 봅시다.

(가) 서울 ○○초등학교 6학년 학생인 김진수는 재작년부터 1년 넘게 국제중학교 입시를 준비했다. 김 군은 이 기간에 토익부터 토플, 토셀에 이르기까지 거의 모든 영어 인증 시험에 대비하려고 영어 학원을 전전했고, 수학·과학 올림피아드 대회에서 금상을 타기도 했다. 워드프로세스 자격증은 물론 국어 인증 시험까지 치렀지만 결국 국제중학교 입시에는 실패했다.

(나) 이성진(30) 씨는 회사 생활 3년차인 직장인이다. 그의 회사는 대우도 괜찮은 편이고 근무 환경도 좋아서 회사 생활 자체는 만족스러운 편이다. 하지만 그는 함께 일하는 동료 최동철 씨 때문에 속상한 일이 많다. 어려운 일은 그에게 미루고 일이 잘 끝나면 공은 자기에게 돌린다. 같은 팀에서 날마다 얼굴을 봐야 하는 탓에 스트레스를 받고 있다. 더군다나 얼마 전부터는 그가 근무하고 있는 부서가 없어진다는 소문도 있어 요즘 극심한 스트레스에 시달리고 있다.

(다) 1960년 5월 22일 악몽 같았던 그날의 기억이 지금도 뚜렷하다. 세계적으로 가장 큰 지진이 일어났던 날로, 그때의 지진은 진도 8.75로 진원지에서 약 1,000km 떨어진 지점에서도 느껴졌을 만큼 강력했는데, 칠레에서는 이 지진과

3과 스트레스와 건강 49

해일로 909명의 사망자가 발생했다. 지진의 피해는 태평양 전역에 파급되어 해안 가까이에서는 높이 10m 이상의 해일이 덮쳐 하와이 힐로 시에서만 61명의 사망자가 나왔다. 태평양을 사이에 둔 일본에서도 하루가 지난 후 높이 수 m가 되는 해일이 일어 사망자 119명, 행방불명자 20명이 발생하였다.

(가) •　　　　　　　　　　• 격변적 사건
(나) •　　　　　　　　　　• 사적인 스트레스원
(다) •　　　　　　　　　　• 배경 스트레스원

3. 직접적 대처 방법의 내용을 정리하고 각각 어떤 예들이 있을지 생각해서 써 봅시다.

직접적 대처의 종류	내용	예
공격적 행동과 표현		
태도 및 포부 수준의 조절		
철수		

4. 다음은 방어적 대처에서 사용되는 방어 기제들입니다. 서로 관련 있는 것끼리 연결해 봅시다.

부정 •　　　　　　　• 생의 초기에 만족스러웠던 행동 양식에 의지해 현 상황에서의 불안을 해소시킴.

퇴행 •　　　　　　　• 자기가 바라는 것과 정반대로 감정을 표현함.

동일시 •　　　　　　　• 불안을 피하기 위해 다른 사람의 바람직한 점을 자기 것으로 끌어들임.

승화 •　　　　　　　• 고통스러운 환경이나 위협적인 정보를 거부함.

반동 형성 •　　　　　　　• 불편한 감정을 다른 사람에게 돌림.

주지화 •　　　　　　　• 사회적으로 용납되지 않는 행동에 대해 이유를 붙여 정당화함.

전위 •　　　　　　　• 고통스러운 감정과 경험에 대해 의식을 봉쇄함.

투사 •　　　　　　　• 스트레스를 부정하는 고등 수단임.

억압 •　　　　　　　• 만족되지 않는 에너지를 다른 대상에게 돌림.

합리화 •　　　　　　　• 사회적으로 용납되지 않는 대처 수단을 사회적으로 바람직한 형태로 변형함.

5. 다음 상황에서 취하고 있거나 취하게 될 대처 방식은 무엇일지 말해 봅시다.

1) 최근석(53세) 씨는 ○○ 보험 회사의 수위로 근무하고 있다. 비록 자신은 수위로 근무하고 있지만 ○○맨이라는 자부심 하나는 누구보다도 강하다고 할 수 있다.
　→

2) 김미진(18세)은 친구 문제로 고민이 많은 고등학교 2학년 여학생이다. 얼마 전에 2년 동안 친하게 지낸 단짝 친구와 크게 싸웠다. 그 이후로 자기를 봐도 아는 체하지 않고 다른 아이들과 어울려 다니며 심지어는 자신의 흉까지 보는 그 친구 때문에 공부도 하기 싫을 정도로 스트레스를 받고 있다.
　→

6. 다음과 같은 방식으로 자신이 경험한 스트레스에 대해 친구와 함께 말해 봅시다.

스트레스원의 종류에 따른 스트레스

스트레스원	사건	대처 방법
격변적 사건		
사적인 스트레스원		
배경 스트레스원		

구성 이해하기

○ 앞의 글 〈스트레스〉는 분류의 방법으로 내용을 전개했습니다. 다음을 고려하여 질문에 답해 봅시다.

- 분류의 개념: 대상을 일정한 기준으로 나누거나 묶어서 설명하는 방법
- 분류의 방법으로 글쓰기: 첫째, 대상을 하위 분류할 수 있는 적절한 기준을 정한다.
  둘째, 동등한 수준의 하위 항목들로 분류한다.
  예: 아시아 대륙과 아프리카 대륙으로 분류(O)
  　　아시아 대륙과 미국으로 분류(X)
- 분류 표현: ～은/는 ～(으)로 구분된다.
  　　　　　 ～은/는 ～(으)로 나눌 수 있다.
  　　　　　 ～은/는 ～(으)로 분류된다.
  　　　　　 ～에는 ～이/가 포함된다.

1. 글 〈스트레스〉에서 다음 항목을 분류한 기준은 무엇인지 보기 에서 찾아봅시다.

   보기

   　　방어 기제의 종류　　　스트레스를 일으키는 원인의 내용　　　대처의 직접성

   ▶ 분류 기준 1

   항목 1　　격변적 사건　　　사적인 스트레스원　　　배경 스트레스원

   ▶ 분류 기준 2

   항목 2　　직접적 대처　　　방어적 대처

▶ 분류 기준 3

| 항목 3 | 부정 퇴행 동일시 승화 반동 형성 주지화 전위 투사 억압 합리화 |

2. 다음 보기 의 항목을 분류할 때 함께 분류하기 어려운 항목은 무엇인지 찾고 그 이유를 말해 봅시다.

> 보기
>
> 격투기 스키 축구 야구 볼링 골프 승마 하키 사이클 아마추어 핸드볼
> 양궁   수영 요트 역도 육상 체조 유도 럭비 태권도   배드민턴

| 하위 항목으로 분류하기 어려운 항목 | |
| 이유 | |

3. 다음 보기 에 제시된 자료를 분류의 표현 방식을 사용하여 하나의 문장으로 써 봅시다.

> 보기
>
> 동물: 포유류 양서류 파충류 조류 곤충

4. 다음은 글 〈스트레스〉의 구조를 도식으로 나타낸 것입니다. 빈칸을 채워 봅시다.

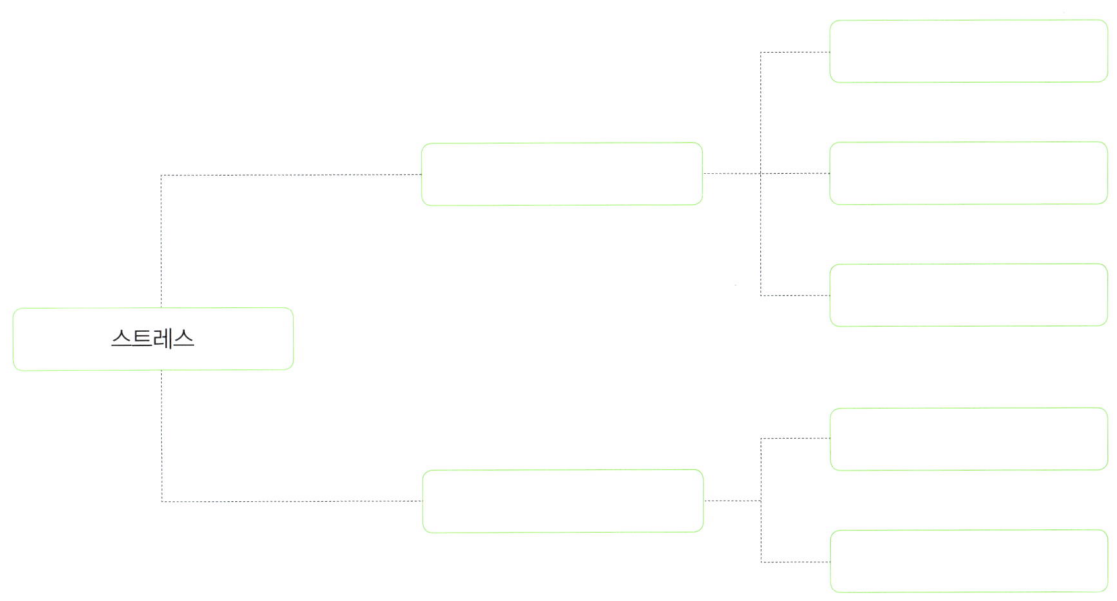

5. 다음 글을 읽고 질문에 답해 봅시다.

> 전설은 발생 목적에 따라 분류할 수도 있다. 발생 목적에 의한 분류는 1) 설명적 전설, 2) 역사적 전설로 구분할 수 있다.
> 첫째, 설명적 전설은 민중들이 자기를 둘러싸고 있는 자연이 어떻게 이루어졌는가, 사물들이 어떻게 생겨나게 되었는가 하는 것들을 설명할 목적으로 만들어 낸 것이다. 그리하여 설명적 전설은 지리상의 특징, 자연 현상, 특수한 습관, 어느 지역 동·식물의 특수한 형상, 산이나 바위의 생김새 등을 소박한 지식으로 설명한다.
> 둘째, 역사적 전설은 대부분의 전설이 여기에 포괄될 수 있는 것으로, 어떤 역사적 사건에 대한 기초적 지식을 가진 사람이 그 사건의 설명으로서 이야기하고 그것이 민중의 기억이나 지식에 결합되어 생기는 것이다. 따라서 역사적 전설 속에는 지방적·국가적 영웅이 등장하게 된다. 물론 영웅이라고 하지만 이들이 모두 유명 인물은 아니고 무명 인물도 대단히 많다. 야담·야사·비사 등은 모두 역사적 전설이다.

장덕순 외, 『구비 문학 개설』 (일조각, 2006), 70-71쪽 중에서

1) 이 글에서 분류 대상이 되는 것은 무엇입니까?

2) 분류 기준은 무엇입니까?

 **쓰기**   다음에 제시된 주제 중 하나를 선택하여 분류하는 글을 써 봅시다.

1. 다음 보기 의 주제 중에서 하나를 선택합시다.

| 보기 | 종교 | 악기 | 술 | 인간 | 집 | 성격 | 의류 |

선택한 주제

2. 선택한 주제의 하위 항목으로 들어갈 수 있는 것들은 무엇일지 생각해서 써 봅시다.

3. 위 2의 하위 항목을 분류할 수 있는 기준을 정하고 기준에 따라 나누어 봅시다.

분류 기준	분류 기준에 따라 나누어지는 하위 항목
분류 기준 1	
분류 기준 2	
분류 기준 3	

4. 글을 쓰기 위한 개요를 작성하여 봅시다.

머리말	
본문	
맺음말	

5. 개요를 바탕으로 분류의 방법으로 설명하는 글을 써 봅시다.

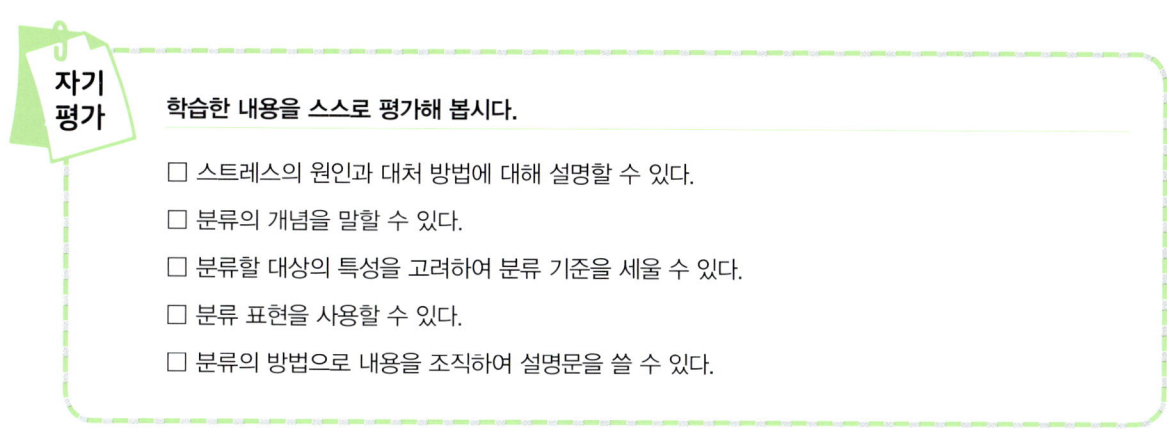

자기 평가

학습한 내용을 스스로 평가해 봅시다.

☐ 스트레스의 원인과 대처 방법에 대해 설명할 수 있다.
☐ 분류의 개념을 말할 수 있다.
☐ 분류할 대상의 특성을 고려하여 분류 기준을 세울 수 있다.
☐ 분류 표현을 사용할 수 있다.
☐ 분류의 방법으로 내용을 조직하여 설명문을 쓸 수 있다.

4과 한국의 절

○ 다음 자료를 보고 질문에 답해 봅시다.

1. 위의 건물들은 어느 나라의 어떤 건물인지 짐작하여 말해 봅시다.

2. 위의 건물들을 가장 잘 설명할 수 있는 방법은 무엇일지 생각해 봅시다.

🔋 어휘 익히기

1. 다음 보기 중에서 알맞는 단어를 찾아 빈칸에 넣어 봅시다.

> **보기**
>
> 의례   번뇌   단청   변용
> 수호하다   설파하다   이정표

1) 주로 도로상에서 어느 곳까지의 거리 및 방향을 알려 주는 표지

　예) 여행을 다닐 때 자기가 어디에 있는지 알 수 있게 해 주는 _____은/는 큰 도움이 된다.

2) 마음이 시달려서 괴로워함

　예) 인생은 행복만 있는 것이 아니다. 마음이 괴롭고 _____에 빠지는 일이 늘 있다.

3) 옛날식 집의 벽, 기둥, 천장 따위에 여러 가지 빛깔로 그림이나 무늬를 그림

　예) 한국의 절이나 옛 건물에 가 보면 아름다운 _____이/가 있어 우리의 눈을 사로잡는다.

4) 어떤 내용을 듣는 사람이 납득하도록 분명하게 드러내어 말하다

　예) 그 스님은 덕이 있고 마음이 깊고 학식이 높은 분으로, 많은 사람들에게 불교의 진리와 인생의 의미를 _____다고 한다.

5) 행사를 치르는 일정한 법식

　예) 외국의 대통령이 한국을 방문하면 _____에 맞춰 환영 절차를 준비하게 된다.

6) 용모가 바뀜

　예) 이 전설은 원래 다른 나라에서 들어와서 _____이/가 이루어진 것이라고 한다.

7) 지키고 보호하다

　예) 민주주의와 인권을 _____기 위해 많은 젊은이들이 피땀을 흘리며 노력해 왔다.

텍스트 읽기

○ 각 문단의 중심 내용을 정리하면서 다음 글을 읽어 봅시다.

절

1 우리나라는 약 7할이 산이고 그 산에는 웬만하면 절이 있습니다. 그래서 지방에 갔다가 절을 만나는 건 아주 일상적인 일입니다. 외국 친구들과 같이 지방에 관광차 갔을 때 절을 건너뛰고 다닐 수는 없습니다. 예를 들어 경주에 가서 석굴암이나 불국사를 가지 않는 것은 거의 불가능한 일 아닙니까? 또 이 두 절은 유네스코에 세계 유산으로 등재되어 있는 세계적인 절이기도 합니다. 따라서 우리 문화를 이해하기 위해서나 우리 문화를 외국인들에게 소개하려 할 때 절은 반드시 알아야 하는 유산입니다.

2 절이란 물론 기능적으로는 승려들이 수행하고 신도들을 위해 의례를 지내 주는 곳을 말합니다. 그러나 절을 한마디로 말한다면 '붓다 랜드', 즉 부처님 나라라고 할 수 있습니다. 한자어로는 '불국토'이지요. 그래서 절 건물은 말할 수 없이 화려하게 꾸며 놓습니다. 어떤 이들은 이런 이야기를 합니다. 왜 그렇게 알록달록하게 단청을 해서 정신없게 만드냐고 말입니다. 그것은 절이란 부처님이 계신 장엄한 곳이기 때문입니다. 그래서 그곳은 인간 세상과는 비교도 안 되게 화려한 곳입니다. 이를테면 절은 극락과 같은 곳인데, 사바세계와는 본질적으로 달라야 하지 않겠습니까? 원래 종교 건축은 이렇게 장엄하고 화려하게 꾸미는 법입니다. 서양의 교회나 이슬람 사원도 호화롭다는 점에서 한국의 절과 공통적입니다. 이는 신의 세계를 지상에 건설하고 신자들로 하여금 그 장엄함에 압도당해 종교심을 갖게 하려고 한 것입니다.

그러면 한국 절의 기본 구조부터 볼까요? 절의 구조는 기본적으로 당간 지주, 일주문, 천왕문, 불이문, 대웅전 마당, 대웅전으로 이루어져 있습니다. 우리나라의 절 가운데 통도사나 해인사 같은 대규모 사찰들은 나름대로 복잡한 구조를 갖고 있지만 기본적인 면에서는 같은 구조입니다. 절은 당간 지주로부터 시작됩니다. 당간 지주는 두 개의 돌 기둥과 철로 된 긴 통으로 되어 있는데, 이 철통(당간)을 기둥 사이에 넣어서 깃대 역할을 하게 합니다. 절에 큰 행사가 있으면 당간 위에 깃발을 달아 신자들이 절을 찾을 수 있게 한 것입니다. 일종의 이정표인 셈이죠. 지금 절을 다녀 보면 대부분 지주만 볼 수 있는데, 이것은 당간이 철로 만든 것이라 녹슬어 없어졌기 때문입니다.

  당간 지주를 지나면 곧 일주문이 나옵니다. 말 그대로 기둥이 한 줄로만 되어 있는 문입니다. 절의 영역, 그러니까 부처님 나라는 여기서부터 시작됩니다. 이 '일주'라는 단어는 꽤 어려운 철학적인 의미를 지니고 있습니다. 여러 가지로 해석되지만 일주는 '일심(One Mind 혹은 Cosmic Consciousness)'을 상징한다고 할 수 있습니다. 불교에서는 이 우주가 가장 깊은 속마음인 일심에서 비롯되었다고 보지요. 좀 어려워졌는데 어떻든 이 문을 지나면 이제 속세하고는 이별입니다. 그러나 아직 부처님 세계에 온 것은 아니고 중간 단계에 있다고 할 수 있습니다. 큰 절에 가 보면 보통 이 일주문부터 절 가는 길에 시내가 흐르는 것을 발견할 수 있습니다. 이것은 부처님을 만나러 가기 위해 자신의 마음을 깨끗이 하라는 것일 겁니다. 즉 머리와 마음속에 있는 번뇌를 모두 이 시내에 흘려버리라는 것입니다. 그리고 이제 곧 만나게 될 부처님만 생각하라는 것입니다.

5　　　　걷다 보면 곧 문이 하나 또 나옵니다. 천왕문으로 이 문 안에는 험상궂게 생긴 네 명의 장수가 있습니다. 이들은 사천왕으로 원래는 힌두교의 신이었는데 불교가 가져다 불교를 수호하는 '보디가드'로 만들었답니다. 그런데 이 천왕들을 보면 발로는 악귀들을 밟고 있고 인상마저 험악해서 자비의 종교인 불교와 다소 어울리지 않는 모습입니다. 그런데 재미있는 것은 이 천왕들을 보면 불교가 인도에서 실크 로드를 따라 한국으로 전해졌다는 것을 알 수 있다는 것입니다. 즉 이 사람들은, 얼굴은 중앙아시아 인이고 옷은 중국 원나라 장수의 갑옷을 입었으며 손에는 조선 검을 들고 있으니 그렇다는 것입니다. 아무리 한국식으로 변용이 되어도 흔적이 남는 모양입니다.

6　　　　이제 진짜 붓다 랜드에 가까이 왔습니다. 이 부처님 땅의 입구에는 문이 있습니다. 이 문은 보통 불이문이라 불리는데 이 문을 넘어서면 대웅전 마당이 됩니다. 이곳이 바로 붓다가 주석하고 있는 부처님 나라입니다. 이 불이문은 그 이름의 의미가 일주문보다 더 어렵습니다. 직역하면 '둘이 아니다'라는 것인데, '너와 내가 둘이 아니고 우주와 내가 둘이 아니다.' 정도로 보면 되겠습니다. 인간과 우주는 하나인데 인간이 자꾸 분리해서 욕심을 가지니까 그렇게 하지 말라고 이렇게 설파하고 있는 것입니다. 이 마당에는 보통 탑과 석등이 있습니다. 탑은 붓다의 유골을 간직하고 있는 무덤과 같은 것이라고 할 수 있습니다. 그런가 하면 석등 역시 상징성이 풍부합니다. 이 등으로 어두운 사바세계를 비춘다고 해도 되고 무명에 덮여 있는 내 마음을 비춘다고 해도 됩니다.

7　　　　대웅전 안에는 실제의 붓다가 앉아 있습니다. 절 전체 영역이 부처님 나라라면 대웅전 안, 즉 법당 안은 붓다가 머물고 있는 궁전과도 같은 것입니다. 그런데 불상 위를 보면 '닫집'이라 하는 또 하나의 집이 있는데, 이 집이야말로 붓다가 거주하는 집이 되는 것입니다. 불교 신자들은 붓다의 궁전으로 들어와 그를

예배하게 됩니다. 그러니까 법당 안은 예배 공간이 되는 셈입니다.

여기까지가 절의 가장 기본이 되는 건물들입니다. 보통 이런 요소들을 다 갖추고 있으면 절이라고 부르지만, 절에는 이 건물들 외에도 다른 건물이 많이 있습니다. 승려들의 숙소인 요사채, 죽은 이들을 천도하는 명부전, 관음보살을 모시는 관음전 등이 절 건물에 속합니다. 그런데 일반적인 절과 달리 일주문이니 천왕문이니 하는 것들이 없고 예배 공간과 승려들의 숙소만 있는 작은 절도 있는데, 이런 작은 절은 암자라고 합니다.

지금까지 절의 기본 구조에 대한 간략한 소개를 해 드렸는데, 이 정도의 정보면 어떤 외국 친구에게도 귀중한 우리 문화유산인 절에 대해 쉽게 설명해 줄 수 있을 겁니다.

최준식,
『세계인과 함께 보는 한국 문화 교과서』
(소나무, 2011) 중에서

내용 이해하기

1. 절 건물을 화려하게 꾸며 놓는 이유는 무엇입니까?

2. '일주문'과 '불이문'의 의미를 설명해 봅시다.

3. '석등'은 무엇을 상징하고 있습니까?

4. 오른쪽은 '사천왕' 사진입니다. '사천왕'이 이와 같은 모습을 하고 있는 이유가 무엇인지 생각해서 말해 봅시다.

5. 친구와 함께 다음과 같은 특징을 중심으로 자기 나라의 종교 건물에 대해 말해 보고, 한국 절과 공통점이 있는지 생각해 봅시다.

- 모양
- 색깔
- 구조
- 장식
- 조각

6. 절에는 앞의 글에서 설명한 건물 이외에도 다른 건물이 많이 있습니다. 다음은 어떤 건물인지 조사하여 친구에게 설명해 봅시다.

구성 이해하기

○ 앞의 글 〈절〉은 분석의 방법으로 내용을 전개했습니다. 다음을 고려하여 질문에 답해 봅시다.

- **분석의 개념**: 현상이나 대상을 여러 부분이나 구성 요소로 나누어 설명하는 방법

- **분석의 방법으로 글쓰기**: 첫째, 대상의 특성에 따라 분석의 기준을 정함.
  (분석을 위한 기준: 구조, 원인, 시간적 순서, 과정, 기능 등)
  둘째, 분석 내용을 체계화하여 적절한 순서에 따라 제시함.

- **분석의 유용성**: 첫째, 복잡한 현상이나 대상을 이해하기 쉬움.
  둘째, 각 구성 요소의 상호 관계나 전체 구조 속에서 그들이 차지하는 위치나 기능도 밝힐 수 있음.

- **분석의 표현**:
  - ~은/는 ~(으)로 이루어져 있다.
  - ~은/는 ~(으)로 구성되어 있다.
  - ~은/는 ~(으)로 나뉜다.
  - ~은/는 ~(으)로 나누어 살펴볼 수 있다.

- **분석과 분류의 차이**:
  - 분류 – 대상을 일정한 기준에 따라 하위 항목으로 나누는 것. 나누어진 것이 전체의 한 종류임.
    (예: 컴퓨터는 그 크기에 따라 소형 컴퓨터, 중형 컴퓨터, 대형 컴퓨터, 슈퍼 컴퓨터로 나눌 수 있다.)
  - 분석 – 나누어진 것이 전체의 일부분임.
    (예: 컴퓨터는 중앙 처리 장치, 주기억 장치, 보조 기억 장치, 입력 장치, 출력 장치 등으로 나눌 수 있다.)

1. 빈칸에 알맞은 말을 써 봅시다.

절의 구조

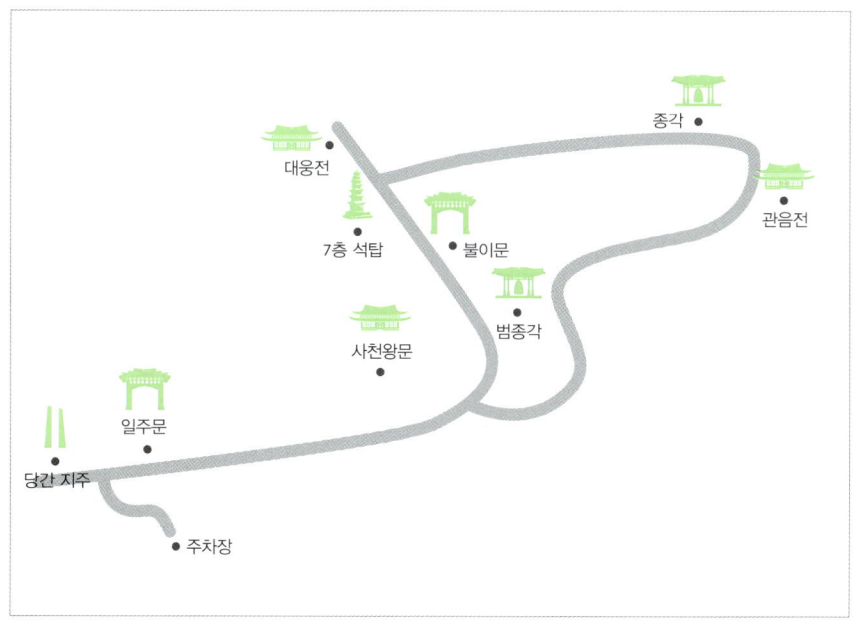

(가): (　　　　　)

(나): (　　　　　)

(다): (　　　　　)

(라): (　　　　　)

(마): (　　　　　)

(가) 절의 이정표

(나) 부처님 나라의 시작

(다) 네 명의 장수가 있는 문

(라) 대웅전 마당으로 가는 문

(마) 붓다가 머무는 궁전

2. 앞 글과 같이 (가)에서 (마)의 순서로 절의 구조를 설명하고 있는 이유를 말해 봅시다.

3. 앞 글의 순서와 다른 순서로 설명할 경우 어떤 문제점이 있을지 생각해 봅시다.

4. 다음 글을 읽고 알맞은 분석의 기준을 골라 연결해 봅시다.

(가) 석탑의 구조는 크게 기단부, 탑신부, 상륜부로 나뉜다. 기단부는 석탑의 가장 아래에 높게 만든 단으로 탑의 받침이 되는 구조물이다. 탑신부는 탑의 몸체가 되는 부분으로 기단부 위에 놓여 있으며 탑층으로 구성되는데, 이 탑층이 몇 층이냐에 따라 3층 석탑, 5층 석탑 등으로 불린다. 상륜부는 탑의 가장 위에 놓이는 부분으로 금속이나 돌로 만든 화려한 장식으로 꾸며져 있다.

(나) 모든 궁궐은 정치 공간, 왕실의 생활 공간, 궁중 관청의 행정 공간으로 나뉜다. 각 구역은 담을 쳐서 경계를 구분하되, 작은 문으로 연결시켰다. 같은 구역 안에서도 담을 쳐서 경계를 나누고, 문을 통하지 않고는 자유로이 넘지 못하도록 했다. 이는 궁궐의 경호를 위한 조치다.

정치 공간에는 임금과 신하가 조회하는 집이 있는데, 이를 정전 또는 법전이라고 한다. 또 임금과 신하가 직접 만나 정치를 논의하고 집행하는 집이 있는데, 이를 편전이라고 한다.

생활 공간에는 왕과 왕비, 세자와 세자빈, 대비, 후궁 등이 사는 곳이 있다. 이를 각각 연조, 침전, 내전이라고 부른다.

한영우, 『조선의 집, 동궐에 들다』(효형출판, 2006) 중에서

(다) 옷을 만들 때는 마름질이 중요하다. 마름질이란 옷감을 치수에 맞도록 재거나 자르는 일을 말한다. 마름질은 '옷본 배치하기, 시접 넣기, 자르기, 바느질 선 표시하기'의 순서를 따른다.

마름질에서 가장 먼저 하는 일이 옷본을 배치하는 일이다. 옷감을 판판하게 펴 놓고, 시접과 단의 분량을 고려하면서 옷본을 배치한다. 그다음 단계는 시접 넣기이다. 시접은 바느질 선 밖으로 남겨 놓은 여유분을 말하는데, 시접 분량은 솔기의 종류, 옷감의 종류, 디자인, 솔기의 위치 등에 따라 달라진다. 시접을 넣은 다음에는 옷감을 자른다. 옷감을 자를 때에는 가위를 똑바로 세우고 가윗날을 크게 벌려 가면서 잘라 나간다. 마름질의 마무리로 옷감에 바느질 선을 표시한다.

『중학교 기술·가정2』(지학사, 2007) 중에서

(가) •　　　　　　　• 공간의 구조
(나) •　　　　　　　• 만드는 과정
(다) •　　　　　　　• 공간의 기능(쓰임)

5. 다음 글을 읽고 질문에 답해 봅시다.

(가) 곰팡이의 한 종류인 버섯은 땅이나 썩은 나무 같은 유기물 속에서 자라던 아주 작은 균사가 뭉쳐서 눈에 보일 만한 크기의 형태로 땅 위에 피어난 것이다. 버섯은 크게 갓, 주름살, 대로 이루어진다.

(나) 갓은 주름살이 다치지 않게 보호하는 역할을 한다. 어떤 갓에는 사마귀 점이 있는데, 이는 어릴 때 껍질에 싸여 있는 버섯 종류에서 나타난다. 버섯이 자라면서 껍질은 찢어지거나 벗겨지면서 갓 표면에 붙어 사마귀 점으로 남는다.

(다) 주름살은 홀씨를 만드는 곳이다. 주름살 대신 관처럼 생긴 구멍 안에서 홀씨를 만들기도 한다. 주름살이 촘촘하고 구멍이 많을수록 홀씨를 많이 만들 수 있다.

(라) 흰주름젖버섯은 대의 길이가 2.5~8센티미터이다. 둥근 기둥 꼴로 위아래 굵기가 비슷하고, 색깔은 노란색이나 황갈색을 띤다. 홀씨 무늬는 흰색이다. 이에 비해 송이의 대는 길이가 10~20센티미터이다. 위아래 굵기가 비슷하고, 솜털처럼 생긴 턱받이가 있다. 위쪽은 흰색인데, 아래쪽으로 내려올수록 갈색을 띤다. 홀씨 무늬는 흰색이다.

토박이, 『세밀화로 그린 보리 어린이 버섯 도감』(보리, 2012) 중에서

1) 버섯은 어떤 구성 요소들로 이루어져 있는지 다음 표에 써 넣어 봅시다.

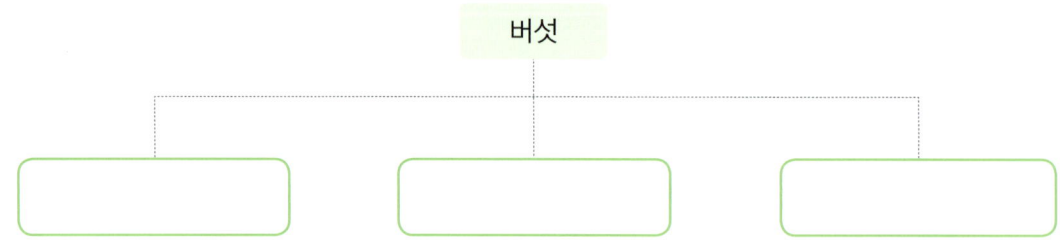

2) 이 글에서 불필요한 문단을 찾고 그 이유를 써 봅시다.

3) 이 글을 완성된 글로 만들기 위해 들어가야 할 내용이 무엇인지 말해 보고, 이와 관련 있는 자료를 찾아 간단히 정리해 봅시다.

들어가야 할 내용: _____

관련 있는 자료: _____

4) 위 3)의 내용을 바탕으로 하나의 문단을 완성해 봅시다.

쓰기 다음에 제시된 주제 중 하나를 선택하여 분석하는 글을 써 봅시다.

1. 다음 보기 의 주제 중에서 하나를 선택해 봅시다.

   보기
   내가 좋아하는 음식   나의 취미 생활   문자의 역사   자기 나라 국기   자동차가 움직이는 원리

   선택한 주제

2. 설명할 대상의 특성을 고려하여 분석 기준을 정해 봅시다.

   분석 기준

3. 설명할 대상을 위 2에서 정한 기준에 따라 나누어 봅시다.

   -
   -

4. 글을 쓰기 위한 개요를 작성하여 봅시다.

머리말	
본문	
맺음말	

5. 개요를 바탕으로 분석의 방법으로 설명하는 글을 써 봅시다.

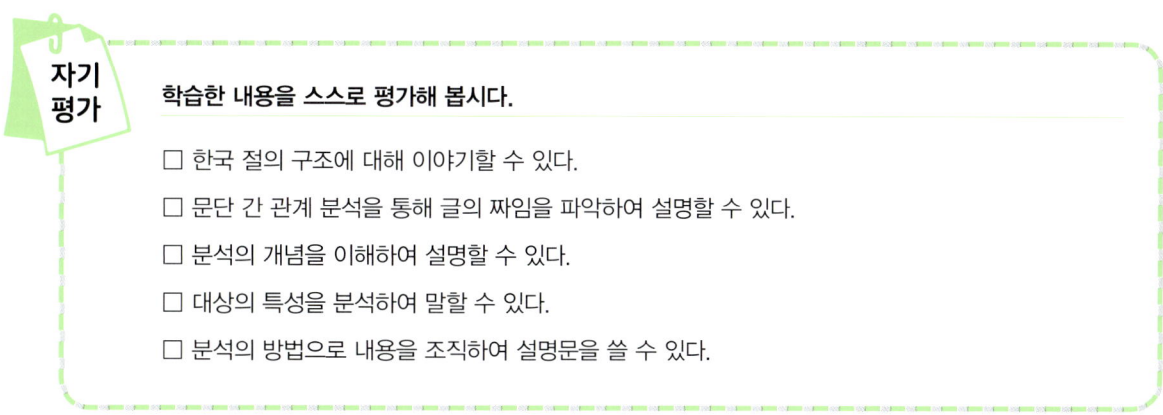

> **자기 평가**
>
> **학습한 내용을 스스로 평가해 봅시다.**
>
> ☐ 한국 절의 구조에 대해 이야기할 수 있다.
> ☐ 문단 간 관계 분석을 통해 글의 짜임을 파악하여 설명할 수 있다.
> ☐ 분석의 개념을 이해하여 설명할 수 있다.
> ☐ 대상의 특성을 분석하여 말할 수 있다.
> ☐ 분석의 방법으로 내용을 조직하여 설명문을 쓸 수 있다.

5과 남북 분단

○ 다음 자료를 보고 질문에 답해 봅시다.

1. 위 사진들이 보여 주는 상황에 대해 말해 봅시다.

2. 이런 일이 일어난 원인은 무엇일지 생각해 봅시다.

어휘 익히기

1. 다음 보기 중에서 알맞은 단어를 찾아 빈칸에 넣어 봅시다.

> 보기
>
> 분단   구축하다   냉전   명분
> 전향   신탁 통치   주둔하다

1) 동강이 나게 끊어 가르다
   예) 동서로 나뉘었던 독일은 통일되었지만 한국은 여전히 _____ 국가로 남아 있다.

2) 제2차 세계 대전 후 국제 연합의 위임을 받은 나라가 일정한 비자치 지역에서 행하는 통치 형태
   예) 전쟁은 끝났지만 국가가 완전히 독립하지 못하고 다른 나라의 _____ 을/를 받는다는 것은 우리 민족의 자존심을 상하게 했다.

3) 직접적으로 무력을 사용하지 않고 경제·외교·정보 따위를 수단으로 하는 국제적 대립
   예) 강대국들의 대립으로 인한 _____ 시대가 끝나고 잠시 화해 분위기가 오는 듯했다.

4) 종래의 사상이나 이념을 바꾸어서 그와 배치되는 사상이나 이념으로 돌리다
   예) 그는 수십 년간 감옥에 있었지만 사상을 _____ 하지 않고 있다가 북한으로 돌아갔다.

5) 각각이 이름이나 신분에 따라 마땅히 지켜야 할 도리. 일을 꾀할 때 내세우는 구실이나 이유 따위
   예) 옛 선비들은 어떤 행동을 할 때에 물질이나 이득보다는 그것이 옳은가 옳지 않은가 하는 _____ 을/를 중시하였고 그것에 따라 행동하였다.

6) 체제, 체계 따위의 기초를 닦아 세우다
   예) 그는 다시 돌아와서 자신만의 독자적 세력을 _____ 시작했다.

7) 군대가 임무 수행을 위하여 일정한 곳에 집단적으로 얼마 동안 머무르다
   예) 38도선 이남에는 미군이 _____ 였다.

텍스트 읽기

○ 각 문단의 중심 내용을 정리하면서 다음 글을 읽어 봅시다.

한국 분단 과정(1945~1950년)의 원인

1 오랜 왕조인 조선 왕조(1392~1910년, 1897~1910년은 대한 제국)는 일본에 의한 식민지화로 막을 내렸다. 일본에 의한 식민지 시기(1910~1945년)에 대다수의 한국인들은 일본의 지배로부터 벗어나기를 원했다. 물론 전통 시대로의 복귀를 희망한 것은 아니었다.

2 1945년 8월 15일 마지막 남았던 추축국(樞軸國: 독일, 일본, 이탈리아로 구성) 일본이 연합국인 미국과 소련, 영국, 중국 등에 항복하면서 한반도는 식민지 상태를 벗어나게 되었다. 38도선 이북의 한반도에는 소련군이, 38도선 이남에는 미군이 주둔하게 되었다. 이후 사태는 대다수 한국인들의 희망과는 반대로 38도선이 그대로 두 개 국가의 국경선으로 고착되었다. 잘 알려져 있듯이 1950년 6월 25일부터는 내전이자 국제전의 양상을 보인 한국 전쟁이 발발했다. 무엇이 한반도를 분단과 전쟁으로 이끌었는가에 대해서는 다양한 입장이 존재한다.

3 첫째, 한반도의 분단은 1920년대 식민지 시대에 있었던 좌파와 우파의 대립, 즉 좌우 대립에 그 기원이 있다고 보는 것이다. 제1차 세계 대전(1914~1918년)이 종결된 직후 전 세계에는 미국 대통령 윌슨의 민족 자결주의와 소련의 레닌이 주창한 민족 해방주의라는 큰 흐름이 있었다. 특히 후자는 전 세계적 규모의 사회주의 운동으로 연결되었다. 한국도 1919년 3·1운동이라는 거대한 전 민족적 독립운동 이후에는 윌슨의 민족 자결주의를 지지하는 '부르주아 민족주의'와 사

회주의적 의미의 민족 해방을 강조하는 '사회주의적 민족주의'로 양분되기 시작했다. 전자는 물산 장려 운동이나 민립 대학 설립 운동 등을 통해 '전 민족적' 실력 양성 운동에 매진했다. 후자는 노동 문제나 농민 문제 등 계급적 문제에 비중을 두면서 계급 해방과 민족 해방을 연결 지었다.

1930년대 일본은 만주와 중국 본토로 전쟁을 확대해 나가면서 후방인 한반도에 대한 통제를 강화하고 '부르주아 민족주의' 세력에 대해 자치권을 일부 부여하면서 이들을 일본의 영향력하에 두려고 했다. 후자의 계급 혁명과 민족 혁명을 강조하는 민족주의자들에게는 '사상 전향'을 강조하면서 통제해 나갔다. 그러므로 1930년대 후반부터 1945년까지 한국의 엘리트들은 좌우로 극심하게 나뉘었고, 이것이 해방 후 남북 분단의 원인이 되었다는 입장이다. 그러면서 좌파는 계급 문제에 관심을 가지면서 우파의 친일 협력에 비해 보다 도덕적 우위에 있었다는 것을 강조한다.

해방 후 남북 분단의 원인을 경제적인 문제로 보거나 일본에 대한 친일 여부로 보는 것이 이런 입장을 대변한다. 그러나 1930년대 이후 노동 문제 등이 본격화되고 노동 계급 형성이 이루어졌지만, 대다수가 농민인 한반도에서 경제적 의미의 좌우가 확실히 존재했나고 보기 어렵다. 일제에 대한 협력 여부로 남북 분단을 설명하는 입장도 약점이 있다. 해방 후 남한에서 일제에 협력한 사람들이 북한에 비해 더 많았던 것은 사실이지만, 남한에도 이승만, 김구, 이시형 등 항일 운동에 매진한 사람들이 상당수 집권 세력에 있었다는 것은 부인할 수 없기 때문이다.

6 둘째, 강대국의 한반도 분할 점령에 그 기원을 두는 것이다. 1945년 8~9월 무렵 미군과 소련군의 남한과 북한 진주가 곧 남북 분단에 결정적인 계기가 되었다고 보는 입장이다. 우선 분할 점령이 언제 결정되었는가를 생각해 볼 필요가 있다. 제2차 세계 대전이 발발하자 중국 상해에 있었던 대한민국 임시정부(임정)는 미국 워싱턴에 있었던 구미위원부(이승만 대표)를 통해 임정 승인 운동을 펼쳤다. 임정이 승인된다면 전쟁 중에 미국의 군사 원조를 받을 수 있을 뿐 아니라 전후에 한반도에 정권 담당 주체로 등장할 수 있었으므로 이는 매우 중요한 문제였다. 당시 장개석의 중국 국민당 정부가 가장 적극적으로 임정 승인 운동을 검토했다. 그러나 미국 국무부는 임정 승인이 전후 한반도 문제에 중국이 영향력을 행사하는 출발점이 될 것이라는 점을 우려했다. 또한 미 국무부는 소련과 전쟁 협력이 필요한 현실에서 소련 정부가 자국 내에 있던 한국인들에 대해 어떤 정책을 펼칠지 우려했다. 결국 해방 당시까지 미국 정부는 임정을 공식적으로 승인하지 않으면서 한인들을 개별적으로 대일전에 동원한다는 원칙을 가지고 있었다. 그런 와중에도 1943년 11월 이집트 카이로에서 열린 회담(카이로 회담)에서 한국을 "적당한 시기에(in due course)" 독립시킬 것이 결정되었다.

7 이러한 배경에서 1945년 2월 소련 남부의 휴양 도시 얄타에서 열린 연합국 수뇌 회담인 얄타 회담에서 한반도 문제가 다시 간략히 언급되었다. 당시 이 회담은 유엔 질서 등 전후 세계 질서의 재편을 논의하기 위한 것이었다. 여기에서는 전후 한반도에 대해 신탁 통치와 비슷한 과도기를 두기로 했고, 과도기 동안의 공동 점령의 문제를 논의했다. 결국 해방 바로 직전에 전후 한반도에 대한 종합적인 계획을 세우지 못했던 미국과 소련은 일단 일본군 무장 해제를 위해 38도선을 두고 남북으로 각기 군사 점령을 하기로 결정했다.

결과적으로 강대국의 군사 분할 점령이 남북 분단으로 이어진 것은 사실이지만, 최소한 1947년 가을까지 미국과 소련이 제2차 세계 대전 당시의 협조주의를 지속했다는 점을 생각한다면 군사 점령이 바로 남북 분단으로 연결되었다고 단정할 수는 없을 것이다. 또한 남쪽과 북쪽에는 각기 다른 정치 체제가 완전히 형성된 것도 아닌 상태였으므로 여전히 상황은 다른 국면으로 전개될 가능성이 높았다.

셋째, 1945년 8월 이후부터 1947년 9월 한국 문제를 유엔에서 논의하게 될 때까지의 한반도 내의 사정과 세계적인 냉전을 연결해서 이해하는 방식이다. 38선 이북에는 1945년 8월 15일 이전부터 소련군이 들어왔고, 9월부터 미군이 38선 이남에 진주하기 시작했다. 10월부터 이승만, 김구 등 임시 정부 요원들이 개인 자격으로 차례로 입국했다. 정치적으로 유동적인 상황 속에서 터져 나온 '신탁 통치 파동'은 1945년 12월 말 미국과 소련의 외무장관들이 모스크바 회담 이후 한반도에 대한 '신탁 통치'를 실시한다는 것을 발표한 이후 발생했다. 이 회담의 결과에 대해 대부분의 정치 및 사회 세력들은 반대를 했다. 식민지 35년간의 세월에 다시 연합국에 의한 감독 기간이 필요하다는 것은 많은 한국인들의 열망과 맞지 않았다. 또한 38선 이남의 최고 통치자인 존 하지 장군은 처음부터 신탁 통치는 한반도에서 친소련주의자들에게 힘을 실어 주는 것이라고 생각해서 반대했다. 게다가 한국인들 중에는 신탁 통치 반대를 명분으로 삼아서 38선 이남에서 '친일'이라는 식민지 문제가 다시 잊혀지는 효과를 기대하는 사람들도 많았다.

이런 배경하에서 신탁 통치를 둘러싼 다양한 문제를 협의하기 위해 미국과 소련의 군사 대표가 미소 공동 위원회로 1946년 3월, 1947년 5월 각각 만나게 되었지만, 양측의 입장은 팽팽히 맞섰다. 소련과 미국 측은 신탁 통치 관리 기구와 협의할 한국인 임시 정부(향후 독립 국가의 정부로 발전)에 어떤 사회 정당 단체가 참여하는가를 두고 팽팽히 맞섰다. 소련 측은 모스크바 협정에 반대하는 세력을 제외하자고 했고, 미국은 이에 반대했다. 두 번에 걸친 미소 공동 위원회는 결국 결렬되었고, 그 결과 미국은 한반도 문제를 유엔 총회에 넘겨서 유엔을 통해 이듬해 선거(1948년 5월 10일)가 치러졌다. 결국 신탁 통치 파동과 뒤이은 미소 공동 위원회의 파행은 38선 이남에서 이승만·김구 등이, 38선 이북은 소련의 지원 하에 김일성이 세력을 구축하게 만들었다. 한편 1948년 8월 15일 대한민국 정부가 수립되었고, 다음 달인 9월 9일에 북조선 인민 공화국이 수립되었다. 두 개의 정부의 대립은 1950년 여름에 발발한 한국 전쟁에서 절정에 이르렀다.

⑪ 이러한 다양한 설명이 보여 주는 바대로 한국 내에 초점을 맞출 것인가, 강대국에 주안점을 둘 것인가, 아니면 그 두 개를 유기적으로 연결해서 이해할 것인가 등등은 오늘날 한반도 문제를 바라볼 때에도 동일하게 문제가 된다. 분명한 것은 한국 문제는 전 지구적 움직임과 함께하면서도 구별된다는 것이다.

안종철 집필

내용 이해하기

1. 앞의 글 〈한국 분단 과정(1945~1950년)의 원인〉을 읽고 각 문단의 중심 내용을 간단히 정리해 봅시다.

① 중심 내용

② 중심 내용

③ 중심 내용

④ 중심 내용

⑤ 중심 내용

⑥ 중심 내용

⑦ 중심 내용

⑧ 중심 내용

⑨ 중심 내용

⑩ 중심 내용

⑪ 중심 내용

2. '부르주아 민족주의'와 '사회주의적 민족주의'에 대해 설명해 봅시다.

	영향을 준 사상	성격	활동
부르주아 민족주의			
사회주의적 민족주의			

3. '대한민국 임시 정부(임정)'의 승인 문제와 관련하여 각각의 입장을 정리해 봅시다.

	임정 승인에 대한 태도	이유
임정 구미위원부		
중국 국민당	가장 적극적으로 검토	
미국		

4. 장개석 국민당 정부가 임정 승인 운동을 적극적으로 검토한 이유는 무엇인지 알아봅시다.

5. 세 명씩 모둠을 구성하여 다음에 제시된 주제 중 하나씩 선택하여 조사해 봅시다.

   1) 윌슨의 민족 자결주의
   2) 레닌의 민족 해방주의
   3) 계급 해방

👁 구성 이해하기

○ 앞의 글 〈한국 분단 과정(1945~1950년)의 원인〉은 원인 분석의 방법으로 내용을 전개하였습니다. 질문에 답해 봅시다.

1. 한국 분단의 원인에 대한 여러 이론을 정리해 봅시다.

논의의 초점	원인	분단으로의 전개 과정	이론이 가지는 약점
한국 내의 상황		• 윌슨의 민족 자결주의와 레닌의 민족 해방주의의 영향 • •	• •
강대국의 입장		• • • •	•
한국 내의 상황과 강대국의 입장을 연결하여 이해		• 38선을 경계로 소련군과 미군이 진주 • • • •	

2. 원인을 분석하여 설명문을 쓸 때에는 다음과 같은 요건을 갖추어 내용을 구성해야 합니다. 다음 보기 의 요건을 바탕으로 아래의 글을 읽고 질문에 답해 봅시다.

> **보기**
> 어떤 현상에 대해 원인과 과정을 기준으로 나누었다면 나뉜 각 요소가 빠짐없이 대등한 가치를 지니도록 쓰는 것이 중요하다.

(가) 간장은 짠 장을 뜻하고, 된장은 되직한 장을 말한다. 재래식 장은 콩을 삶는 것으로 시작해 메주를 띄우고 소금물을 붓기까지 온갖 정성을 들여 만들어야 한다. 장을 담그기 위해서는, 먼저 늦가을에 좋은 흰콩을 골라 물에 충분히 불려 무르게 삶는다. 콩이 삶아지면 잘 찧어서 네모지게 메주를 빚어 따뜻한 방 안에서 겉이 꾸덕꾸덕할 정도로 말려 볏짚으로 매달아 말려 둔다. 다음해 음력 1월 말에서 3월 초 사이 깨끗이 손질한 메주에 소금물을 부어 장을 담근다. 장 맛이 충분히 우러나면 국물은 간장으로 쓰고, 건더기는 소금 간을 하여 된장을 담근다.

(나) 장이 맛이 없다면 장을 만드는 재료나 만드는 과정에 문제가 있었기 때문이다. 장맛은 메주와 소금의 염도로 결정된다고 해도 지나친 말이 아니다. 우선 메주를 만드는 재료인 콩이 나쁘다면 좋은 메주를 만들기 어려우므로, 벌레 먹었거나 썩은 것이 없는 잘 여문 메주콩을 준비해야 한다. 콩을 삶을 때도 손가락으로 비볐을 때 쉽게 뭉그러질 정도로 충분히 익혀야 한다. 덜 익은 콩으로 만든 메주로 담근 간장은 색이 혼탁하고 맛도 떨어진다. 메주를 띄울 때에, 겉면이 마르기 전에 유해한 곰팡이가 번식하게 되면 질이 나쁜 메주가 만들어질 수 있으므로 따뜻한 곳에 3일 정도 두어 겉면을 잘 말려 주어야 한다.

1) 각 문단의 분석 기준은 무엇인지 연결해 봅시다.

　　(가) 문단　•　　　　　　　　　　•　원인

　　(나) 문단　•　　　　　　　　　　•　과정

2) 두 문단 중 문제가 있는 단락을 찾고 어떤 문제가 있는지 말해 봅시다.

문제가 있는 단락

문제

문제 해결 방법

쓰기 다음에 제시된 주제 중 하나를 선택하여 원인을 분석하는 글을 써 봅시다.

1. 다음 보기 의 주제 중에서 하나를 선택합시다.

   보기
   | 지구 온난화 현상 | 코피가 나는 이유 | 여드름이 생기는 이유 | 기타(다른 주제) |

   선택한 주제:

2. 자신이 선택한 주제와 관련된 정보를 찾고 원인과 결과를 분석하여 정리해 봅시다.

3. 글을 쓰기 위한 개요를 작성하여 봅시다.

머리말	
본문	
맺음말	

4. 개요를 바탕으로 원인 분석의 방법으로 설명하는 글을 써 봅시다.

자기 평가

학습한 내용을 스스로 평가해 봅시다.

☐ 한국 분단의 원인에 대한 다양한 이론을 설명할 수 있다.
☐ 원인 분석의 개념을 이야기할 수 있다.
☐ 어떤 현상을 원인과 과정을 기준으로 나누어 각 요소가 빠짐없이 대등한 가치를 지니도록 쓰는 것이 중요함을 설명할 수 있다.
☐ 원인 분석의 방법으로 내용을 조직하여 설명문을 쓸 수 있다.

6과 한국의 미

○ 다음 자료를 보고 질문에 답해 봅시다.

1. 위의 그림들은 어느 나라의 예술품인지 생각해 보고, 그렇게 생각한 이유를 말해 봅시다.

2. 위의 그림들을 보지 못한 친구에게 그림에 대해 설명을 한다면 어떤 방법으로 설명하는 것이 좋을지 생각해 봅시다.

어휘 익히기

1. 다음 보기에서 알맞은 단어를 찾아 아래 문장의 빈칸에 넣어 봅시다.

   보기
   | 씨름 | 구성 | 묘사 | 필치 |
   | 구도 | 풍속화 | 시선 | 감각적(이다) |

   1) 몇 가지 부분이나 요소들을 모아서 일정한 전체를 짜 이룸, 또는 그 이룬 결과
      예) 미술에서는 색채와 형태 따위의 조화로운 _____이/가 중요하다고 한다.

   2) 두 사람이 샅바를 잡고 힘과 재주를 부리어 먼저 넘어뜨리는 것으로 승부를 겨루는 한국 고유의 운동
      예) 동창회 주최 체육 대회에서 여자들은 팔씨름하고, 남자들은 _____을/를 하였다.

   3) 감각을 자극하는, 또는 그런 것
      예) 그 프로그램은 저질적이고 지나치게 _____(이)라는 평가를 받았다.

   4) 필세에서 풍기는 운치, 또는 글에 나타나는 맛이나 개성
      예) 교실 뒷면에는 힘찬 _____(으)로 '정직'이라고 쓴 붓글씨 액자가 걸려 있었다.

   5) 어떤 대상이나 사물, 현상 따위를 언어로 서술하거나 그림을 그려서 표현함
      예) 뉴스에서 사건 현장에 대한 기자의 생생한 _____이/가 시청자들의 관심을 끌었다.

   6) 눈이 가는 길, 또는 눈의 방향
      예) 그는 나와 _____이/가 마주치자 얼른 왼쪽 손으로 오른쪽 어깨를 조심스럽게 가렸다.

   7) 그림에서 모양, 색깔, 위치 따위의 짜임새
      예) 그림을 그릴 때 좋은 _____을/를 잡으려면 가로와 세로의 비율을 잘 맞추어야 한다.

   8) 그 시대의 사정이나 형편, 풍습을 그린 그림
      예) 이 박물관에는 조선 시대 서민들의 살아가는 모습을 생생하게 그린 _____이/가 여러 점 전시되어 있다.

텍스트 읽기

○ 각 문단의 중심 내용을 정리하면서 다음 글을 읽어 봅시다.

예측할 수 없는 승부의 현장을 연출하다
—씨름

1 〈씨름〉은 김홍도의 풍속화 가운데 가장 널리 알려진 그림이다. 구경꾼들의 시선이 집중된 공간의 중심에 두 남성이 씨름으로 힘을 겨루고 있다. 곧 승부가 결정날 듯 극적인 움직임이 감지된다. 입을 벌려 탄성을 지르는 구경꾼들의 표정에 순간 긴장감이 감돈다. 관중들이 바라보는 시선은 한 곳이지만, 그들의 표정과 모습은 모두 제각각이다. 약간 높은 곳에서 아래를 내려다본 시점을 써서 20명이나 되는 관중들이 이 작은 화면 안에 모두 들어오게 했다. 또한 승부를 겨루는 두 남성과 구경꾼들이 겹쳐 보이지 않도록 구도를 잡았다. 구경꾼들을 보면 같은 포즈를 취한 사람이 하나도 없다. 김홍도의 치밀한 화면 구성이 돋보이는 그림이다.

2 승부를 겨루는 두 사람의 모습을 자세히 살펴보자. 등을 보이는 사람이 승기를 잡은 듯하다. 그의 표정에 힘이 들어가 있다. 그림에서처럼 오른손으로 상대의 다리를 들어올린 뒤 상대의 배를 허리에 걸쳐 왼쪽으로 몸을 돌린다면 상대방은 중심을 잃고 넘어지게 된다. 배지기 기술을 암시하는 동작이다. 한쪽 다리가 들린 상대도 이 상황을 잘 알고 있다. 특히 배를 내주어서는 안 되기에 더욱 안간힘을 쓰고 있다. 그런데 이 사람의 표정을 보자. 찌푸린 미간과 눈망울은 무언가 당혹스러워 하는 표정이다. 이렇게 되면 결국 다리를 들린 사람은 감상자가 그림을 보는 방향에서 왼편으로 넘어갈 가능성이 크다. 그런데 오른쪽 아래

에 앉은 두 사람은 왜 탄성을 지르며 몸을 뒤로 물리는 것일까? 등을 보이는 사람이 취한 역동작 때문이다. 이렇게 한쪽 다리를 들어올린 채 오른쪽으로 넘기려는 동작을 취하다가 순간적으로 왼쪽으로 돌아서면 상대의 힘을 역이용하게 되어 승부를 내기가 쉬워진다.

그림 오른편에는 시합 중인 두 남성이 벗어놓은 신발이 보인다. 하나는 짚신이고, 하나는 가죽신인 듯하다. 그리고 두 사람은 모두 버선을 신었다. 이들은 선수가 아니라 평민으로서 이날 예정에 없던 시합에 나선 것으로 보인다. 전문 선수였다면 아마도 맨발에 상의를 벗은 모습을 취했을 것이다. 승부가 결정 날 찰나에 관중 모두의 시선이 두 남성에게 집중되어 있지만, 단 한 사람이 이 시선의 긴장감을 깨뜨리고 있다. 바로 엿을 파는 엿장수이다. 화면 밖을 향한 시선에 미소를 머금은 표정이다. 이 아이가 응시하는 그림의 바깥쪽에도 구경꾼들이 있음을 암시한다. 엿 파는 아이는 그림 속 구경꾼들의 시선을 방해하지 않으면서도 지혜롭게 장사를 하고 있다.

인물 묘사에는 굴곡이 별로 없는 짧고 단조로운 선묘를 썼다. 선의 변화는 거의 없지만, 화가는 몸의 윤곽과 옷 주름, 그리고 사람들의 표정을 그리는 데 힘을 기울였다. 얼굴의 이목구비는 대부분 진한 먹으로 처리하여 포인트를 주었고, 그 나머지 부분은 옅은 먹선을 사용했다. 그래서 감상자의 시선이 구경꾼들의 얼굴 표정에 먼저 가도록 했다. 치밀하면서도 세부에 국한되지 않고, 간결하면서도 정확하게 짚어내는 감각적인 필치가 김홍도의 역량을 말해 준다.

5 씨름은 장소나 시설에 제약이 없다. 굳이 모래사장이 아니어도 사람들이 모일 수 있는 공터만 있다면 가능했다. 그래서 장날이면 젊은이들이 모여 내기도 하며 씨름으로 힘겨루기를 즐겼다. 씨름판에는 어른과 아이, 양반과 상민 등 다양한 계층의 사람들이 모두 함께 관중으로 참여했다. 여러 장사꾼도 자리를 잡았고, 관중이 많아지면 선수들도 신명나게 힘겨루기를 펼쳤다. 그런데 김홍도의 〈씨름〉에는 심판이 보이지 않는다. 심판이 없어도 구경하는 데는 아무 문제가 없고, 승부를 두고 신경전을 벌일 일도 없기 때문일 것이다. 그림 속의 씨름은 선수들의 시합이 아니라 누구나 참여할 수 있고 관중 모두가 심판이 되었던 평민들의 즐거운 여가 문화로 보아도 좋을 것이다.

윤진영,
『조선 시대의 삶, 풍속화로 만나다』
(다섯수레, 2015), 150-153쪽 중에서

내용 이해하기

1. 앞의 글 1 ~ 5 의 중심 내용을 찾아 연결해 봅시다.

   1 •   • 치밀한 화면 구성
   2 •   • 간결하면서도 감각적인 필치
   3 •   • 선수들의 모습 설명
   4 •   • 선수의 신분과 엿장수의 모습 설명
   5 •   • 평민들의 여가 문화인 씨름

2. 다음 두 씨름꾼 중 누가 이길까요? 그렇게 추측할 수 있는 근거는 무엇인지 말해 봅시다.

3. 다음과 같은 엿장수의 시선이 그림에서 어떤 역할을 하고 있는지 말해 봅시다.

6과 한국의 미   93

4. 그림 〈씨름〉의 구도에 대해 다음 요소를 기준으로 설명해 봅시다.

- 인물의 배치
- 필치
- 화면 구성
- 화가의 시선

5. 자기 나라의 유명한 그림 작품에 대해 다음 항목을 중심으로 친구에게 설명해 봅시다.

- 화가
- 작품명
- 그림의 소재
- 그림의 특징

구성 이해하기

○ 앞의 글 〈예측할 수 없는 승부의 현장을 연출하다 — 씨름〉은 묘사의 방법으로 내용을 전개한 설명문입니다. 다음을 고려하여 질문에 답해 봅시다.

- **묘사의 개념**: 어떤 대상이나 사물, 현상에 대해 그림을 그리듯이 생생하게 표현하는 것
- **묘사의 방법으로 글쓰기**:
  ① 묘사 대상이 움직이는 것인지, 움직이지 않는 것인지 파악한다.
  ② 움직이지 않는 대상이라면 바라본 위치를 기준으로 삼을 것인지, 전체적인 것에서 부분적인 것으로 묘사해 갈 것인지 정한다.
  ③ 움직이는 대상이라면 시간의 흐름에 따라 움직임을 연속적으로 묘사할 것인지, 하나하나의 움직임별로 묘사할 것인지 정한다.

1. 이 글에서 다음 대상을 어떻게 묘사하고 있는지 묘사 내용을 정리해 봅시다.

대상	묘사 내용	대상에 대한 느낌(생각)
승부를 겨루는 두 사람		
선수의 신발		
엿장수		

2. 다음 두 글을 비교해 보고 묘사의 방법으로 설명할 때의 효과는 무엇인지 말해 봅시다.

〈글 1〉
등을 보이는 사람이 이길 듯하다. 등을 보인 사람과 겨루는 선수는 한쪽 다리가 들려 있고 곧 넘어지게 될 것이다.

〈글 2〉
승부를 겨루는 두 사람의 모습을 자세히 살펴보자. 등을 보이는 사람이 승기를 잡은 듯하다. 그의 표정에 힘이 들어가 있다. 그림에서처럼 오른손으로 상대의 다리를 들어올린 뒤 상대의 배를 허리에 걸쳐 왼쪽으로 몸을 돌린다면 상대방은 중심을 잃고 넘어지게 된다. 배지기 기술을 암시하는 동작이다. 한쪽 다리가 들린 상대도 이 상황을 잘 알고 있다. 특히 배를 내주어서는 안 되기에 더욱 안간힘을 쓰고 있다. 그런데 이 사람의 표정을 보자. 찌푸린 미간과 눈망울은 무언가 당혹스러워 하는 표정이다. 이렇게 되면 결국 다리를 들린 사람은 감상자가 그림을 보는 방향에서 왼편으로 넘어갈 가능성이 크다.

3. 친구와 함께 다음 순서에 따라 맞히기 게임을 해 봅시다.

1) 마음속으로 친구에게 설명하고 싶은 대상을 선택합시다.

2) 친구에게 대상에 대해 묘사해 봅시다.

3) 친구의 설명을 듣고 친구가 묘사한 대상이 무엇인지 맞혀 봅시다.

4. 씨름 경기 장면을 묘사해 봅시다. 다음과 같이 일곱 부분으로 나누고, 모둠을 만들어 한 장면씩 선택합시다. 선택한 장면을 묘사의 방식으로 생생하게 설명해 봅시다.

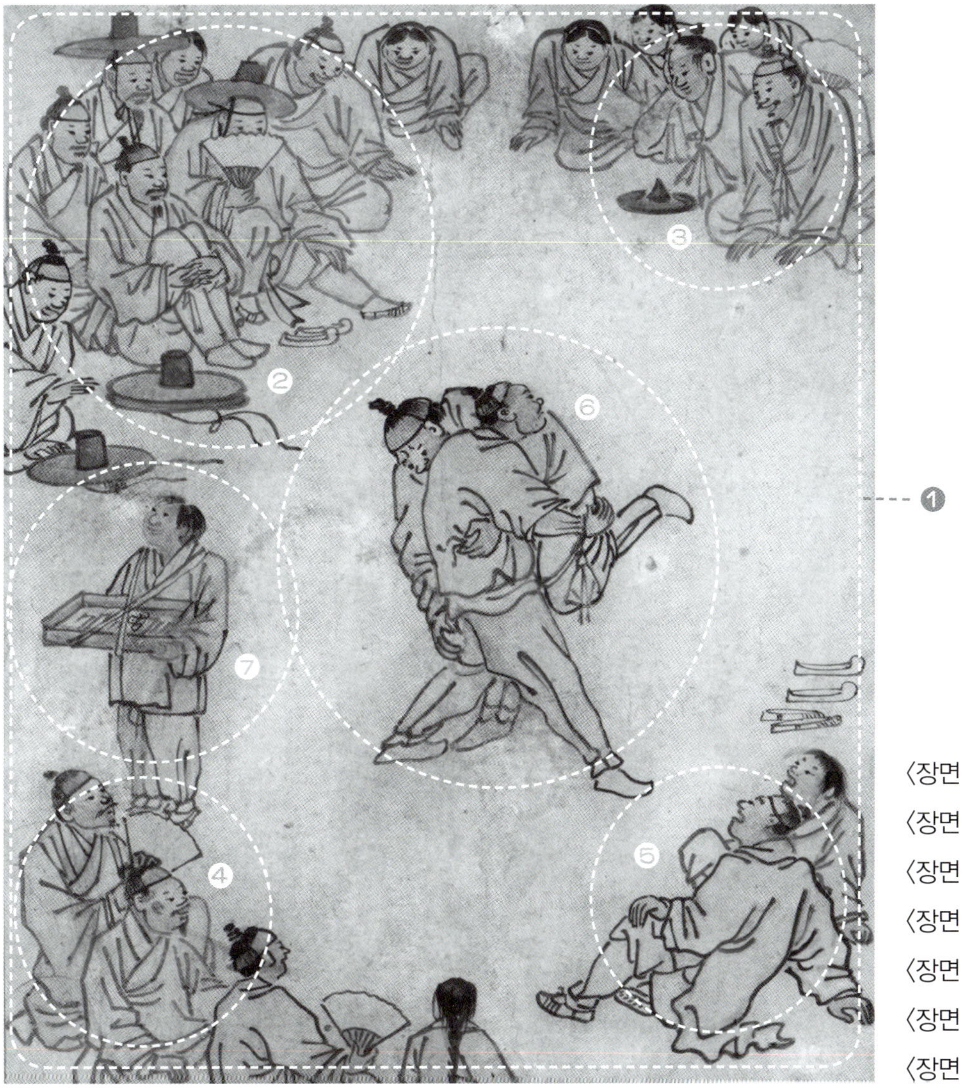

〈장면 ❶ 그림 전체〉
〈장면 ❷ 왼쪽 윗부분〉
〈장면 ❸ 오른쪽 윗부분〉
〈장면 ❹ 왼쪽 아랫부분〉
〈장면 ❺ 오른쪽 아랫부분〉
〈장면 ❻ 씨름꾼〉
〈장면 ❼ 엿장수〉

선택한 장면	
묘사할 때 사용할 내용	

6과 한국의 미 97

 **쓰기**

좋은 글을 쓰기 위해서는 먼저 문장을 정확하게 써야 합니다.
다음 활동을 통해서 문장을 정확하게 쓰기 위해 주의해야 할 사항은 무엇인지 알아봅시다.

○ 다음에 제시된 대상 중 하나를 선택하여 묘사하는 글을 써 봅시다.

1. 다음 보기 에 제시된 대상 중에서 하나를 선택합시다.

보기
친구   아버지   어머니   나의 애완동물   나의 방

   선택한 대상

2. 선택한 대상의 특징을 생각해 봅시다.

   성격

   얼굴 모습

   몸 전체 모습

3. 위 2에서 생각한 특징을 가장 잘 묘사할 수 있는 어휘를 찾아 정리해 봅시다.

   성격 묘사 어휘

   얼굴 묘사 어휘

   전체 모양 묘사 어휘

4. 글을 쓰기 위한 개요를 작성하여 봅시다.

머리말	
본문	
맺음말	

5. 개요를 바탕으로 묘사의 방법으로 설명하는 글을 써 봅시다.

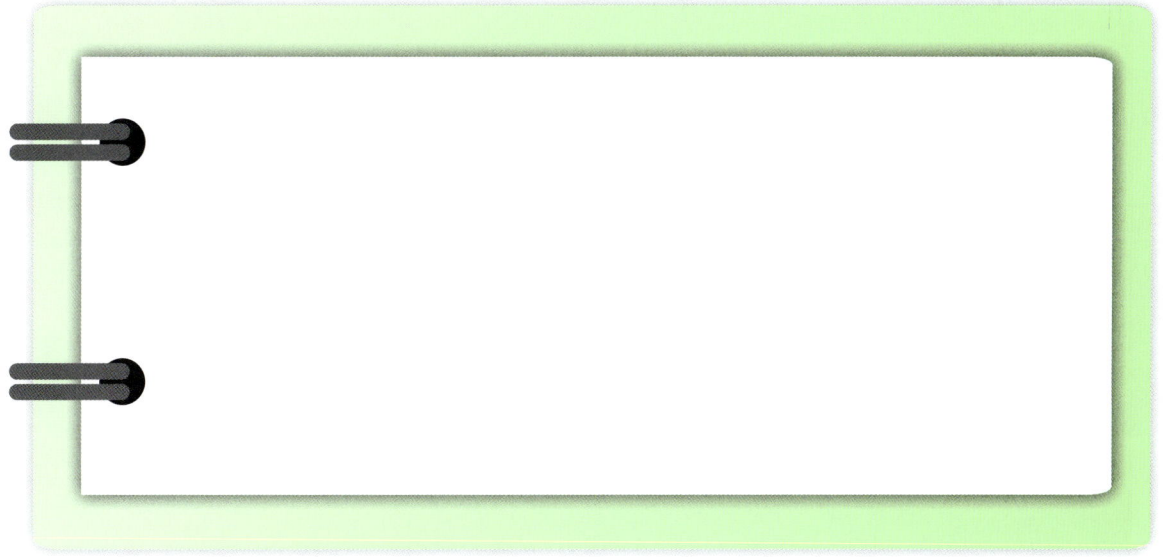

자기 평가

학습한 내용을 스스로 평가해 봅시다.

☐ 김홍도의 그림 〈씨름〉의 예술적 특성을 설명할 수 있다.
☐ 묘사의 개념에 대해 말할 수 있다.
☐ 묘사의 방법으로 설명할 때의 효과에 대해 이야기할 수 있다.
☐ 대상에 따라 어떤 묘사 방법을 사용해야 하는지 설명할 수 있다.
☐ 묘사의 방법으로 내용을 조작하여 설명문을 쓸 수 있다.

7과 여러 나라의 공부 방식

○ 다음 자료를 보고 질문에 답해 봅시다.

혈액형에 따른 공부 방식

성실파 A형

책임감이 강하지만 신경이 예민하여 천천히 실력을 쌓아 가면서 자신감을 잃지 않는 게 중요하다. A형에게는 쓰면서 공부하는 것이 가장 효과적인 방법이다.

자유파 B형

구속받는 것을 싫어하고 호기심이 왕성하여 한 곳에서 앉아서 공부하는 것에는 흥미가 없는 성격이다. 따라서 장소를 옮겨 가며 공부하는 것이 좋은 방법이다.

목표파 O형

목표를 세워 놓고 공부하면 효과가 만점인 성격이다. 또한 어떤 사실에 대해 그림과 함께 설명하면 이해를 빨리 하므로 그림을 이용해서 공부를 하면 효과적이다.

수면파 AB형

잠을 충분히 자지 않으면 아무리 공부해도 성적이 오르지 않으므로 반드시 8시간 정도는 잠을 자야 한다. 쉴 때도 확실하게 쉬어야 하며, 공부할 때는 친구와 함께 서로 묻고 답하는 방식으로 공부하면 성적이 쑥쑥 오를 수 있다.

1. 친구와 함께 자신의 공부 방식에 대해 말해 봅시다.

2. 공부 방식이 서로 다른 이유는 무엇일지 생각해 봅시다.

어휘 익히기

1. 다음 보기 중에서 알맞은 단어를 찾아 빈칸에 넣어 봅시다.

   보기

   사상　　　　논쟁　　　　원천　　　　암송
   융합　　　　주입식　　　교류

   1) 다른 종류의 것이 녹아서 서로 구별이 없게 하나로 합하여지거나 그렇게 만듦 또는 그런 일
      예) 알렉산더 대왕은 동서 문화를 _____ 하여 헬레니즘 문화를 발달시킴으로써 후세에까지 많은 영향을 끼쳤다.

   2) 사물의 근원
      예) 언어나 문자가 모든 문화 발전의 _____ 이/가 된다는 것은 말할 필요도 없는 일이다.

   3) 서로 다른 의견을 가진 사람들이 각각 자기의 주장을 말이나 글로 논하여 다툼
      예) 사형 제도 존립에 대한 _____ 이/가 심각하게 전개되었다.

   4) 어떠한 사물에 대하여 가지고 있는 구체적인 사고나 생각
      예) 그의 _____ 은/는 서양 정신의 주류가 되었다.

   5) 교육에서 기억과 암기를 주로 하여 가르치는 방식
      예) 앞으로는 _____ 이/가 아닌 스스로 생각하고 궁리하는 토론식 수업이 바람직하다.

   6) 문화나 사상 따위가 서로 통함
      예) 인접한 국가들은 문화적 _____ 을/를 통해 상호 영향을 주고받았다.

   7) 글을 보지 아니하고 입으로 욈
      예) 그날도 역시 담임 선생은 우리들 앞에서 긴 시를 자랑스레 _____ 했다.

텍스트 읽기

○ 각 문단의 중심 내용을 정리하면서 다음 글을 읽어 봅시다.

여러 나라의 공부법

① 공부는 한 사회의 사상과 문화가 반영된 '역사적 산물'이자 '문화적 자산'이다. 한 나라 고유의 공부 철학과 공부 방식은 그들 사회의 사상과 문화로부터 비롯되며, 그들의 공부는 다시 그 나라 문화에 큰 영향을 미치게 된다. 즉 문화와 공부는 상호 작용하는 '떼려야 뗄 수 없는' 특별한 관계인 것이다. 한 사회의 공부와 그곳의 문화, 삶의 방식은 서로 긴밀하게 영향을 미치면서 학문적 성과를 만들어 내고 고유의 문화를 지켜 나가고 있다. 이런 이유로 유대인의 공부는 중국의 공부와 다르고, 중국의 공부는 미국의 공부와 다르다. 또한 미국의 공부는 인도의 공부와 다르며, 인도의 공부는 일본 및 한국의 공부와 다르다. 각 문화권의 공부는 피부색보다 더 다르다.

② 공부가 그 사회의 역사적·문화적 산물이라는 사실은 먼저 이스라엘의 유대인을 통해 확인할 수 있다. 이스라엘 유대인 교육의 핵심은 한마디로 '질문을 통한 토론과 논쟁'이라고 할 수 있다. 교사는 학생들에게 계속해서 질문을 유도하고, 학생들은 선생님의 가르침을 당연하게 받아들이지 않고 끊임없이 의문을 가지고 질문을 한다. '진실을 향한 질문'과 '가르침의 권위에 대한 도전'이 유대인의 교육에서 가장 중요하다. 그래서 유대인은 권위에 복종하는 것을 매우 어려워한다. 모든 것을 당연하게 받아들이지 않고 윗세대, 권위자, 지식인에게 도전하고 논쟁을 한다. 따라서 이스라엘에서는 주입식, 단순 암기식 교육이 통하지 않는다.

이와 같은 유대인의 공부 방식은 이들의 종교인 유대교에서 비롯되었다고 할 수 있다. 유대교에서는 세상에 존재하는 모든 것을 그대로 받아들이지 말고 자신이 직접 탐구하면서 '왜?'라고 생각하고, 문제에 직접 맞닥뜨려 학습하라고 강조한다. 유대교는 기도하는 형태가 매우 독특한데, 다른 종교처럼 두 손을 모으고 기도하는 것이 아니라, 유대교의 성경인 〈토라〉의 내용을 놓고 짝이나 그룹을 이루어 열띤 토론과 논쟁을 벌이며 기도한다. 유대인들이 〈토라〉에 대한 학습을 종교 활동의 기본으로 삼는 것은 유대교가 〈토라〉를 공부함으로써 신에게 다가가는 종교이기 때문이다. 어떤 것도 당연하게 받아들이지 않으며 끊임없이 질문하고 토론·논쟁하는 유대인의 학습 자세는 바로 〈토라〉를 학습하는 자세에서 비롯된 것이라 할 수 있다.

　유대인의 공부 방식이 유대교에서 비롯된 것과 마찬가지로 인도인의 공부 방식 또한 힌두교와 밀접하게 관련이 있다. 인도의 모든 것의 원천인 힌두교는 학문을 중시하는 인도 문화의 근원이기도 하다. 유대교처럼 힌두교 역시 학문을 매우 중요하게 생각하는데, 인도의 높은 교육열과 공부 방식은 그들의 종교적 특성이 반영된 문화적 산물이라고 할 수 있다. 고대 인도인들은 힌두교의 성경이라고 할 수 있는 〈베다〉 경전을, 반복해서 소리 내어 외우는 '암송'이라는 특별한 방법으로 학습·전수했다. 〈베다〉 경전에 대한 이런 학습 자세는 수천 년 동안 그대로 전승되어 현재 인도 학생들이 공부하는 방식으로 자리 잡게 된 것이다.

　현재 인도 교육의 핵심은 '암송과 암기'이다. 그러나 무작정 암송하거나 암기하는 것이 아니라, 일단 학습할 내용을 이해한 다음 암송과 암기에 들어가는 것이다. 특히 수학 교육은 인도가 얼마나 암송·암기의 공부를 지향하고 있는지 보여 주는 좋은 예라고 할 수 있다. 인도인들은 아주 어릴 때부터 수를 셈하는 기초적인 계산 능력을 암송·암기로 키우는데, 다른 나라에서는 전자 계산기를 사용하는 복잡한 계산 문제도 인도인들은 그냥 암산으로 풀어 버린다. 이런 뛰어난 계산 능력은 인도를 수학 강국, IT 강국으로 만드는 데 결정적인 역할을 했다.

6 유대인과 인도인의 공부 방식이 그들의 종교에서 비롯된 것과 달리, 일본인의 공부 방식은 개인과 집단의 완전한 융합을 지향하는 일본 사회의 문화적 특성과 관계가 있다. 집단과 완벽한 융합을 이루려는 일본인의 특성은 표준에 속하지 않는 것에 대한 강한 두려움을 낳았고, 이 공포는 공부 방식에도 그대로 반영되어 일본 사람들은 '표준을 향한 공부'를 지향한다. 표준을 향한 공부의 핵심은 명문대와 같이 남들이 긍정적으로 평가하는 대학에 입성하기 위해 필요한 지식을 최대한 효율적으로 습득하는 것이다. 즉 일본의 표준을 향한 공부는 '주어진 지식'을 철저하게 받아들이고 습득하는 주입식·암기식 공부와 일맥상통하고, 그런 공부 방식이 가장 잘 드러나는 것이 '노트'다.

7 '일본인은 기록하고 한국인은 기억한다.'는 말이 있을 정도로 일본인은 기록, 필기에 매우 집착한다. 좋은 대학에 들어가기 위해서는 개인의 호기심을 탐구하기보다 주어진 지식을 최대한 철저하고도 효율적으로 습득해야 한다. 이로 인해 일본인은 공부를 '학문과 지식에 대한 순수한 탐구'가 아니라 '시험을 잘 보기 위해 기존의 지식을 정확하게 기억하는 것'으로 생각하게 되었고, 이런 인식은 초등학교 때부터 필기를 통한 공부에 몰두하도록 만들었다. 일본인에게 노트는 곧 그들이 지향하는 공부 스타일을 가장 잘 담고 있는 집약체이자, 주어진 지식을 최대한 빨리 익히고 습득할 수 있는 가장 효과적인 학습 도구이다. 표준을 향한 공부와 노트 필기는 집단과 관계를 중시하는 일본의 문화적 산물이라고 할 수 있다. 곧 문화적 유산에서 비롯된 공부 방식으로 일본은 세계 경제 대국의 반열에 올랐다고 할 수 있다.

8 　마지막으로 프랑스인의 공부 방식을 살펴보자. 프랑스인은 세계에서 가장 지적인 국민이라는 자부심을 갖고 살아가며 그 근원에는 철학이 있다. 철학은 프랑스 지성의 토대이자 문화와 예술의 뿌리다. 또한 프랑스 공부의 본질이기도 하다. 프랑스인은 생각의 교류를 통해 사고를 발전시켜 나가는 것을 '공부'라고 생각한다. 철학이 생각을 발전시켜 나가는 학문이라는 점에서 프랑스 교육의 본질은 철학 교육이 되는 것이다.

9 　프랑스 사회는 '교류의 공부'를 중시하기 때문에 어릴 때부터 언어를 통해 자신의 생각을 다른 사람들과 교류하는 방법을 배우고, 이를 통해 지식을 습득하고 사고력을 키운다. 이런 점에서 볼 때 프랑스 교육과 유대인의 교육은 서로 닮은 듯하지만 다르다. 프랑스 교육이 진실에 접근하기 위한 적극적인 '협력'의 공부라면, 이스라엘의 교육은 진실을 향한 '도전'의 공부다. 한마디로 두 나라의 공부는 모두 자신의 생각, 타인의 생각을 중요하게 생각하지만, 프랑스는 다른 사람과 성공적인 생각의 교류를 추구하는 '사회성'에 중점을 두는 반면, 이스라엘은 상대와 성공적으로 소통하는 것보다 자신만의 주체적인 의견을 중시하는 '주체성'에 더 중점을 둔다.

10 　어느 사회를 막론하고 각각의 사회는 그들의 문화적 유산이 반영된 공부 방식을 택했을 때 각자의 문화 속에서 괄목할 만한 성과를 이루었고, 더 나아가 인류 문명의 발전에도 크게 기여했다. 따라서 어떤 공부 방식이 옳다 그르다 논할 수 없고, 각각 경쟁력과 한계를 갖고 있다고 해야 할 것이다. 그러므로 어느 사회든지 한 가지 공부 방식을 고집하기보다는 주어진 상황이나 환경에 맞도록 공부 방식에 변화를 주는 지혜가 필요하다고 하겠다.

KBS 공부하는 인간 제작팀,
『공부하는 인간』(예담, 2013) 중에서

내용 이해하기

1. 한 나라의 공부 철학과 그 나라의 문화는 어떤 관계가 있는지 설명해 봅시다.

2. 각 나라의 공부 방식에 영향을 준 것은 무엇인지 앞의 글에서 찾아 써 봅시다.

나라	영향을 준 것
이스라엘	
인도	
일본	
프랑스	

3. 일본인에게 있어서 '노트'는 어떤 의미인지 설명해 봅시다.

4. 프랑스 교육과 이스라엘 교육의 공통점과 차이점에 대해 말해 봅시다.

공통점

차이점

5. 다음은 어떤 나라의 공부 방식과 관계있는지 연결해 봅시다.

(가) 이들은 스승이 소리를 내어 가르침을 베풀면 제자가 그 가르침을 그대로 소리 내어 따라 읽고 외었다. 이런 배움의 전통이 지금까지 변함없이 이어져 내려오고 있다.

(나) 이들은 자녀가 처음 초등학교에 들어갈 때 한국의 부모들처럼 "선생님 말씀 잘 들어야 돼!"라고 당부하지 않고 "궁금한 게 있으면 선생님께 주저하지 말고 물어봐야 돼!"라고 이른다.

(다) 어떤 주제에 대해 학생들이 일관된 '모범 답안'을 제시하는 것보다 자신만의 의견을 합리적으로 설득해 나가는 과정, 즉 학생들이 자기의 의견을 갖고 다른 사람과 성공적으로 소통하는 방법을 배우는 것이 중요하다.

(라) 상급 학교로 올라갈수록 수업 내용을 자기만의 방식으로 시각적으로 체계화한다. 그러다 보니 똑같은 수업을 듣더라도 학생마다 필기한 내용과 형식이 천차만별이고, 어떤 학생의 노트는 어느 참고서보다 더 공부에 도움이 되는 완성도를 보여 주기도 한다.

KBS 공부하는 인간 제작팀, 『공부하는 인간』(예담, 2013) 중에서

(가) •   • 이스라엘
(나) •   • 인도
(다) •   • 일본
(라) •   • 프랑스

6. 자기 나라의 공부 방식과 그러한 공부 방식을 갖게 된 문화적 배경은 무엇인지 생각해 보고 친구와 함께 이야기해 봅시다.

	공부 방식	공통점	차이점
한국			

7. 한국의 공부 방식에 대해 알아보고 한국과 자기 나라의 공부 방식의 공통점과 차이점을 적어 봅시다.

8. 다음 글을 읽고 질문에 답해 봅시다.

> ✏️ **프랑스 한 학생의 자기 소개**
> 안녕하세요. 저는 장 클로드이고, 열두 살입니다. 운동을 좋아하여 태권도를 1년째 배우고 있습니다. 한국어를 좋아해서 배우고 있고, 나중에도 계속 공부하고 싶습니다. 한국·일본·중국을 좋아하는데, 특히 한국 음식을 좋아합니다. 나중에 꼭 세계 일주를 하거나 아시아 대륙에 여행을 가 보고 싶습니다.
>
> ✏️ **일본 한 학생의 자기 소개**
> 안녕하세요. 저는 ○○초등학교 학생이고, 이름은 나오코입니다. 올해 열세 살이고, 엄마와 아빠, 남동생이 있습니다. 성격은 쾌활하여 노래 부르는 것을 좋아합니다. 앞으로 열심히 공부해서 아이들에게 존경받는 선생님이 되고 싶습니다.
>
> ✏️ **한국 한 학생의 자기 소개**
> 안녕하세요. 저는 ○○초등학교에 다니는 장난꾸러기 김민혁입니다. 혈액형은 O형이고 말띠입니다. 저의 취미는 컴퓨터 게임이고, 특기는 축구입니다. 저희 식구는 할머니, 엄마, 아빠, 그리고 저인데, 할머니가 건강이 좋지 않아 걱정입니다. 엄마, 아빠가 맞벌이여서 제가 할머니를 많이 보살펴 드려야 합니다.

1) 위 학생들의 자기 소개에서 어떤 차이를 발견했습니까?

2) 동·서양의 자기 소개 방식이 다른 이유는 무엇일지 생각해서 말해 봅시다.

구성 이해하기

○ 앞의 글 〈여러 나라의 공부법〉은 비교와 대조의 방법으로 내용을 전개했습니다. 다음을 고려하여 질문에 답해 봅시다.

- **비교와 대조의 개념**: 둘 이상의 대상이나 개념이 가진 공통점과 차이점을 중심으로 설명하는 방식
- **비교와 대조하기의 방법으로 글쓰기**:
  첫째, 대상을 설명하려면 대상을 기존의 익숙한 대상과 비교하여 기술한다.
  둘째, 대상 간의 우위를 밝히기 위해 비교를 한다면 각 대상의 공통점과 차이점을 찾아 분석적으로 기술한다.
  셋째, 비교가 성립하려면 공통적인 부분이 있는 대상을 선정해야 한다.
- **비교와 대조 방식의 유용성**: 새로운 대상을 설명할 때 알려진 대상과 비교하여 공통점과 차이점을 드러내면 새로운 대상에 대한 인식이 쉬워진다.
- **비교하기 표현**:
  - ~와/과 마찬가지로
  - ~은/는 ~처럼
  - ~은/는 ~다는 점에서 ~와/과 공통점이 있다
- **대조하기 표현**:
  - ~와/과 달리
  - ~은/는 반면에
  - ~은/는 ~다는 점에서 ~와/과 차이를 보인다

1. 이 글에서 비교하고자 하는 대상은 무엇입니까?

2. 각 대상을 비교하기 위해 선택한 기준은 무엇입니까?

3. 각 대상의 차이점을 찾아 다음 표를 완성해 봅시다.

대상	차이점
이스라엘	
일본	

4. 다음 두 문장을 비교(대조)가 드러나도록 하나의 문장으로 연결해 봅시다.

> ① 모든 것을 당연하게 받아들이지 않고 끊임없이 의문을 가지고 질문을 하는 이스라엘의 교육에는 주입식, 단순 암기식 교육이 통하지 않는다.
>
> ② '표준을 향한 공부'를 지향하는 일본의 교육에서는 '주어진 지식'을 철저하게 받아들이고 습득하는 주입식, 암기식 공부 방식이 일반적이다.

_____
_____
_____

쓰기

대상과 주제를 선택하여 비교하는 글을 써 봅시다.

1. 다음 보기 와 같이 비교할 대상을 선택하여 주제를 정해 봅시다.

   보기
   - 대상: 여성과 남성
   - 주제: 여성과 남성의 언어 차이

   대상 [   ]   주제 [   ]

2. 기준에 따라 대상의 특성을 조사하여 정리해 봅시다.

	대상 1의 특성	대상 2의 특성
기준 1		
기준 2		
기준 3		

3. 글을 쓰기 위한 개요를 작성하여 봅시다.

머리말	
본문	
맺음말	

4. 개요를 바탕으로 비교의 방법으로 설명하는 글을 써 봅시다.

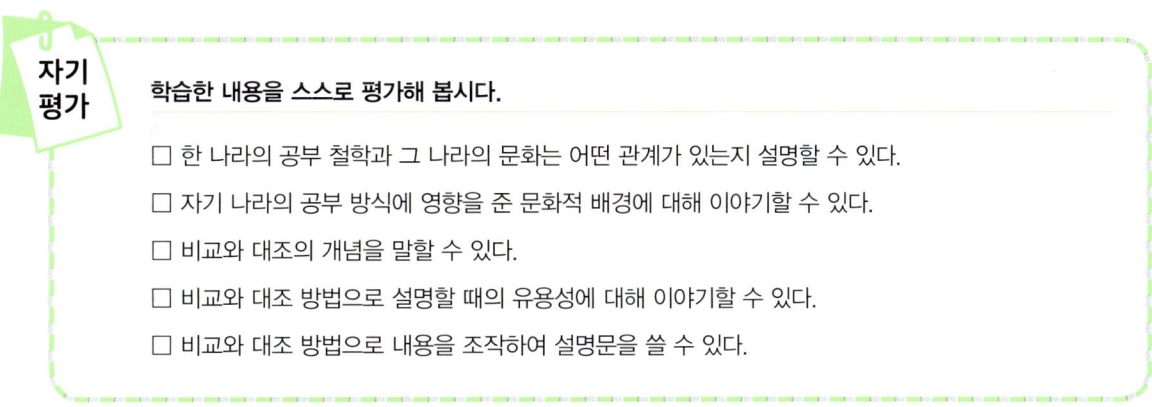

자기 평가

학습한 내용을 스스로 평가해 봅시다.

☐ 한 나라의 공부 철학과 그 나라의 문화는 어떤 관계가 있는지 설명할 수 있다.
☐ 자기 나라의 공부 방식에 영향을 준 문화적 배경에 대해 이야기할 수 있다.
☐ 비교와 대조의 개념을 말할 수 있다.
☐ 비교와 대조 방법으로 설명할 때의 유용성에 대해 이야기할 수 있다.
☐ 비교와 대조 방법으로 내용을 조작하여 설명문을 쓸 수 있다.

8과 신비한 미생물의 세계

○ 다음 자료를 보고 질문에 답해 봅시다.

1. (가)와 (나)의 연관성에 대해 말해 봅시다.

2. 위의 사진처럼 자연에서 아이디어를 얻은 다른 예들이 있다면 말해 봅시다.

어휘 익히기

1. 다음 보기 중에서 알맞는 단어를 찾아 빈칸에 넣어 봅시다.

   > **보기**
   > 추적   면역   미생물   아군
   > 감염   특공대   침투

   1) 액체 따위가 스며드는 것, 또는 세균이나 병균 따위가 몸속에 들어옴
      예) 제품에 물의 _____을/를 막기 위하여 방수 처리를 하였다.

   2) 눈으로는 볼 수 없는 아주 작은 생물로 보통 세균, 효모, 원생동물 따위를 이르는데, 바이러스를 포함하는 경우도 있다
      예) 김치와 같은 안전한 발효 음식 속에는 유산균, 효모, 바실러스 균 등 다양하고 유익한 _____들이 들어 있다.

   3) 도망하는 사람의 뒤를 밟아서 쫓음, 또는 사물의 자취를 더듬어 감
      예) 그들은 우리의 _____을/를 따돌리고 해외로 도피해 버렸다.

   4) 우리 편 군대
      예) 적군의 줄기찬 공격에 _____의 방어진이 무너지고 말았다.

   5) 병을 일으키는 미생물이 동물이나 식물의 몸 안에 들어가 증식하는 일
      예) 에볼라 바이러스에 _____된 사람은 수전 명에 이를 것으로 추산되었나.

   6) 몸속에 들어온 병을 일으키는 미생물에 대항하는 항체를 생산하여 다음에는 그 병에 걸리지 않도록 된 상태, 또는 그런 작용
      예) 예방 주사를 맞은 사람은 그 병에 _____이/가 되었다.

   7) 적을 공격하기 위하여 특별히 편성하여 훈련한 부대
      예) 테러 진압을 주요 임무로 하는 _____이/가 창설되었다.

텍스트 읽기

○ 각 문단의 중심 내용을 정리하면서 다음 글을 읽어 봅시다.

자살 특공대가 된 살모넬라균 암 치료 기술

1   1800년에 발견한 살모넬라균의 암 추적 능력은 사람들의 큰 관심을 불러 모았다. 그러나 곧바로 치료 약으로 사용되지는 못했다. 살모넬라균이 가진 독성 때문이었다. 살모넬라균은 식중독을 일으키는 대표적인 균으로 주로 소화기(특히 대장)에 침투해 심한 설사를 일으킨다. 그래서 이 균에 감염되면 설사를 심하게 하다가 탈수 증세를 보이게 된다. 살모넬라균이 인체 안으로 들어가면 그 독성 때문에 인체는 면역 반응을 일으켜 살모넬라균을 제거한다. 하지만 암 환자의 경우엔 면역력이 약해져 있기 때문에 살모넬라균이 면역 반응에 의해 제거되지 않고 살아서 암 덩어리에까지 갈 수 있다.

2   과학자들이 살모넬라균에 매료된 것은 암을 추적하는 능력 때문이었다. 일단 암을 찾아내야 치료를 하든 말든 할 수 있기 때문이다. 물론 인체의 면역 시스템이 암세포의 정체를 먼저 눈치채서 공격을 하면 좋겠지만, 암세포가 생기는 단계에서는 인체가 이미 약해질 대로 약해져 있는 상황이다. 게다가 암 덩어리 근처는 산소가 부족하다. 이렇게 되면 면역계의 공격용 세포들이 제대로 활동하지 못할 뿐 아니라, 암 덩어리에서 나온 신호 물질 등이 면역계 세포들의 움직임을 방해한다. 또 암세포 근처에 있는 세포와 세포 사이의 연락이 막혀 있어 '이곳에 암세포가 자라고 있어요!'라는 구조 신호를 면역계에 전달할 수가 없다. 암세포가 외부와의 연락을 차단시키고 산소와 영양분을 모두 빼앗아 가기 때문이다.

그런데 살모넬라균을 정맥에 주사하면 그 균은 인체 전체로 퍼지다가 암세포에 모여든다. 그렇다면 살모넬라균은 왜 암세포만 찾아다니는 걸까? 암세포는 빠른 속도로 성장하면서 주위의 영양분, 특히 산소를 없앤다. 그래서 산소 부족으로 정상 세포들이 죽게 된다. 그러면 죽은 세포에서 '리보스'라는 당 성분이 흘러나오는데, 바로 그것을 살모넬라균이 좋아한다. 살모넬라균은 죽은 동물의 냄새를 맡고 달려드는 하이에나처럼 리보스의 냄새를 추적해 그곳으로 모인다. 살모넬라균이 리보스를 추적할 때는 안테나와 편모를 이용해 빠르게 이동한다. 편모는 분당 수천에서 수만 번의 회전을 한다. 살모넬라균은 특히 폐암, 대장암, 전립선암, 간암, 신장암 등 고체 형태의 암을 잘 찾아낸다. 이런 고체 형태의 암세포에서 리보스가 흘러나오기 때문이다. 반면 고체 형태가 아닌 백혈병 등 혈액 암의 경우에는 살모넬라균을 적용하기가 어렵다는 단점이 있다.

　암세포의 가장 큰 적은 인체의 면역력이다. 그러나 암 환자는 이미 면역력이 많이 약해져 있기 때문에 암세포로서는 무서울 것이 없다. 의사가 주사로 항암제를 환자의 몸속에 투여하지만, 그 항암제가 암세포까지 가기란 쉽지 않다. 가야 할 길이 멀 뿐 아니라 넘어야 할 장벽들도 많기 때문이다. 또 항암제는 암세포만 선택적으로 파괴하지 못해 몸 안의 다른 정상 세포들에도 함께 피해를 주게 된다. 그래서 머리카락이 빠지는 등의 부작용이 생기는 것이다. 이러한 부작용을 없애기 위해 암세포 외부를 목표로 항체에 항암제를 붙여서 넣기도 하지만, 그것 역시 효과적이지는 않다.

　그에 비하면 살모넬라균은 먹을 것을 찾아다니는 하이에나처럼 매우 적극적으로 암세포를 찾는다. 살모넬라균으로서는 그곳이 산소가 적은 지역이라고 해도 상관없다. 살모넬라균 자체가 반드시 산소를 필요로 하지 않기 때문이다. 뿐만 아니라 살모넬라균은 암세포가 몰려 있는 곳에서 스스로 번식해 수를 늘릴 수가 있다. 그러므로 암세포를 치료하려는 과학자들에게는 살모넬라균보다 더 좋은 능력을 가진 특공대가 없는 것이다.

6. 연구자들은 이런 추적 기능을 가진 살모넬라균을 암세포를 없애는 무기로 변화시키기 시작했다. 가장 먼저 면역 반응을 일으키는 살모넬라의 유전자를 제거했다. 그리고 설사를 일으키는 독성 물질도 제거했다. 인체에 문제를 일으키는 모든 것을 제거한 후, 암세포를 공격하기 위한 인터류킨 유전자를 장착했다. 이 유전자는 인체 내에서 일종의 경비견 역할을 하며 주위에 암세포가 있으면 근처에 있는 면역 경찰서로 신호를 보낸다. 그러면 면역 경찰서에서는 바로 암세포를 공격한다.(예전에는 바이러스를 이용해 공격용 유전자를 암세포에 보냈지만, 요즘은 바이러스 자체가 인체에 문제를 일으키는 경우가 많아 바이러스를 잘 이용하지 않는다.)

7. 살모넬라균은 공격용 유전자를 외부에서 쉽게 장착할 수 있다. 심지어 암세포 안에 있는 특정 유전자의 작동을 중지시키는 물질도 장착할 수 있다. 게다가 암세포가 망쳐 놓은 세포와 세포 사이의 연락망을 복원해 주변에 암세포가 있다는 것을 알려 주기도 한다. 이처럼 살모넬라균은 세포와 세포 사이의 통신 수단을 복구해 세포들이 다시 통신할 수 있도록 하면서도 암세포를 직접 공격할 수 있고 주위의 공격 수단을 동원한 간접 공격도 할 수 있다. 그야말로 최고의 공격수인 셈이다.

8. 이뿐만이 아니다. 살모넬라균은 항암제나 항체가 스스로 움직이지 않고 인체 내 혈관을 따라 흐르며 전체에 퍼지는 것과 달리 부지런히 암세포를 찾는다. 그러므로 콕 집어서 암세포만을 찾아내는 살모넬라균의 능력을 잘만 이용하면 새

로운 항암 치료의 가능성이 활짝 열려 있다고 해도 과언이 아니다. 가미가제는 제2차 세계 대전에서 항공기에 폭탄을 싣고 미국 함정에 그대로 돌진한 일본군 자살 특공대를 말한다. 살모넬라균도 죽음을 무릅쓰고 암세포 내로 침투하기 때문에 가미가제 특공대라고 할 수 있다. 하지만 일단 암의 치료가 완료되면 그 즉시 살모넬라균의 임무도 끝난 것이기 때문에 인체 내에서 없어져야 한다. 그래서 항생제를 주입해 간단히 살모넬라균을 제거한다.

살모넬라균이 암 덩어리에 밀집하는 것을 우연히 발견한 덕분에 이제 우리는 죽음의 위기에 처해 있는 소중한 생명들을 살릴 수 있게 되었다. 앞으로 살모넬라균의 암 추적 능력을 잘 모방한다면 더욱 효과적인 항암 무기를 만들 수 있을 것이다. 또한 살모넬라균이 암세포 대신 다른 질병을 목표로 이동하게 할 수도 있다. 살모넬라균을 우리 몸에 해를 끼치는 적군이 아닌 도움을 주는 아군으로 이용하는 것은 전적으로 우리의 손에 달려 있다.

김은기, 『자연에서 발견한 위대한 아이디어 30』 (지식프레임, 2013) 중에서

💡 내용 이해하기

1. 살모넬라균이 무엇인지 말해 봅시다.

2. 살모넬라균을 혈액 암에 적용하기 어려운 이유는 무엇입니까?

3. 암세포 치료에 있어서 항암제와 살모넬라균을 사용했을 때의 차이가 무엇인지 써 봅시다.

4. 연구자들이 살모넬라균을 암세포를 없애는 무기로 변화시키기 위해 적용한 과정을 써 봅시다.

5. 다음 글은 생물이 가지고 있는 특성을 인간 생활에 이용한 사례들입니다. 각각 어떤 특성을 이용한 것인지 정리해서 말해 봅시다.

> (가)
>
> 빛은 파동의 진동수에 따라 높은 것에서부터 자외선, 가시광선, 적외선으로 분류한다. 이 중 우리가 보는 자연의 색은 대부분 가시광선이다. 적색 파장의 외부에 있는 적외선은 적외선 감지기가 없으면 사람의 눈으로 직접 볼 수 없다. 그런데 방울뱀은 이 적외선을 본능적으로 감지하는 능력이 있다. 방울뱀의 콧구멍 아래에는 수천 개의 열 수용체를 가진 '골레이 세포'라는 것이 들어 있는 피트 기관이 있는데, 방울뱀은 이 기관의 각도를 통해 먹잇감의 위치를 감지한다. 방울뱀이 적외선을 흡수하면 골레이 세포가 팽창하면서 전기가 발생하는데, 방울뱀은 그 전기를 이용해 주위에 동물이 있는지 없는지 파악하는 것이다.

그래서 과학자들은 뱀이 피트 기관의 골레이 세포를 팽창시켜 전기를 발생시키는 것처럼, 적외선을 받으면 팽창하는 제논 기체를 이용해 최초의 적외선 측정 장치인 '골레이 셀'을 만들었다. 적외선의 세기를 감지하는 기술을 적용한 대표적인 사례는 남자 화장실이다. 소변을 본 뒤 사용자가 변기에서 멀어지면 그 열을 자동으로 측정해 물을 내리면서 변기를 청소하는 것이다. 건물의 자동문, 출입 감시 카메라, 방범 감시 센서 등은 모두 방울뱀의 열 감지 원리를 이용한 것이다.

김은기, 『자연에서 발견한 위대한 아이디어 30』(지식프레임, 2013), 23쪽

(나) 도꼬마리, 엉겅퀴, 도깨비풀 씨앗은 바늘 모양의 고리를 이용해 동물에 달라붙어 자신의 씨를 퍼뜨리면서 번식을 한다. 이처럼 스스로 움직이지 못하는 식물은 다른 동물에 붙어 씨앗을 퍼뜨리는 것이 가장 효과적이다. 식물에 갈고리를 이용해 씨앗을 퍼뜨리는 것을 보고 연구자들은 '벨크로'라는 것을 만들었다. 벨크로는 섬유 부착포를 말하는 것으로, 이것을 잡아당겨 뗄 때 '찌익' 하는 소리가 난다고 하여 '찍찍이'라는 별칭으로 불리기도 한다. 벨크로는 자연 속 식물의 씨앗 형태를 그대로 흉내 내어 만든 최초의 상품이다. 그래서 자연 모방에 관한 문헌이나 아이디어에 관한 서적 등에 자주 등장한다.

김은기, 위의 책, 102쪽

(다) 도마뱀은 꼬리가 잘려도 잘린 꼬리가 다시 재생된다. 도마뱀이 천장에 수직으로 달라붙어 있다가 날렵하게 움직이는 모습을 한 번이라도 본 적이 있다면 경탄을 금치 못할 것이다. 도마뱀은 도대체 무슨 접착제를 사용하는 것일까? 도마뱀의 발바닥은 수백만 개의 강모로 덮여 있다. 하나의 강모에는 수백 개에 달하는 주걱 모양의 섬모가 달려 있고 이들 섬모와 벽 사이에 물리적인 순간 인력이 작용하는데, 이 힘을 '반데르 발스 힘'이라고 한다. 하나하나 개별적인 섬모의 접착력인 반데르 발스 힘은 약하지만 수억 개가 합쳐지면 도마뱀 무게의 수십 배까지도 벽에 붙일 수 있는 힘이 생기게 된다. 도마뱀의 발바닥을 유심히 관찰한 미국과 영국의 과학자들은 도마뱀의 섬모 만들기에 도전하여 '게코 테이프'라는 접착 테이프를 만들어 냈다. 현재 이 접착제를 인체와 같이 물이나 습기가 많은 곳에 사용하려는 연구가 한창 진행되고 있다.

김은기, 위의 책, 144쪽

	생물	특성	이용 사례
(가)			
(나)			
(다)			

6. 친구와 함께 자연의 생물 중 하나를 선택하여 그 특성을 조사하고 인간 생활에 이용할 수 있는 부분은 어떤 것이 있을지 의논해 봅시다.

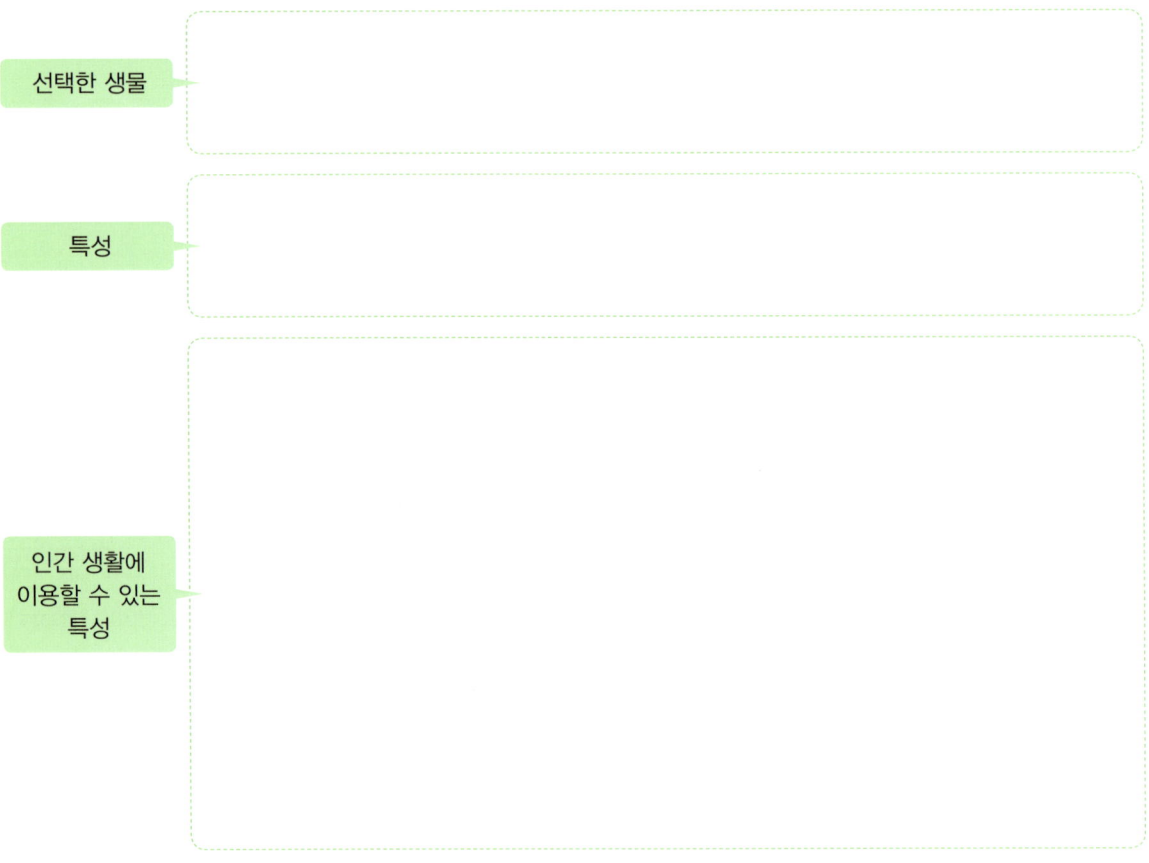

구성 이해하기

○ 다음을 참고로 하여 앞의 글 〈자살 특공대가 된 살모넬라균 암 치료 기술〉을 요약해 봅시다.

- **요약하기의 개념**: 글의 주제 및 중요한 내용을 중심으로 간략하게 정리하는 것
- **요약하기의 방법**
  - 문단 요약하기:　① 선택하기 – 문단의 핵심어나 중심 내용 선택
  　　　　　　　　② 삭제하기 – 주제와 관련이 없거나 중복되는 문장(잉여 정보) 지우기
  　　　　　　　　③ 재구성하기 – 주제 및 주요 뒷받침 내용을 하나의 글로 구성하기
  - 글 전체 요약하기: ① 문단의 중심 내용 파악하기
  　　　　　　　　　② 관련 문단끼리 묶기
  　　　　　　　　　③ 내용 구조도 작성하기
  　　　　　　　　　④ 각 부분의 요약을 종합하여 글 전체의 내용 요약하기

1. 다음 보기 와 같이 '선택하기' 방법을 사용하여 앞의 글 문단 ⑤ 의 중심 문장을 찾아 요약해 봅시다.

> **보기**
> 개는 영리하고 충성스럽다. 발소리만 듣고도 주인임을 안다. 주인의 생각이 어떤지 안다. 주인의 곁을 끝까지 지킨다.
> ➡ 개는 영리하고 충성스럽다.

> ⑤　그에 비하면 살모넬라균은 먹을 것을 찾아다니는 하이에나처럼 매우 적극적으로 암세포를 찾는다. 살모넬라균으로서는 그곳이 산소가 적은 지역이라고 해도 상관없다. 살모넬라균 자체가 반드시 산소를 필요로 하지 않기 때문이다. 뿐만 아니라 살모넬라균은 암세포가 몰려 있는 곳에서 스스로 번식해 수를 늘릴 수 있다. 그러므로 암세포를 치료하려는 과학자들에게는 살모넬라균보다 더 좋은 능력을 가진 특공대가 없는 것이다.

• 요약하기

2. 다음 문단 ① 에서 삭제 가능한 잉여 정보에 밑줄을 긋고, 잉여 정보라고 생각하는 이유를 말해 봅시다.

> ① 1800년에 발견한 살모넬라균의 암 추적 능력은 사람들의 큰 관심을 불러 모았다. 그러나 곧바로 치료 약으로 사용되지는 못했다. 살모넬라균이 가진 독성 때문이었다. 살모넬라균은 식중독을 일으키는 대표적인 균으로 주로 소화기(특히 대장)에 침투해 심한 설사를 일으킨다. 그래서 이 균에 감염되면 설사를 심하게 하다가 탈수 증세를 보이게 된다. 살모넬라균이 인체 안으로 들어가면 그 독성 때문에 인체는 면역 반응을 일으켜 살모넬라균을 제거한다. 하지만 암 환자의 경우엔 면역력이 약해져 있기 때문에 살모넬라균이 면역 반응에 의해 제거되지 않고 살아서 암 덩어리까지 갈 수 있다.

• 잉여 정보라고 생각하는 이유

---

3. 다음 와 같이 '재구성하기'의 방법을 사용하여 문단 ② 를 요약해 봅시다.

> **보기**
> 수업 종이 울리기 전, 우리는 국어 교과서를 꺼내서 책상 위에 올려놓았다. 공책을 펼쳤다. 필통에서 연필과 지우개를 꺼내고 선생님을 기다렸다.
> ➡ 우리는 국어 수업 준비를 했다.

> ② 과학자들이 살모넬라균에 매료된 것은 암을 추적하는 능력 때문이었다. 일단 암을 찾아내야 치료를 하든 말든 할 수 있기 때문이다. 물론 인체의 면역 시스템이 암세포의 정체를 먼저 눈치채서 공격을 하면 좋겠지만, 암세포가 생기는 단계에서는 인체가 이미 약해질 대로 약해져 있는 상황이다. 게다가 암 덩어리 근처는 산소가 부족하다. 이렇게 되면 면역계의 공격용 세포들이 제대로 활동하지 못할 뿐 아니라, 암 덩어리에서 나온 신호 물질 등이 면역계 세포들의 움직임을 방해한다. 또 암세포 근처에 있는 세포와 세포 사이의 연락이 막혀 있어 '이곳에 암세포가 자라고 있어요!'라는 구조 신호를 면역계에 전달할 수가 없다. 암세포가 외부와의 연락을 차단시키고 산소와 영양분을 모두 빼앗아 가기 때문이다.

• 요약하기

4. 요약할 때에는 다음과 같은 사항에 주의해야 합니다. 다음 사항을 고려하여 아래의 요약은 어떤 문제점이 있는지 말해 보고 다시 요약해 봅시다.

요약할 때 주의 사항
- 요약할 때에는 원문의 내용에 충실해야 하며, 그 내용을 함부로 변형하거나 원문에 없는 다른 내용을 첨가해서는 안 된다.
- 요약할 때에는 원문 내용에 자신의 의견을 넣어서는 안 된다.

원문
　　독서로 삶을 허비하는 것은 여행 안내서를 통해 어떤 지방의 풍속에 정통해지는 여행 안내인의 삶과 다를 바 없다. 이런 여행 안내인은 그 지방의 풍물과 역사를 빠짐없이 알고 있지만, 정작 그곳의 토지가 어떤 상태인지, 봄에는 어떤 꽃이 피는지, 겨울이 되면 눈은 얼마나 오고 어떤 일이 벌어지는지에 대해서는 아무것도 모른다.
　　사색하는 인생은 이와는 사뭇 대조적이다. 이들은 자신의 두 발로 그 지역을 직접 여행한 사람에 비유할 수 있다. 이런 사람만이 지역의 진정한 특색에 대해 말할 수 있고, 환경이 인간에게 어떤 영향을 끼치는지에 대해서도 정확하게 의견을 표출할 수 있다.

A. 쇼펜하우어, 김욱 옮김, 『쇼펜하우어 문장론』(지훈, 2005), 22쪽 중에서

요약
　　독서를 통해 우리는 어떤 지방의 풍속에 정통해질 수 있고, 그 지방의 풍물과 역사를 빠짐없이 알 수 있다. 또한 사색을 통해서는 지역의 진정한 특색에 대해서 알 수 있다. 그러므로 우리는 독서와 사색을 모두 함께하는 여행을 하는 것이 좋을 것이다.

1) 문제점

2) 다시 요약하기

쓰기 앞의 글 〈자살 특공대가 된 살모넬라균 암 치료 기술〉을 요약해 봅시다.

1. 각 문단의 중심 내용을 파악해서 써 봅시다.

   1 중심 내용 암 추적 능력이 있는 살모넬라균은 식중독을 일으키므로 인체의 면역 반응으로 보통은 제거되는데, 암 환자의 경우 면역력이 약해져 있으므로 제거되지 않고 살아서 암 덩어리에까지 갈 수 있다.

   2 중심 내용

   3 중심 내용

   4 중심 내용

   5 중심 내용

   6 중심 내용

   7 중심 내용

   8 중심 내용

   9 중심 내용

2. 서로 관계있는 문단끼리 묶어 봅시다.

3. 위 1과 2를 바탕으로 앞의 글을 네 단락으로 요약해 봅시다.

4. 위 3의 요약을 바탕으로 이 글을 한 단락으로 다시 요약해 봅시다.

자기 평가

학습한 내용을 스스로 평가해 봅시다.

☐ 살모넬라균의 유용성을 말할 수 있다.
☐ 글의 중심 내용이 무엇인지 찾을 수 있다.
☐ 각 문단의 중심 내용이 무엇인지 이야기할 수 있다.
☐ 요약하기의 개념과 방법을 설명할 수 있다.
☐ 요약할 때 주의해야 할 사항이 무엇인지 말할 수 있다.
☐ 읽기 목적에 따라 적절한 방법으로 글의 내용을 요약할 수 있다.

9과 수돗물의 미래

○ 불소가 포함된 수돗물을 마시는 데에 대해 어떤 대립적인 관점이 있을 수 있는지 말해 봅시다.

- 불소 함량

수돗물 0.8ppm

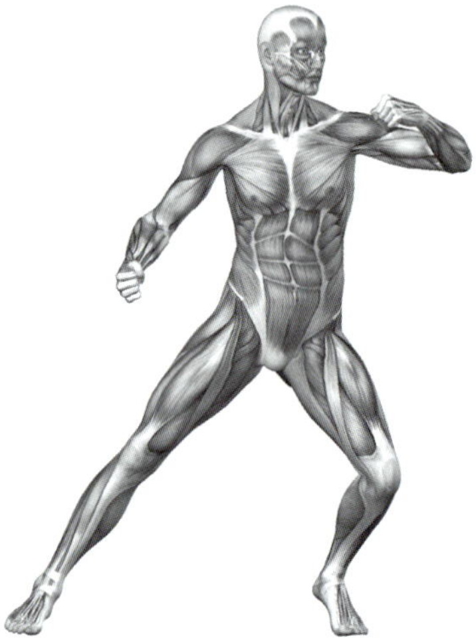

소금 26ppm

인체
경조직 150~1,000ppm
치아 2,000~3,000ppm 등

땅속 300ppm

바닷물 1.2~1.5ppm

쇠고기 2ppm

정어리 8~19ppm

홍차 0.5~1ppm

어휘 익히기

1. 다음 보기 중에서 알맞은 단어를 찾아 빈칸에 넣어 봅시다.

> **보기**
> 불소   우려하다   임상 실험   축적되다
> 시행   부작용   유해 물질

1) 할로겐 원소의 하나(플루오린)
   예) 천연 _____ 이온은 인체에 해롭지 않다. _____ 은/는 물에 들어가면
   천연 _____ 이온 상태로 존재한다. 따라서 불소화된 수돗물은 인체에 해롭지 않다.

2) 해로움이 있는 물질
   예) 화학, 시멘트 공장에서 발생하는 _____ 와/과 분진으로 공장 지대의 대기 오염이 심각하다.

3) 병의 진단과 치료를 위해 사람을 직접 대상으로 하여 진행하는 실험
   예) 이 약은 많은 _____ 을/를 통해 그 탁월성이 입증되었다.

4) 어떤 일에 부수적으로 일어나는 바람직하지 못한 일
   예) 그 약을 복용했더니 _____ (으)로 온몸에 반점이 생겼다.

5) 지식, 경험, 자금 따위가 모여서 쌓이다
   예) 하루 이틀의 시간이 _____ 세월이 된다.

6) 근심하거나 걱정하다
   예) 이 책이 가져올 악영향을 _____ 판매 금지 조치를 내렸다.

7) 실지로 행함
   예) 수돗물 불소화 찬성 측에서는 여론 조사를 거쳐 수돗물 불소화 _____ 을/를 주장하고 있다.

텍스트 읽기

○ 각 문단의 중심 내용을 정리하면서 다음 글을 읽어 봅시다.

수돗물 불소화 논쟁

의견 1 수돗물을 불소화하자

1 인천에서 '수돗물 불소화 사업'이 제기된 것은 벌써 16년 전이다. 그 당시 인천 지역의 60여 개 시민 단체가 모여서 '인천 불소화 시민 모임'을 만들었고, 지금까지 꾸준히 이 사업을 인천시와 시의회에 청원해 왔다. 그리고 12년 전에 불소에 대한 우려의 목소리가 제기된 이후, 시 의회와 방송사 주최로 찬반 토론회가 다섯 차례 진행되었다. 이 외에도 지역 언론의 찬반 토론과 불소 관련 기사는 횟수를 세기 어려울 정도이다. 이 정도면 충분히 공론화한 것인데 수돗물 불소화 사업이 아직 겉돌고 있다. 이제는 여론 조사를 통해 시행 여부를 결정하여야 한다.

『인천신문』, 2010년 11월 30일 자 기사, 「건강과 민주주의를 지키는 수돗물 불소화」 중에서

2 과연 물에 들어 있는 불소가 우리 몸에 해로울까? 천연 불소 이온은 인체에 해롭지 않다. 불소는 물에 들어가면 천연 불소 이온 상태로 존재한다. 따라서 불소화된 수돗물은 인체에 해롭지 않다.

3 물에 들어 있는 불소가 우리 몸에 해롭지 않다는 증거는 주변에서도 흔히 발견할 수 있다. 시중에서 판매되는 생수나 유명한 약수에도 불소가 들어 있고, 우리가 즐겨 마시는 녹차에도 많은 양이 들어 있다. 불소는 우리가 마시는 모든 음료에 들어 있다. 우리는 이미 음료와 함께 불소를 마시고 있는데도 건강에 아무

런 문제가 없다. 그럼에도 불구하고 아직도 일부에서는 수돗물의 불소화가 해롭다고 주장한다. 그렇다면 모든 생수를 판매 금지하고, 모든 약수터를 폐쇄하고, 모든 녹차밭을 갈아엎어야 하는가?

역사적으로 볼 때, 이미 65년 동안 58개국 3억 6천만 명이 불소화된 수돗물을 마시고 있다. 미국에서는 45개 대도시에서 불소화를 하고 있다. 미국 질병 관리 본부에서는 불소화를 20세기에 이루어 낸 10대 공중 보건 사업의 하나로 선정하였다. 임상 실험으로 치자면 이런 장기간의 대규모 임상 실험이 어디 있겠는가? 지금 이 순간에도 이런 임상 실험을 토대로 1년에 100여 편의 논문이 쏟아져 나와 충치 예방 효과와 안전성을 입증하고 있다. 그렇기에 세계 보건 기구에서도 1957년부터 지금까지 일관되게 이 사업을 권장하고 있는 것이다.

우리나라도 30개 가까운 정수장에서 수돗물 불소화를 하고 있다. 해당 시 의회나 군 의회에서도 해마다 불소 관련 예산을 통과시켜 이 사업을 지속시키고 있다. 한때는 불소화가 유해하다는 주장이 나오기도 하였으나, 2003년에 대한 의사 협회에서 그 효과와 안전성을 인정하는 보고서가 나온 이후에는 이러한 주장이 많이 줄어들었다.

불소화를 반대하는 이들은 '선택권'을 내세우며 여론 조사 자체를 반대하고 있다. 여론 조사 결과 대다수의 시민이 찬성해도 절대 해서는 안 된다고 주장한다. 반대하는 소수의 사람이 수돗물 선택권을 침해받기 때문이라는 것이다. 이것은 매우 비민주적인 발상이다. 국가와 지자체가 시행하는 모든 사업에는 찬성과 반대 의견이 있다. 어떤 사업이든 시민에게 충분히 알리고 시민의 여론에 따라 결정하는 것은 민주적인 과정이다. 소수 의견을 존중하면서도 다수결의 원리에 따르는 것이 민주주의의 기본이다. 소수의 반대 의견도 존중하지만 대다수의 시민이 원한다면 양보하고 따르는 것이 민주 시민의 기본 소양이다.

7　　인천시에서는 지난 16년 동안 찬반 의견이 충분히 토론되었다. 이제는 여론 조사를 통해 실시 여부를 결정하여야 한다. 최근 화두로 떠오른 집단 지성의 힘을 믿고 시민 전체에게 선택할 권리를 부여하는 것이 올바른 민주주의의 길이다.

의견 2　수돗물 불소화에 반대한다

8　　수돗물 불소화 찬성 측에서는 인천시에서 16년 동안 수돗물 불소화 사업이 논의되었고 알릴 만큼 알렸으니, 이제 여론 조사를 거쳐 수돗물 불소화를 시행하자고 주장하고 있다. 그 근거로 미국을 비롯한 세계 58개국 3억 6천만 명이 불소화된 수돗물을 마시고 있으며, 여론 조사를 통해 결정하는 것이 민주적이라는 점을 들고 있다. 그러나 그동안 수돗물 불소화 사업에 대한 논의가 공정하게 이루어지지 못하였으므로 여론 조사를 통해 시행 여부를 결정하여야 한다는 주장은 받아들일 수 없다.

9　　2006년 12월 18일, 강원도 강릉시 OO면의 어린이들이 집단으로 불소 중독증에 걸렸다는 충격적인 보도가 있었다. 마을 모든 어린이의 치아가 노랗게 변색되더니 내려앉고 구멍이 나면서 치료가 불가능했다는 것이다. 원인은 불소 농도가 11.4ppm인 지하수였다. 태풍 매미가 휩쓴 뒤 불소 농도가 급격히 늘어난 지하수를 2년 넘게 마신 것이다. 당시 면담에 응한 전문가는 불소가 치아를 약하게 할 수도 있다고 말하였다.

11.4ppm이라면 수돗물에 넣겠다는 불소 농도의 14배가 넘는다. 불소는 몸에 축적되므로 불소화된 수돗물을 30년 이상 마시면 민감한 시민의 경우 이가 부서지고 뼈가 약해질 수도 있다는 뜻이다. 실제로 수돗물이 불소화된 지역의 노인에게 골절이 발생하고, 불소 때문에 약해진 노인의 뼈는 수술로도 붙지 않아 평생을 고통 속에 살아간다는 보고도 나왔다. 시간이 지나면서 수돗물 불소화의 치명적 부작용이 속속 드러나는 것이다.

65년 동안 세계에서 수돗물 불소화 사업이 진행되었지만 이에 대한 반론도 지속적으로 제기되었다. 58개국 국가 중 고작 3억 6천만 명이 수돗물로 불소를 마시고 있으며, 그나마도 불소의 실상이 드러나자 이 사업은 시민들의 강력한 반대에 부딪혔다. 그 결과 불소화 사업이 곳곳에서 취소되지 않았는가? 불소의 위험성을 명명백백하게 밝힌 뒤 투명한 논의를 민주적으로 진행한다면 미국의 수돗물 불소화 사업도 속속 취소될 것이다.

불소화 찬성 측에서는 수돗물 불소화를 위한 여론 수렴이 충분히 이루어졌다고 말한다. 진정한 민주주의는 공정하고 투명한 논의를 거쳐 참여자가 모두 납득할 수 있는 의사 결정을 하여야 한다. 그러나 이제까지 수돗물 불소화 정책의 추진 과정은 전혀 투명하지 않았다. 따라서 그 결과를 받아들이지 못하는 것은 당연한 일이다.

수돗물 불소화 논의는 다시 제대로 진행하여야 한다. 일방적인 여론 조사로 수돗물에 유해 물질을 넣는 행위는 민주주의에 반하므로 공개적인 논의를 제안한다. 따라서 인천시는 수돗물 불소화 사업 추진을 서둘러 결정하면 안 된다.

『중학교 국어 3-2』, 금성출판사(2011), 142-145쪽 중에서
(원출처는 찬성: 김유성, 『인천신문』, 2010년 11월 30일 자 칼럼,
반대: 박병상, 『인천신문』, 2010년 12월 7일 자 칼럼 참조)

내용 이해하기

1. 앞의 글 〈수돗물 불소화 논쟁〉을 읽고 다음 질문에 답해 봅시다.

    1) '의견 1'의 내용과 일치하는 것에 O표, 일치하지 않는 것에 X표를 해 봅시다.
        - 여론 조사를 통해 수돗물 불소화 사업의 시행 여부를 결정하여야 한다. (　　)
        - 물에 들어 있는 불소는 몸에 해롭지 않다. (　　)
        - 미국에서는 65년에 걸쳐 수돗물 불소화에 대한 임상 실험을 실시하였다. (　　)
        - 우리나라의 경우 2003년 대한 의사 협회에서 수돗물 불소화의 효과와 안전성을 인정하는 보고서가 나온 이후 불소화의 유해성에 대한 주장이 없어졌다. (　　)
        - 불소화 반대론자들은 여론 조사 결과와 상관없이 절대로 수돗물을 불소화해서는 안 된다고 주장한다. (　　)

    2) '의견 2'의 내용과 일치하는 것에 O표, 일치하지 않는 것에 X표를 해 봅시다.
        - 불소화 사업에 대한 논의가 공정하게 이루어지지 못하였기 때문에 여론 조사를 통해 시행 여부를 결정하자는 찬성론자들의 주장은 받아들일 수 없다. (　　)
        - 불소화된 수돗물을 마신 어린이들이 불소 중독증에 걸렸다는 보도가 있었다. (　　)
        - 불소는 몸에 축적되므로 시간이 지나면 수돗물 불소화의 부작용이 드러나게 될 것이다. (　　)
        - 미국의 수돗물 불소화 사업이 오랫동안 지속될 수 있었던 것은 이에 대한 투명한 논의가 민주적으로 진행되지 않아서이다. (　　)
        - 이제까지 수돗물 불소화 정책의 추진 과정은 전혀 투명하지 않았다. (　　)

2. 친구와 함께 자신이 즐겨 마시거나 먹는 음식과 음료수를 적어 보고, 그 음식과 음료수의 재료 중에서 불소가 함유되어 있는 것은 무엇일지 찾아봅시다.

3. 수돗물 불소화 논쟁에 대한 두 글의 주장과 근거를 정리해 봅시다.

	의견 1	의견 2
주장	여론 조사를 통해 수돗물 불소화 사업의 시행 여부를 결정하여야 한다.	
근거	• 불소화된 수돗물은 인체에 해롭지 않다. • •	

4. 두 글에서 의견 차이가 발생하는 쟁점을 찾아 정리해 봅시다.

쟁점 1 물에 들어 있는 불소가 우리 몸에 해로울까?

쟁점 2

쟁점 3

5. 위 '쟁점 1'에 대해 제시된 근거를 바탕으로 이 쟁점에 대한 두 의견의 타당성을 판단해 보고, 그렇게 생각한 이유를 말해 봅시다.

	주장의 타당성 여부	그렇게 생각한 이유
의견 1	☐ 타당하다 ☐ 타당하지 않다	
의견 2	☐ 타당하다 ☐ 타당하지 않다	

구성 이해하기

○ 앞의 글 〈수돗물 불소화 논쟁〉은 수돗물 불소화 사업 시행에 대한 상반된 견해를 보이는 두 편의 글로 구성되어 있습니다. 다음 자료를 참고하여 두 글쓴이가 사용한 논증 방법을 살펴보고, 논증하는 글의 특성에 대해 알아봅시다.

- **논증의 개념**: 논증은 다른 사람을 설득하거나 자신의 주장을 정당화하기 위해 타당성과 신뢰성 있는 근거를 제시하여 자신의 주장이 타당하다는 것을 논리적으로 증명하는 방식이다.
  (논증 = 주장 + 근거)

- **논증 방식**: 논증은 논리적으로 결론을 이끌어 내는 추론 과정을 거쳐 이루어진다. 일반적인 추론의 방법에는 연역적 추론과 귀납적 추론이 있다.

  (1) 연역적 추론: 일반적인 사실이나 원리를 바탕으로 구체적이고 개별적인 특수한 사실을 결론으로 이끌어 내는 추론 방법
  [대전제] 우리 학교는 여학교이다.
  [소전제] 지원이는 우리 학교 학생이다.
  [결론] 따라서 지원이는 여학생이다.

  (2) 귀납적 추론: 개별적이고 구체적인 사실을 바탕으로 일반적이고 보편적인 원리를 결론으로 이끌어 내는 방법
  [구체적 사실 1] 소크라테스는 죽었다.
  [구체적 사실 2] 다빈치는 죽었다.
  [구체적 사실 3] 링컨은 죽었다.
  [결론] 그러므로 모든 인간은 죽는다.

1. 글의 논리 전개 방법을 알아봅시다.

   1) 다음은 '의견 1'의 일부분입니다. 이 글의 구조를 다음과 같이 정리했을 때 빈칸에 들어갈 내용을 적어 보고, 이 글에 쓰인 논리 전개 방법을 설명해 봅시다.

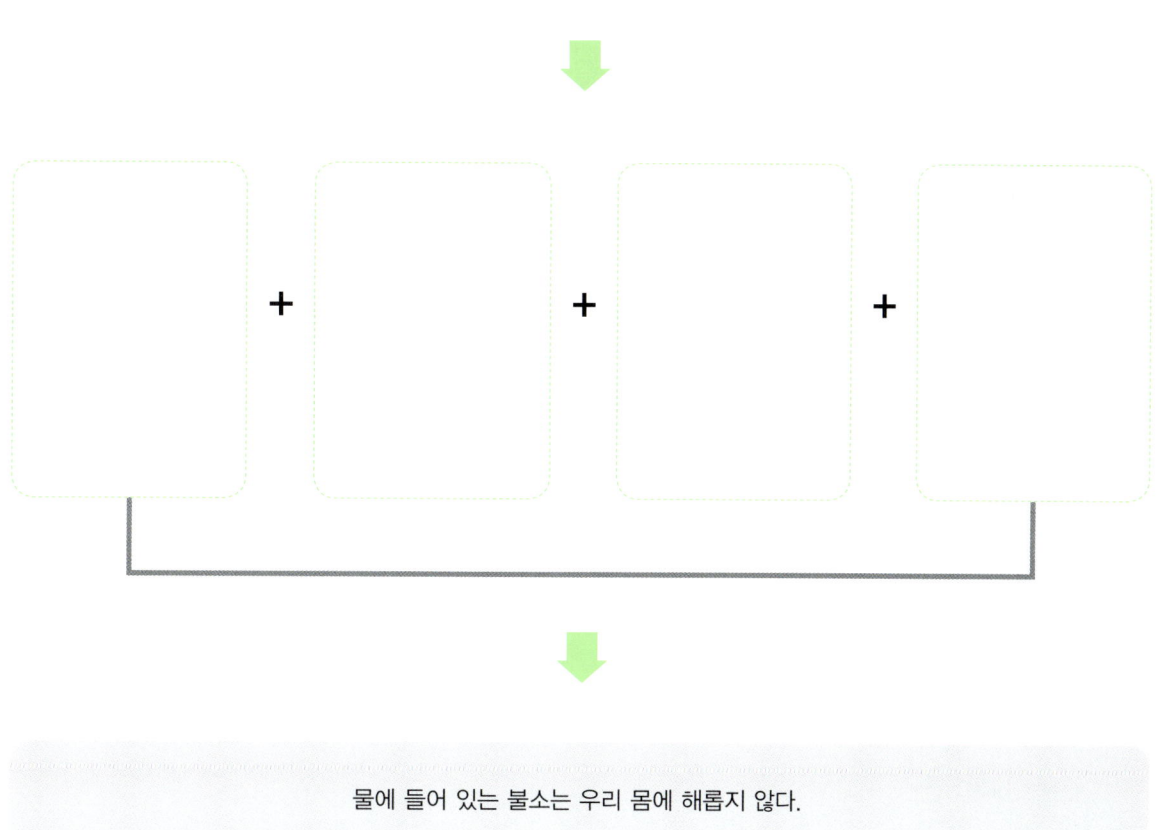

   시중에서 판매되는 생수나 유명한 약수에도 불소가 들어 있고, 우리가 즐겨 마시는 녹차에도 많은 양이 들어 있다. 불소는 우리가 마시는 모든 음료에 들어 있다. 우리는 이미 음료와 함께 불소를 마시고 있는데도 건강에 아무런 문제가 없다.

   물에 들어 있는 불소는 우리 몸에 해롭지 않다.

   논리 전개 방식: _____

2) 다음은 '의견 2'의 일부분입니다. 이 글을 논리 전개 방법에 따라 다음과 같이 정리했을 때 빈칸에 알맞은 내용을 써 봅시다.

> 진정한 민주주의는 공정하고 투명한 논의를 거쳐 참여자가 모두 납득할 수 있는 의사 결정을 하여야 한다. 그러나 이제까지 수돗물 불소화 정책의 추진 과정은 전혀 투명하지 않았다. 따라서 그 결과를 받아들이지 못하는 것은 당연한 일이다.

다음에 제시된 주제 중 하나를 선택하여 논증하는 글을 써 봅시다.

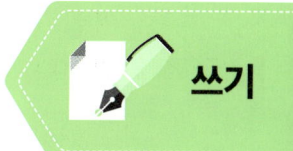 쓰기

1. 다음 보기 의 주제 중에서 하나를 선택해 봅시다.

   보기

   외모 지상주의   음악 산업과 영화 산업의 저작권 보호   예체능 교육의 필요성

   선택한 주제

2. 선택한 주제에 대한 자신의 주장과 그런 주장을 하게 된 이유를 적어 봅시다.

   자신의 주장

   주장하게 된 이유

3. 자신의 주장을 뒷받침할 자료를 다음과 같이 조사하여 정리해 봅시다.

내 주장을 뒷받침할 만한 사례나 통계 자료를 찾아봅시다.	
이 분야를 연구한 사람이나 일반적 여론을 대표할 만한 의견 또는 증언을 구해 봅시다.	
기존의 윤리나 상식, 이론에 근거할 때 참으로 받아들일 만한 사실을 찾아봅시다.	

9과 수돗물의 미래 139

4. 자신의 주장에 대해 반대할 사람은 어떤 사람일지 생각해 보고, 반대 이유를 추측하여 써 봅시다.

반대할 사람	반대 이유

5. 글을 쓰기 위한 개요를 작성하여 봅시다.

머리말	
본문	
맺음말	

6. 개요를 바탕으로 논증하는 글을 써 봅시다.

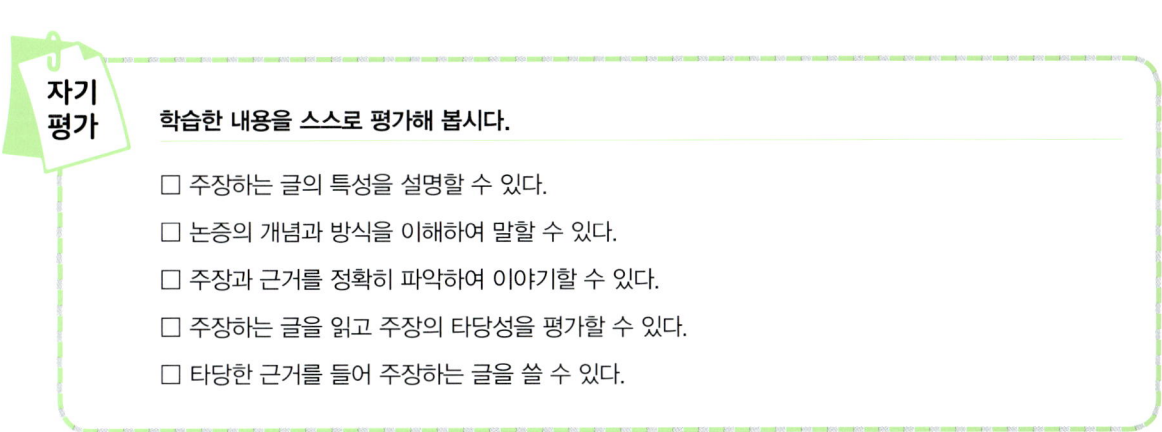

자기 평가

학습한 내용을 스스로 평가해 봅시다.

☐ 주장하는 글의 특성을 설명할 수 있다.
☐ 논증의 개념과 방식을 이해하여 말할 수 있다.
☐ 주장과 근거를 정확히 파악하여 이야기할 수 있다.
☐ 주장하는 글을 읽고 주장의 타당성을 평가할 수 있다.
☐ 타당한 근거를 들어 주장하는 글을 쓸 수 있다.

10과 자연과 삶

○ 다음 사진을 보고 질문에 답해 봅시다.

강아지풀

개장미(dog rose)

양귀비

1. 위 사진의 꽃과 풀의 이름을 살펴봅시다. 그리고 왜 그런 이름을 갖게 되었을지 말해 봅시다.

2. 특이한 이름을 가졌거나 재미있는 이야기가 담겨 있는 식물에 대해 소개해 봅시다.

어휘 익히기

1. 다음 보기 중에서 알맞은 단어를 찾아 빈칸에 넣어 봅시다.

> 보기
>
> 자생지　　　　동반자　　　　생태계　　　　멸종되다
> 보존하다　　　파괴하다　　　야생화

1) 식물이 저절로 나서 자라는 땅
　　예) 무분별한 개발로 여러 식물의 _____ 이/가 훼손되고 있다.

2) 들에 피는 꽃
　　예) 그 집 정원에는 산에서 캐 온 갖가지 _____ 이/가 곱게 피어 있다.

3) 잘 보호하고 간수하여 남기다
　　예) 그는 전통 춤과 노래를 _____ 계승하기 위해 많은 노력을 기울였다.

4) 때려 부수거나 깨뜨려 헐어 버리다
　　예) 시민들은 자연을 _____ 댐 건설은 막아야 한다고 주장했다.

5) 먹이를 중심으로 이어진 생물 간의 관계
　　예) 제1차 소비자는 _____ 에서 생산자인 녹색 식물을 먹고 사는 초식 동물이다.

6) 생물의 한 종류가 아주 없어지다
　　예) 마구 하는 사냥으로 희귀한 생물들이 _____ 있다.

7) 어떤 행동을 할 때 짝이 되어 함께하는 사람
　　예) 결혼은 인생의 _____ 을/를 맞이하는 중요한 의식이다.

텍스트 읽기

○ 각 문단의 중심 내용을 정리하면서 다음 글을 읽어 봅시다.

우리의 삶과 함께하는 야생화

구절초

1 　오른쪽 꽃을 보고 무슨 생각이 드는가? 바위틈에서 위태롭게 피어 있지만, 이 꽃은 자신에게 주어진 최소한의 땅 위에서 그 나름의 생명을 소중하게 일구고 있는 중이다. 그렇게 보면 칼날 쥔 땅 끝에서 살아가고 있는 이 꽃이 조금은 위대해 보이지 않는가?

2 　우리나라는 가히 야생화의 천국이라고 할 수 있다. 다양한 야생화가 우리 주변에서 알게 모르게 자신의 소임을 다하며 살아가고 있다. 나는 야생화 사진을 찍으러 다니면서 우리나라에 얼마나 많은 종류의 야생화가 존재하는지 알게 되었다. 그러나 주변에서 "그건 그냥 풀꽃 아니야?", "예쁘기는 하지만 그런 풀꽃이 우리 생활에 얼마나 필요해?"라는 물음을 들을 때마다 우리 야생화의 소중함을 잘 알아주지 못하는 것만 같아 서운했다. 그래서 기회가 생길 때마다 야생화가 얼마나 우리 실생활에 깊숙이 들어와 있는지, 얼마나 소중한 가치를 지닌 존재인지 모두에게 알려 주고 싶었다. 무릇 가치란 알아보는 사람의 눈에만 띄기 마련이다. 발 옆에 있어도 가치를 모르면 한낱 잡초로 알고 지나치게 된다. 야생화가 어떤 꽃인지, 우리에게 왜 필요한지에 대한 정보를 얻게 된다면 야생화의 가치를 알아보는 눈도 생기게 될 것이다.

❸ 그런 의미에서 야생화 사진을 찍으러 가는 여행길의 동행자로 여러분을 초대하려고 한다. 가까운 길을 가기도 하지만 멀고 험하고 높은 곳을 가야 할 때도 있으므로 많은 준비가 필요하다. 기본적으로 야생화의 자생지 정보와 개화기 정보, 그리고 그날그날의 기상 변화 정보를 꼼꼼히 알아 두어야 한다. 그다음으로 카메라를 비롯하여 각각의 용도에 맞는 렌즈와 필터, 적당한 분량의 식량, 그리고 급변하는 날씨에 대비하여 비옷이나 바람막이 옷까지 배낭에 챙겨 넣으면 기본적인 준비는 끝. 신발 끈 단단히 매고 출발하면 된다.

자, 그럼 야생화의 신비로운 세계로 함께 떠나 보도록 하자.

야생화는 먹을거리이다

❹ 가까운 산에만 올라가도 우리 생활에 활용할 수 있는 식물을 얼마든지 만날 수 있다. 그 대표적인 식물이 '둥굴레'이다. 둥굴레는 비교적 야트막한 산자락에서 자란다. 햇볕이 잘 드는 구릉 주변에서 휘어진 줄기 아래로 조롱조롱 매단 꽃

을 만난다면 십중팔구 둥굴레이다. 그 모습이 마치 인사를 건네는 듯한 모습이어서 나는 이 꽃을 만날 때마다 사이좋은 이웃을 만난 듯 기분이 좋아진다. 비교적 흔한 야생화인 둥굴레는 이미 차로 상용화되어 있다. 둥굴레는 봄철에 돋는 어린잎을 나물로 먹는다. 끓는 물에 살짝 데쳐서 찬물로 헹군 다음, 간을 맞춰 먹거나 기름에 볶아 먹는다. 꽃도 같은 방법으로 먹을 수 있다. 점액질의 진액이 많은 뿌리줄기는 주로 약으로 사용한다. 뿌리줄기를 3~5mm로 잘라 햇볕에 말린 것을 옥죽이라고 하는데, 500~600ml의 물에 옥죽 5~10g을 넣고 중간 정도의 불에서 물이 절반이 될 때까지 달인 후, 하루 3회 물을 대신해서 마시면 허약 체질 개선에 도움이 된다. 우리가 흔히 마시고 있는 둥굴레 차가 바로 이것이다. 둥굴레 차를 오래 복용하면 몸의 신진대사가 촉진되고 체력이 증진된다.

5 둥굴레와 눈을 마주치고 그의 맑은 웃음과 마주하고 있노라면 둥굴레는 나에게 작은 꽃이나 열매를 건네기도 한다. 그 열매와 꽃을 입에 넣고 씹다 보면 감칠맛이 난다. 그가 살아가고 있는 삶에 대한 향기라도 되는 듯이, 그 감칠맛 나는 냄새는 산에서 내려와 집에 들어가서까지 내 입속에 머물러 있고는 한다.

둥굴레

야생화는 생태계를 지켜 준다

식물이 없으면 동물의 서식 환경도 사라진다는 것은 당연한 일이다. 우리의 자연은 동식물이 함께 살아갈 수 있도록 연결되어 있기 때문이다. 쥐방울덩굴과 꼬리명주나비의 관계를 보면 이런 점을 여실히 느낄 수 있다. 꼬리명주나비의 애벌레는 쥐방울덩굴의 잎만을 먹고 살기 때문에 꼬리명주나비는 쥐방울덩굴의 잎에만 알을 낳는다.

몇 해 전의 일이다. 꼬리명주나비의 너울거리는 모습을 사진기에 담기 위해 경기도 평택시 황구지천에 있는 쥐방울덩굴의 군락지에 간 적이 있다. 그런데 알 낳을 자리를 찾지 못해 만삭의 몸으로 이리저리 돌아다니는 꼬리명주나비를 안쓰럽게 지켜보다 돌아와야 했다. 쥐방울덩굴은 가죽나무 같은 나무를 타고 오르며 자라는데 누군가 가죽나무를 모두 잘라버린 것이다. 쥐방울덩굴은 타고 올라갈 나무가 사라져서 자라지 못하고, 쥐방울덩굴이 자라지 못해서 꼬리명주나비는 알 낳을 자리를 찾지 못한 것이다. 누군가가 무심코 한 행동이 생태계의 소중한 규칙을 파괴해 버린 것이었다.

꼬리명주나비는 가뜩이나 예민한 곤충이다. 사진을 찍기 위해서 근처만 가도 날아가 버려 사진 작가를 애태우게 한다. 그러나 이런 생각도 인간의 생각일 뿐이다. 사진을 찍기 위해 인간이 가까이 다가갈 때 꼬리명주나비가 느낄 불안감은 상상을 초월하는 것이다. 나는 그들을 방해하지 않기 위해서 300mm 이상의 망원 렌즈를 준비한다. 그들의 삶을 방해하지 않는 배려가 좋은 사진을 얻는 방법이라는 것을 수년간의 경험을 통해서 알게 되었기 때문이다. 그러나 이날은 이런 배려에도 불구하고 좋은 사진을 얻지 못했다. 쥐방울덩굴이 자라지 못하면 꼬리명주나비도 사라지고 말 것이다. 가죽나무의 보호가 쥐방울덩굴의 보호이고, 꼬리명주나비의 보호이다. 더 나아가 그들의 보호가 곧 생태계의 보호가 된다. 우리가 보잘것없다고 생각하는 그 무엇 하나가 세계를 유지해 주는 소중한 자원인 것이다.

8 **야생화를 지켜 주는 것은 우리여야 한다**

산길을 걷다 보면 '아, 이 꽃 이름의 유래가 뭐지?'라는 의문을 품는 경우가 생긴다. 언뜻 그 뜻을 짐작하기 어려운 이름의 꽃들한테서 생겨나는 의문이다. 그런 꽃 중에 대표적인 것이 '깽깽이풀'이다. 깽깽이풀이라는 이름은 특이한 번식 방법에서 유래한 것이다. 깽깽이풀의 열매는 끝이 부리처럼 뾰족하고, 익으면 한쪽이 벌어지면서 씨를 드러낸다. 씨의 밑부분에 지방 덩어리인 엘라이오솜(elaiosome)이 붙어 있는데, 개미들이 씨를 물고 가서 엘라이오솜만 먹고 버리면 그 자리에서 싹이 튼다. 그래서 깽깽이풀은 개미들의 활동 범위만큼 띄엄띄엄 자라는 것이다. 그 모습이 깽깽이걸음으로 뛰어간 것 같다고 하여 깽깽이풀이라고 부르게 되었다고 한다.

9 깽깽이풀은 매자나무과의 여러해살이풀로 깊은 산 중턱 이하의 반그늘진 곳에서 자란다. 높이는 약 25cm이다. 땅속에 뿌리줄기가 옆으로 자라며 잔뿌리가 많이 달린다. 잎은 뿌리에서 나오며 둥근 방패 모양이다. 꽃은 4~5월에 올라온 꽃줄기 끝에 연보라색으로 핀다. 꽃잎과 수술은 각각 6~8개이고, 암술은 1개이다.

깽깽이풀의 뿌리는 열을 내리거나 염증을 치료할 때 쓰는데, 한방에서는 '모황련'이라고 불리는 약재이다. 그 밖에 소화제 또는 지사제로도 쓰인다. 또 예전에는 노란색 뿌리를 물에 담가 우린 뒤 옷감을 물들이는 염료로 사용하기도 했다. 이처럼 쓰임새가 다양하기 때문에 예전에는 농가에서 재배하기도 했다.

10 그러나 산자락에서 흔히 볼 수 있었던 깽깽이풀이 이제는 멸종 위기 식물 2급으로 지정되었다. 꽃이 워낙 아름다운 데다가 쓰임새까지 다양하여 검은 욕심을 품은 사람들이 보이는 족족 캐어 가서 자생지에서는 얼마 남지 않은 식물이 되고 만 것이다. 수목원 같은 곳을 서식지 외 보전 기관으로 지정하여 증식하기도 하지만, 우리 주변에서 흔히 볼 수 있었던 식물이 이제는 보호 기관에 의해서만

살아갈 수 있다는 것은 여러 가지 생각을 하게 한다. 깽깽이풀의 보존은 우리가 아니면 개미밖에 해 줄 자가 없다. 그렇다면 우리는 이제 개미에게만 의존해야 하는 것일까?

깽깽이풀

야생화는 우리의 삶을 지탱해 준다

야생화가 우리의 삶을 지탱해 준 이야기도 있다. 울릉도의 숲 속에서 흔히 자라는 울릉 산마늘이 그렇다. 울릉도는 교통이 좋지 않을 뿐 아니라, 태풍이라도 만나게 되면 바다가 잔잔해질 때까지 섬에서 나올 수가 없는 곳이다. 한번은 어느 해 가을에 별다른 준비 없이 들어갔다가 풍랑주의보 때문에 배가 뜨지 않아 4박 5일 동안 꼼짝없이 갇혀 있기도 했다. 그래서 울릉도에 들어갈 때면 일기 예보며 꼭 찍어야 할 야생 목록을 꼼꼼히 준비하는 편이다. 내가 맨 처음 울릉도에 들렀을 때였다. 어느 식당에서 식사를 하는데, 주방에서 내온 반찬 중에 넓적한 잎으로 된 장아찌 같은 것이 있었다. 쌉싸래한 맛이 일품이다 싶어서 그것과 밥 한 그릇을 다 비운 후, 이 장아찌 같은 것이 대체 뭐냐고 물으니 주인아주머니께서 답하기를 '멩이 나물'이라고 하는 것이다. 말로만 듣던 멩이 나물을 실제로 보고 또 먹어 보기는 처음이었다. 주인아주머니가 가르쳐 주는 숲으로 가 보니 온통 산마늘이었다. 나중에 알고 보니 울릉도 숲 속에는 울릉 산마늘이 지천으로 깔려 있었다.

12 울릉도는 지리적으로 일본에 가깝기에 우리나라에 약탈을 하러 오던 왜구가 울릉도에 들러 물과 식량을 약탈하고는 했다. 이에 고려 왕조는 울릉도 주민을 육지로 이주시키는 쇄환 정책을 실시했다. 일부 주민이 살기는 했지만 다시 사람이 사는 마을이 된 것은 조선 말엽에 개척령이 내려지면서부터였다. 그러나 울릉도에 도착한 개척민들이 불모지나 다름없는 곳에 씨를 뿌려 보았지만, 잦은 태풍으로 인해 밭농사를 망치기 일쑤였다. 육지에서도 보릿고개라 하여 보리가 나기까지 식량 사정이 좋지 않았던 시절이 있는데, 육지와의 교통 사정까지 좋지 않았던 섬의 식량 사정은 더 말할 필요도 없었을 것이다. 겨울이면 굶어 죽는 사람까지 생겨났다. 섬사람들은 눈 속에서도 파릇하게 돋는 울릉 산마늘의 잎을 따다 먹으며 겨우겨우 연명했고, 그 후 개척민들의 목숨을 이어 주었다 하여 울릉 산마늘을 목숨을 의미하는 '명(命)'이라고 부르게 되었다고 한다. 한때 섬사람들의 목숨과 삶을 지탱해 주는 소중한 야생화였던 것이 지금은 명이 나물이라는 특산물로 판매되면서 소중한 수입원까지 되어 주고 있다.

13 하나의 생명이 하늘에서 땅으로 내려왔을 때, 생명은 그 나름대로의 꿈을 지니며 살아가야 한다. 인간이 그렇고, 다양한 동식물이 그러하다. 우리는 언제부터 땅의 주인인 양 행동하게 되었을까. 야생화는 다양한 동식물과 조화를 이루며 잎사귀 하나하나에, 꽃망울 하나하나에 자신의 꿈이 영글기를 기다리며 살아가고 있다. 그런데 우리 인간은 마치 야생화가 태고부터 존재해 왔고, 앞으로도 언제까지나 우리 곁에 있을 소소한 것으로 생각한다. 그러나 현실은 그렇지 않다. 가까운 산지에서 흔하게 볼 수 있는 종이 있는가 하면, 불법 채취와 무관심으로 인해 멸종 위기에 처한 것들도 있다.

어떻게 하면 이들을 우리의 동반자로 받아들일 수 있을까. 야생화를 좀 더 많이 알아보는 안목이 길러질 때, 그들은 아름다움 이상의 가치로 우리에게 다가올 수 있지 않을까. 보다 많은 식물 자원을 확보하려는 노력과 함께 보존의 지혜가 필요한 이유가 여기에 있다. 야생화 사진을 찍으러 다니면서 만나게 되는 파괴의 현장은 늘 가슴이 아프다. 식물은 지켜 준 만큼 되돌려 준다는 것을, 다가올 미래 사회가 녹색 성장의 사회가 되어야 한다는 것을 안다면 우리가 할 일은 너무나도 분명해진다.

　사진기여도 좋다. 공책과 연필만 들어도 좋다. 가까운 곳으로 나가보자. 그리고 눈에 띄는 야생화를 관찰해 보자. 그 야생화가 어떤 식물이며, 어떤 효용과 가치가 있는지 알아보자. 하나둘 그렇게 정보를 쌓다 보면 우리가 알고 있는 것보다 더 넓은 세계가 우리 앞에 펼쳐질 것이다.

이동혁,
『중학교 국어 3-2』(비상교육, 2012) 중에서

내용 이해하기

1. 글쓴이가 이 글을 쓴 목적은 무엇인지 말해 봅시다.

2. 글쓴이가 '꼬리명주나비'를 찍기 위해 망원 렌즈를 준비한 이유는 무엇입니까?

3. '깽깽이풀'이 멸종 위기 식물 2급으로 지정된 이유는 무엇입니까?

4. 글쓴이가 독자에게 당부하고자 하는 내용은 무엇인지 적어 봅시다.

5. 우리가 야생화와 함께 살아가기 위해 지녀야 할 태도는 무엇인지 말해 봅시다.

6. 여러분 나라의 꽃이나 나무 중에서 특이한 이름을 가진 식물을 찾아 그 이름의 유래에 대해 알아봅시다.

7. 자기 나라의 야생화를 조사하여 발표해 봅시다.

이름	
모양	
특성	

구성 이해하기

O 앞의 글 〈우리의 삶과 함께하는 야생화〉는 실용적 정보를 담고 있습니다. 다음을 고려하여 질문에 답해 봅시다.

- **정보 서적의 개념**: 사회 각 분야의 다양한 관심사에 대해 전문적인 지식과 견해, 정보를 제공해 주는 책
- **정보 서적의 특성**:
  - 독자가 필요한 정보를 쉽게 찾을 수 있도록 목차를 구성한다.
  - 대중들이 쉽게 읽을 수 있게 쓴다.
  - 특정 분야에 대해 자세하고 구체적으로 설명한다.
  - 이해를 돕기 위해 시각 자료를 많이 활용한다.

1. 글 〈우리의 삶과 함께하는 야생화〉는 어떤 분야의 정보를 담고 있는지 생각해 보고, 이 글의 예상 독자는 어떤 정보를 얻기 위한 사람인지 말해 봅시다.

분야	
예상 독자	

2. 이 글에 담긴 정보를 정리해 봅시다.

야생화	새롭게 알게 된 정보	더 알고 싶은 정보
둥굴레		

야생화	새롭게 알게 된 정보	더 알고 싶은 정보

3. 이 글에서 독자의 이해를 돕고 정보를 효율적으로 제공하기 위해 활용한 방법에는 어떤 것들이 있는지 찾아봅시다.

4. 다음과 같은 목적으로 야생화에 대해 알아보려고 합니다. 이 글에서 읽은 정보 외에 어떤 정보가 더 필요할지 생각해 보고, 다른 책에서 찾아 정리해 봅시다.

목적	필요한 정보
야생화를 관찰하기 위한 여행	
야생화를 집에서 기르는 방법을 알고 싶음.	
야생화에 얽힌 전설 및 이름의 유래를 알고 싶음.	

쓰기 다음 순서에 따라 자신에게 필요한 정보를 책에서 찾아봅시다.

1. 자신에게 필요한 정보의 목록을 파악하여 정리해 봅시다.

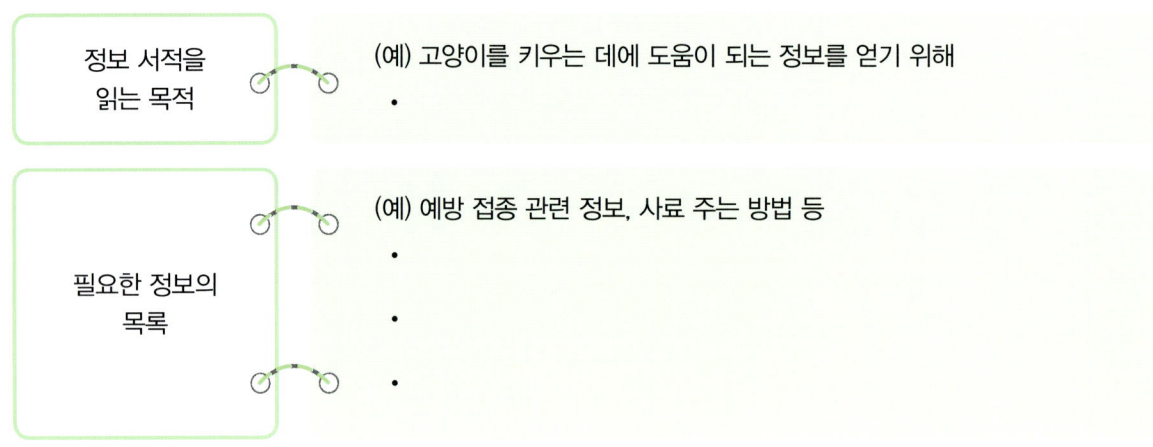

2. 위 1에서 정리한 궁금증을 풀어 줄 만한 책을 여러 매체에서 찾아 그 제목을 적어 봅시다.

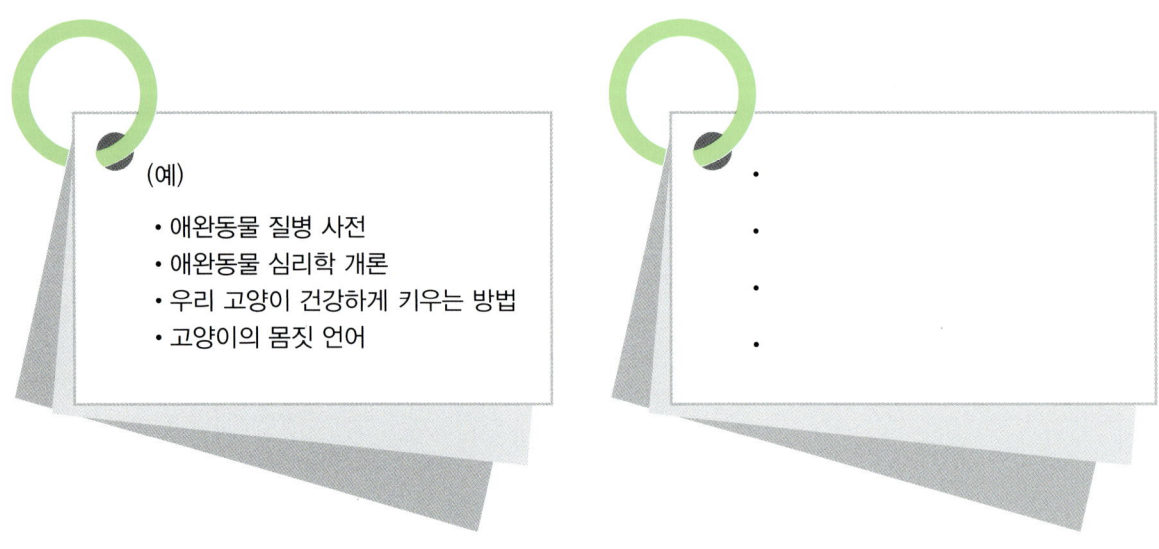

3. 선택한 책의 차례를 확인하고 자신에게 필요한 정보가 실린 부분을 찾아 읽어 봅시다.

4. 위 2에서 찾은 책 중에서 자신에게 필요한 정보가 있는 책을 선택하여 내용을 정리해 봅시다.

글쓴이	
책 제목	
얻은 정보	

자기 평가

학습한 내용을 스스로 평가해 봅시다.

☐ 야생화의 아름다움과 유용성에 대해 설명할 수 있다.
☐ 실용적 정보를 담은 글을 읽고 정보의 효용성을 말할 수 있다.
☐ 정보 서적의 개념과 특성을 이야기할 수 있다.
☐ 자신에게 필요한 정보를 담은 책을 고르고 그 내용을 정리할 수 있다.

11과 한국의 커피 역사

○ 다음 자료를 보고 질문에 답해 봅시다.

옛날 신과 인간이 함께 사는 마을이 있었다. 그 마을은 항상 기쁨과 풍요, 낭만과 행복이 넘쳐 났는데, 어느 날부터 슬픈 음악이 퍼지면서 마을은 온통 눈물을 흘리며 아픔만 존재하는 마을이 되었다.

그 모습을 지켜볼 수 없었던 제우스는 결국 슬픈 음악을 연주하는 장본인을 잡아들였는데, 놀랍게도 그는 큐피드의 형이었고, 동생인 큐피드가 자신의 사랑마저 가져가 사랑을 베풀었기 때문에 자신은 사랑을 할 수 없게 되어서 슬픈 음악만 연주했다고 했다. 그 말을 들은 제우스는 큐피드의 화살을 한 개 주었고, 사랑을 할 수 있게 된 형은 늘 호숫가를 산책하는 소녀를 사랑하게 되었다. 하지만 안타깝게도 둘은 신과 인간이라는 서로 다른 신분을 가지고 있었다.

이 사실을 알게 된 제우스는 그를 멀리 유배 보내는데, 호숫가의 소녀는 시간이 흘러도 그를 잊지 못했고, 큐피드의 형도 항상 그녀를 그리워하였다. 그러나 그들이 만나면 소녀는 하늘의 법을 어긴 죄로 죽어야만 했다. 소녀를 만날 수는 없었지만, 그는 그녀를 영원히 두고 바라볼 수 있는 그녀만의 별자리로 남는 것을 결심하였고, 마침내 소녀가 사는 호숫가에서 가장 선명하게 잘 보이는 별자리가 되었다.

하지만 소녀는 사랑하는 그를 지켜봐야만 하는 것이 너무 슬퍼 밤낮으로 눈물만 흘렸고, 마음속은 다 타버려 눈물 색깔은 투명하지 않은 어두운 핏빛으로 변해 버렸다. 소녀는 별이 잘 보이는 호숫가에서 하염없이 눈물만 흘리다 결국 그리움을 간직한 채 서서히 죽어갔다. 소녀가 죽어간 자리에 한 송이의 꽃이 피어났는데, 그 꽃에 맺힌 열매가 바로 '커피'였다고 한다.

커피의 색이 어두운 핏빛인 이유는 그때 울었던 소녀의 눈물 색을 닮아서이고,
커피가 쓴 이유는 그에 대한 소녀의 애절하고 간절한 사랑의 기다림이 녹아 있어 그런 것이며,
커피의 향이 그윽한 이유는 그에 대한 소녀의 사랑하는 마음이 향기로 퍼져서이고,
커피를 마시면 잠이 오지 않는 이유는 소녀가 그를 밤낮으로 기다렸듯이 사랑하는 사람을 기다려야 하는 마법에 걸리게 되어 밤이 되어도 잠을 이룰 수가 없기 때문이라고 한다.

[커피이야기] 커피에 얽힌 감동적인 신화이야기
(초이스의 향기로운 행복 카페, http://cafe.naver.com/coffeechoice/2890)

1. '커피' 하면 떠오르는 이미지는 무엇인지 생각해 보고, 왜 그런 이미지가 떠오르는지 이유를 말해 봅시다.
2. 커피와 관련된 추억이나 에피소드가 있다면 말해 봅시다.

어휘 익히기

1. 다음 보기 중에서 알맞은 단어를 찾아 빈칸에 넣어 봅시다.

   > 보기
   > 전파력   서구화   허영   근대화
   > 사교   굴곡   변천

   1) 전하여 널리 퍼지는 힘
      예) 그 동영상은 _____ 이/가 강한 SNS를 통해 급속도로 퍼져 나갔다.

   2) 사람이 살아가면서 잘되거나 잘 안 되거나 하는 일이 번갈아 나타나는 변동
      예) 그의 인생은 수많은 어려운 일들로 점철된 _____ 많은 인생이었다.

   3) 여러 사람이 모여 서로 사귐
      예) 그 여배우는 영화계는 물론 재계, 정계에까지 많은 사람들과 교류하며 친분을 쌓아 _____ 의 여왕이라는 별명을 얻었다.

   4) 세월의 흐름에 따라 바뀌고 변함
      예) 이 책은 삼국 시대부터 현대에 이르는 한복의 _____ 을/를 다루고 있다.

   5) 자기 분수에 넘치고 실속이 없이 겉모습뿐인 영화(榮華)
      예) 그 사람은 본래 검소했으나 복권에 당첨된 뒤 _____ 에 빠져 돈을 물 쓰듯 쓰다가 결국 파산했다고 한다.

   6) 서구인의 문화나 생활 방식에 영향을 받아 닮아 감
      예) 현대 한국인들의 식생활이 _____ 되면서 체형도 점차 서구인처럼 변화하고 있는 것으로 나타났다.

   7) 근대적인 상태가 됨
      예) 이 제품은 과거에 전통적인 제조 방식으로 각 가정에서 소규모로 생산되다가 30년 전부터 이 지역에 _____ 된 생산 시설이 갖추어지면서 대량 생산되기에 이르렀다.

텍스트 읽기

○ 각 문단의 중심 내용을 정리하면서 다음 글을 읽어 봅시다.

한국 근현대사의 커피 역사

1 『고종 스타벅스에 가다』는 주로 정치나 언론 분야의 글을 써 왔던 강준만이 한국의 커피 역사에 대해 정리한 책이다. 이 책은 제목에서 알 수 있듯이 한국의 '고종'에서 '스타벅스'에 이르기까지 110년간에 걸쳐 굴곡 많은 한국 근현대사만큼이나 복잡다단한 과정을 거치면서 진화에 진화를 거듭하며 뿌리 내린 한국의 커피 역사를 담담하게 보여 주고 있다. 조정래의 『한강』에는 "서울서넌 커피 맛을 알아야 문화인 축에 들고, 커피 맛을 알아야 인생을 아는 것으로 친담스로?" 하는 말이 나온다. 한국에 미친 커피의 전파력이 얼마나 대단한지를 알게 해 주는 1960년대의 말이다.

2 이 책에서 저자는 왜 한국인은 커피에 매료되었는지, 한국인의 식생활과 커피는 궁합이 맞지 않았음에도 불구하고 한국이 세계에서 커피를 가장 많이 마시는 나라 중 하나가 되었는지에 대해, 커피는 '서구화의 상징'이라는 이유를 들어 설득력 있게 설명하고 있다. 한국에서 근대화는 곧 서구화를 의미했고, 커피는 늘 서구화의 상징으로 여겨졌다. 『고종 스타벅스에 가다』의 저자는 이것을 다음과 같이 설명하고 있다.

3 당시 커피는 서양 문물과 분위기의 상징이었다. 고종이 커피를 즐겨 마시게 되자, 커피는 단지 왕실에서의 기호품으로만 그치지 않고 중앙의 관료, 서울의 양반, 지방의 양반으로 점차 확대되어 일반화되기 시작하였다. 그들은 커피를 마시면서

서양의 개화 바람을 흡입한다고 생각했을지도 모르겠다. 좁은 국토, 많은 인구, 부존자원이 빈약한 한국인들은 생존과 성장을 위해 늘 해외로 눈을 돌려야만 했고, 그 결과 한국 경제는 오늘날 70%가 넘는 대외 의존도를 갖게 되었다. 이런 필요성도 커피의 '국민 음료화'를 낳은 한 요인일 것이다. 한국인은 늘 서양과 소통하고 싶어 했고, 그런 열망은 커피 사랑으로 이어졌을 것이다.

강준만, 『고종 스타벅스에 가다』(인물과사상사, 2005) 중에서

커피는 또한 한국인의 공사를 막론한 공론장과 사교 행위의 장을 매개하는 주요 수단으로서의 의미를 갖고 있다. 전통적인 사랑방은 다방으로 대체되었는데, 종로통에 지체 높은 고위층 관료나 지식인들이 주로 드나들던 일본 다방이 들어선 것이 다방의 효시였다. 대개 이들은 시대의 울분을 토로하기보다는 일본의 선진 문화를 답습하려는 경향이 강했다. 지식인의 선진 문물 견학으로 출발한 다방이었지만 사교의 장으로 확대되면서 커피는 대중 속으로 퍼졌다.

탕약처럼 시커먼 국물에 쓴맛을 내는 커피는 잠도 쫓고 기운도 낸다 하여 양탕국이라 불렸다. 양탕국은 특히 신지식인 계층에 어필했는데, 문화 예술인들은 할 일 없이 다방에 죽치고 앉아 시론을 나누고 문학을 논쟁했다. 그러나 그들은 말만 모더니스트이지 커피 값조차 없어 외상을 달았다. 이들은 아침이면 다방으로 출근했다. 커피 한 잔을 시켜 놓고 글을 쓰다가 조선 문단의 침체를 비판하고, 거리를 돌아다니다가 다시 다방으로 돌아가 미완성의 원고를 쓴다. 박태원의 『소설가 구보 씨의 하루』는 당시 가난한 작가의 다방 출근을 그린 소설이다.

6 그래서 좀 산다 싶은 문화인들은 직접 다방을 차려서 가난한 동료들에게 커피를 제공했다. 다방에 모인 예술인들은 서양 음악을 듣고 탐미주의적 예술관을 논했다. 일제 강점기의 다방은 커피를 제공하면서 동시에 예술인들에게 관념적 지식의 허영기를 부풀려 준 공간이었다. 일제 강점기의 다방이 특정 계층의 문화 공간으로서 제공되었다면, 주한 미군이 들여온 커피는 다방을 벗어나 집집마다 퍼졌다. 물론 미군 주둔은 커피의 대중화에 지대한 공헌을 했지만, 미국 자본으로 운영되는 상품으로서 커피는 문화를 넘은 다른 이해를 요구한다. 한때 회충약으로, 또 만병통치약으로 과장되었던 커피의 진실을 담담하게 역사적으로 서술한 이 책에선 커피의 정치적 얼굴을 눈여겨봐야 한다.

7 전후 궁핍한 경제 혼란기를 맞이할 때마다 커피는 금지 대상이 되었다. 백 퍼센트 수입산인 커피는 국산품 애용 운동의 반역자였던 것이다. 경제난이 지속되면서 다방으로 출근하는 실업자가 증가했는데, 국어학자 이희승은 하루 종일 다방에 죽치고 앉아 커피만 마시면서 시간을 때우는 부류를 '고등 룸펜'에 빗댔다. 고등 실업자들은 달리 갈 곳이 없어 커피를 마시며 음악을 듣고 아는 사람을 불러냈다. 다방은 실업자들이 정보를 교환하는 장소였다.

8 군사 정권의 통제하에서 부정부패를 척결한다는 취지로 다시 커피 금지령이 내려졌다. 사람들은 다방에 모여 커피 한 잔을 주문해 놓고 모의를 했다. 불온한 사상가의 회합부터 사기꾼의 야합까지 커피는 이 모든 것을 현장에서 지켜봤다. 커피는 정치적 통제의 수단으로 이용되었다. 그러나 커피에 길들여진 사람들은 밀수를 하고, 심지어 미군 트럭이나 열차까지 급습하면서 커피를 포기하지 않았다. 한국의 커피 역사를 요약하면, 신문물의 흡수로 출발해서 가난한 예술인들을 위로하고 군사 독재의 통제 대상이 되었으며, 나중에는 티켓 다방으로 변질되면서 쾌락의 약물이 된 것이다.

⑨ 고종이 커피 마니아로 출발한 한국의 커피는 백 년의 역사를 지나면서 완전히 뿌리를 내렸다. 대기업의 커피 시장 진출은 커피의 르네상스를 이룩한 듯 보인다. 커피 자판기와 캔 커피의 등장은 커피의 혁명이었다. 사람들은 다방에 죽치고 앉아 커피를 마시는 대신에 걸어 다니면서 마신다. 현대의 커피는 맛과 품질만 경쟁할 뿐 아니라 서비스 경쟁까지 치열하다. 스타벅스는 다양한 맛의 커피를 시간 제약 없는 테이블 위에 공급한다. 눈치 보지 않는 커피는 대중에게 어필했다. 스타벅스 커피 값이 팔레스타인 어린이를 죽이는 총알이 되어도 고객은 스타벅스 가기를 주저하지 않는다. 그곳이 자유를 제공한다고 믿기 때문이다. 커피 문화가 단순히 미각의 영역이었던 시절에 다방은 영업적 이익을 위해 고객의 시간을 제약했다. 한국 다방의 이런 불친절한 서비스를 간파한 스타벅스는 고객의 시간을 제약하지 않는 전략을 구사한 것이다. 스타벅스에 가는 여자를 '된장녀'라고 부르는 안티 스타벅스들은 시중에 폭발적으로 증가하는 스타벅스의 잠식력이 '제2의 식민 문화로 나아갈 것이다.'라고 염려한다. 커피는 문화이자 경제이며 정치다.

⑩ 이 책의 장점은 '고종'에서 '스타벅스'에 이르기까지 커피가 한국 사회에 어떻게 적응해 왔고 어떤 영향을 주었는지 보여 주기 위하여 다양한 사례를 소개하고 있다는 점이다. 각 시대별로 커피와 관련된 상징적인 사건이나 음악, 광고, 에피소드 등을 사례로 들어 설명함으로써 자칫 딱딱하게 느껴질 수 있는 내용을 흥미롭게 받아들일 수 있도록 하였다. 또한 간결하고 명확한 문장을 사용하고 쉬운 어휘로 표현하여 글의 내용을 쉽게 이해할 수 있도록 하였다.

⑪ 이 책은 이 지구상에 둘도 없는 한국만의 독특한 커피 문화를 통해 한국 사회를 읽어 보려고 시도하고 있다는 점에서 그 의의가 있다. 저자는 단순히 커피가 처음 들어와서부터 한국의 '국민 음료'로 등극하기까지의 역사적 변천 모습만을

전달하는 데 그치지 않고, 굴곡 많은 근현대 한국 사회와 커피와의 관련성을 통해 한국의 커피 문화가 가지는 사회적인 의미를 찾고자 하였다.

⑫ "커피는 우리 삶의 많은 부분을 그려내 주고 반영해 주고 있기에, 단순히 마시는 음료라기보다는 한 시대의 문화를 나타내는 철학이요 사상인 것이다."

이처럼 저자는 커피란 단순히 마시는 음료를 뛰어넘어 우리 시대 하나의 생활이요, 문화를 반영하는 매개체라고 강조한다. 이 말은 수입품인 커피가 한국 사회에 깊이 뿌리내릴 수 있었던 이유는 무엇인지, 커피가 한국 사회에 미친 영향은 무엇인지, 왜 한국인은 커피에 매료되었는지 돌아보는 계기를 제공한다. '커피 역사를 통해서 본 세상'을 이해하는 일은 결국 우리 일반 민중들의 삶을 이해하는 하나의 좋은 방법일 수도 있지 않을까? 『고종 스타벅스에 가다』는 근대화 이후 헐레벌떡 숨 가쁘게 달려온 우리가 잠시 숨을 고르고 지난 과거의 역사를 차분히 들여다보게 하는 책이다.

윤미화,
『깐깐한 독서 본능』(21세기북스, 2009) 중에서

내용 이해하기

1. 이 글의 대상이 되고 있는 책 『고종 스타벅스에 가다』는 어떤 내용의 책인지 말해 봅시다.

2. 한국에서 커피가 '국민 음료화'된 이유는 무엇입니까?

3. 이 글을 통해 알 수 있는 한국의 커피 변천사를 정리해 봅시다.

사회적 상황	커피의 사회적 의미
일본 다방이 생김	신문물의 흡수
일제 강점기	
미군이 주둔함	
군사 독재 정권 시기	
대기업의 커피 시장 진출	
커피 자판기와 캔 커피의 등장	
스타벅스의 등장	

4. 글쓴이가 생각하는 『고종 스타벅스에 가다』의 장점과 의의는 무엇인지 말해 봅시다.

5. 다음은 글쓴이가 '스타벅스'의 잠식력에 대해 해설한 부분입니다. 고객들이 '스타벅스'는 자유를 제공한다고 믿는 이유는 무엇인지 정리하고, 또 밑줄 친 부분과 같이 말한 이유는 무엇일지 생각해 봅시다.

> 스타벅스는 다양한 맛의 커피를 시간 제약 없는 테이블 위에 공급한다. 눈치 보지 않는 커피는 대중에게 어필했다. 스타벅스 커피 값이 팔레스타인 어린이를 죽이는 총알이 되어도 고객은 스타벅스 가기를 주저하지 않는다. 그곳이 자유를 제공한다고 믿기 때문이다. 커피 문화가 단순히 미각의 영역이었던 시절에 다방은 영업적 이익을 위해 고객의 시간을 제약했다. 한국 다방의 이런 불친절한 서비스를 간파한 스타벅스는 고객의 시간을 제약하지 않는 전략을 구사한 것이다. 스타벅스에 가는 여자를 '된장녀'라고 부르는 안티 스타벅스들은 시중에 폭발적으로 증가하는 스타벅스의 잠식력이 '제2의 식민 문화로 나아갈 것이다.'라고 염려한다. <u>커피는 문화이자 경제이며 정치다.</u>

구성 이해하기

○ 앞의 글 〈한국 근현대사의 커피 역사〉는 서평입니다. 서평에 대한 다음 설명을 참고하여 질문에 답해 봅시다.

- **서평의 정의**: 서평은 책이나 글의 내용에 대해 평가하는 글을 말한다. 서평을 쓰는 사람은 책의 내용을 전반적으로 소개하며 사회적 맥락에서 그 책이 놓인 가치에 대해 판단한다. 이를 위해 책의 내용이 지니는 가치를 분석하며 책을 추천하는 근거를 적는다.

- **서평을 쓸 때 유의점**
  첫째, 책의 핵심 내용을 파악한다.
  둘째, 책의 장단점을 정확하게 파악하여 지적해 준다.
  셋째, 소개하려는 책을 공정한 시각에서 평가하고, 아쉽거나 부족한 점에 대해서도 적절한 비판을 아끼지 않는다.
  넷째, 인용과 해설의 방법을 사용하여 자신의 생각이 잘 드러나도록 한다.

1. 이 글에서 서평의 대상이 되고 있는 책의 제목과 저자를 찾아 적어 봅시다.

2. 〈한국 근현대사의 커피 역사〉의 글쓴이가 이 책을 추천하는 이유는 무엇인지 적어 봅시다.

3. 서평에서는 책의 내용을 소개하기 위해 인용과 해설의 방법을 사용합니다. 다음 설명을 참고하여 질문에 답해 봅시다.

> 서평을 쓰는 사람은 책의 내용을 효과적으로 소개하고 그 가치를 평가하기 위해 '인용'과 '해설'의 방법을 사용한다. '인용'은 자신의 견해를 뒷받침하기 위해 알맞은 글이나 자료들을 활용하는 것이다. '해설'은 책의 내용이나 사건을 알기 쉽게 설명하는 방법이다.

1) 이 글의 글쓴이가 『고종 스타벅스에 가다』에서 인용하고 있는 부분을 찾아 그 부분이 글쓴이의 어떤 견해를 뒷받침하는지 생각해 봅시다.

인용한 부분	
인용 부분이 뒷받침하는 견해	

2) 다음은 글쓴이가 '고종 스타벅스에 가다'라는 제목에 대해 설명한 부분입니다. 이 제목의 의미를 정리하고, 이 서평의 제목을 '한국 근현대사의 커피 역사'라고 붙인 이유를 말해 봅시다.

> 『고종 스타벅스에 가다』는 주로 정치나 언론 분야의 글을 써 왔던 강준만이 한국의 커피 역사에 대해 정리한 책이다. 이 책은 제목에서 알 수 있듯이 한국의 '고종'에서 '스타벅스'에 이르기까지 110년간에 걸쳐 굴곡 많은 한국 근현대사만큼이나 복잡다단한 과정을 거치면서 진화에 진화를 거듭하며 뿌리 내린 한국의 커피 역사를 담담하게 보여 주고 있다.

'고종 스타벅스에 가다'의 의미	
'한국 근현대사의 커피 역사'라고 붙인 이유	

관심이 있는 책이나 글을 찾아 읽고 다음 순서에 따라 서평을 써 봅시다.

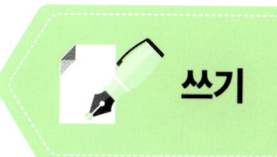

1. 관심이 있는 책이나 글을 찾아 읽어 봅시다.

2. 읽은 책이나 글의 내용을 정리해 봅시다.

11과 한국의 커피 역사　169

3. 책이나 글을 읽은 후에 얻게 된 자신의 생각을 자유롭게 써 봅시다.

4. 자신의 생각을 뒷받침해 줄 만한 부분을 찾아 써 봅시다.

5. 다음 조건에 맞추어 책을 추천하는 자신의 생각이 잘 드러나도록 서평을 써 봅시다.

[조건]
- 서평의 예상 독자를 설정한다.
- 인용과 해설의 방법을 활용한다.

자기 평가

학습한 내용을 스스로 평가해 봅시다.

☐ 커피가 한국 사회에 깊이 뿌리 내릴 수 있었던 이유와 한국의 커피 변천사를 이야기할 수 있다.
☐ 서평의 정의와 서평을 쓸 때의 유의점에 대해 말할 수 있다.
☐ 서평을 쓰는 과정을 말할 수 있다.
☐ 인용과 해설의 개념, 기능 및 방법을 설명할 수 있다.
☐ 책을 읽고 인용과 해설의 방법을 사용하여 서평을 쓸 수 있다.

12과 경제와 인재

○ 다음 자료를 보고 질문에 답해 봅시다.

노인 문제

실업 문제

환경 문제

1. 위의 사진과 같이 한국 사회에서 느꼈던 문제점에 대해 말해 봅시다.

2. 여러분 나라에도 이와 같은 문제가 있는지 이야기해 봅시다.

어휘 익히기

1. 다음 보기 중에서 알맞은 단어를 찾아 빈칸에 넣어 봅시다.

   보기
   채용   역량   인재   선발
   인성   발굴   등용하다

   1) 어떤 일을 할 수 있는 학식이나 능력을 갖춘 사람
      예) 앞으로 남은 과제는 국가의 미래를 짊어질 _____을/를 길러내는 일이다.

   2) 사람의 성품이나 각 개인이 가지는 사고와 태도 및 행동 특성
      예) 입시 교육보다는 _____을/를 중요하게 여길 때 교육은 제 방향을 찾을 것이다.

   3) 사람을 골라서 씀
      예) 우리 회사는 _____에서 학연이나 학력보다 창의성과 업무 수행 능력을 중시한다.

   4) 인재를 뽑아 쓰다
      예) 세종은 유능한 사람을 관리로 _____다.

   5) 많은 가운데서 골라 뽑음
      예) 그는 이번 대표팀 _____에서 탈락되었다.

   6) 어떤 일을 해낼 수 있는 힘
      예) 그는 한 부서를 책임지기에는 _____이/가 부족하다.

   7) 세상에 널리 알려지지 않거나 뛰어난 것을 찾아 밝혀냄
      예) 폭격으로 큰 건물이 산산이 부서져서 매몰자의 _____에만도 열흘이 걸렸다.

텍스트 읽기

○ 각 문단의 중심 내용을 정리하면서 다음 글을 읽어 봅시다.

세종이 관노 출신 장영실을 중용한 까닭

1   최근 톡톡 튀는 이색적인 방법으로 인재를 채용하는 기업이 늘고 있다. 한 백화점은 TV 서바이벌 프로그램을 통해 신입 직원을 선발한다. 온라인 게임 존을 만들어 입사 지원자의 긴장을 풀어 주는 회사가 있는가 하면, 채용 과정에서 맥주 파티를 여는 기업도 있다. 지원자가 역량을 최대한 발휘할 수 있게 하는 한편, 기업 입장에서는 자신의 기업 문화에 맞는 인재를 찾을 수 있다는 점에서 긍정적인 현상이다.

2   일본에는 독특하다 못해 시트콤에나 나올 법한 엽기적인 방법으로 인재를 선발하는 기업이 있다. 한 컴퓨터 부품 회사는 목소리가 큰 사람을 뽑는다. 큰 소리로 말하는 사람은 자신감이 있고 실수했을 때 반성이 빠르다는 이유에서다. 또 오징어와 같이 씹기 어려운 음식을 차려 놓고 밥을 빨리 먹는 사람을 뽑기도 한다. 이런 사람이 빠릿빠릿하며 일처리가 똑 부러진다는 것이다. 화장실 청소를 시키기도 했는데, 남들이 싫어하는 일도 서슴없이 하는 열정을 보기 위해서라고 한다. 별난 채용 방법의 결과는 좋았다. 이런 과정을 거쳐 선발된 인재들이 컴퓨터 하드웨어용 모터 부문에서 이 회사를 세계 1위에 올려놓았다.

3   '채용이 곧 전부다.'라는 말이 있다. 제대로 된 인재가 회사에 들어오면 모든 일이 잘 풀린다. 하지만 '천 길 물속은 알아도 한 길 사람 속은 모른다.'는 속담처럼 인재를 제대로 알아보기는 정말 어려운 일이다. 오죽하면 면접을 볼 때 관

상가까지 동원하는 기업이 있겠는가. 이 때문에 지원자가 자신을 나타낼 말과 행동을 제한된 시간 내에 가능한 한 많이 하도록 만들어야 한다. 별난 채용 방법이 속속 생겨나는 까닭도 여기에 있다.

❹ 이처럼 다양한 채용 방법을 활용하고 있는 기업이 늘고 있지만, 구태의연한 채용 기준을 버리지 못하는 기업도 여전히 많아 안타깝다. 얼마 전 한 취업 포털이 발표한 바에 의하면, 서류 전형을 할 때 출신 대학을 고려하는 기업이 43%나 되었다고 한다. 상위권 대학과 하위권 대학 출신을 달리 취급하는 기업도 41%였다. 좋은 대학을 졸업한 사람이 일을 잘할 거라는 막연한 기대감 때문이라고 한다.

❺ 지원자의 역량과 자질을 제대로 살피지 않고 학벌만 보면 엉뚱한 사람을 뽑을 수 있다. 이렇게 한번 잘못 뽑은 직원은 직장의 동료, 상사는 물론 고객에게까지 지속적으로 피해를 주게 된다. 기업 전체가 멍들게 되는 것이다. 사과 상자 안에 썩은 사과 하나만 있어도 나머지가 쉽게 썩는 것과 같은 이치다. 게다가 일단 채용한 직원은 아무리 마음에 안 들어도 해고하기가 사실상 쉽지 않다. 우리 노동법이 정규직의 고용을 엄격하게 보호하고 있기 때문이다. 결국 기업이 처음부터 옥석을 정확하게 가려 직원을 채용할 수밖에 없다.

❻ 별반 차이가 없어 보이는 지원자 중 우수한 사람을 뽑는 방법은 무엇일까? 최근 드라마를 통해 똥지게까지 져 가며 성군의 모습을 보이고 있는 세종 대왕이 참고가 될 듯하다. 세종은 인사의 달인이었다. 그는 신분의 귀천이나 문벌의 우열을 따지지 않았다. 심지어 과거의 행적도 묻지 않고 역량 있는 인재를 구했다.

황희는 서얼 출신에다 과거 세종의 세자 책봉에 반대까지 한 인물이지만, 세종이 가장 신임하는 재상이 되어 18년이나 영의정으로 재임했다. 장영실은 중국계 귀화인의 후손이자 관노 출신이었지만 중용되어 조선의 과학 기술 수준을 높였다. 최윤덕은 국방에서 뛰어난 업적을 인정받아 무관이었지만 재상에까지 등용되었다.

7 세종은 당시 많은 선비가 내실을 기하기보다 자신을 드러내기 좋아하는 모습을 보고 겸손과 실력을 겸비한 인재가 될 것을 요구했다. 화려한 스펙 쌓기와 같은 겉치레에만 치중하고 인성을 갖추지 못한 자를 경계한 것이다. 또 과거 시험만으로는 적합한 인재를 찾을 수 없다는 것을 간파하고 관료들에게 인재를 천거토록 했다. 채용의 길을 다양화해 숨은 인재를 발굴한 것이다.

8 간택·평론·중의로 이어지는 3단계의 인사 시스템도 구축했다. 간택 단계에서는 공직 후보자의 경력과 자질, 부패 혐의 등을 철저히 살폈다. 이어 평론 단계에서는 내부 관원들의 평가를 종합 정리했고, 마지막으로 중의 단계에서 오늘날의 인사 청문회를 열어 여론을 들어 보고 나서야 인재를 등용했다. 찬란한 세종 시대는 이렇게 선발된 인재들에 의해 만들어졌다.

9 기업의 성장과 쇠퇴는 결국 기업 내부의 인재에 의해 결정된다. 기업은 학벌이나 스펙이 아니라 능력과 인성·열성을 잘 살펴 인재를 채용해야 한다. 세종이 등용했던 수많은 인재에 의해 당시 조선이 문화를 꽃피우고 태평성대를 구가했듯이, 그런 인재 채용이야말로 기업이 지속적으로 발전할 수 있는 길이기 때문이다.

이동근, 『한국 경제 톡톡톡』(소담출판사, 2013) 중에서

내용 이해하기

1. '채용이 곧 전부다.'라는 말이 의미하는 것은 무엇인지 말해 봅시다.

2. 이색적인 인재 선발 방법에 대해 정리해서 적어 봅시다.

방법	이유
TV 서바이벌 프로그램을 통해 신입 사원 선발	지원자가 역량을 최대한 발휘할 수 있게 하려고

1) 이처럼 별난 채용 방법이 생겨나는 까닭은 무엇입니까?

2) 여러분이 알고 있는 이색적인 채용 방법에 대해 말해 봅시다.

3. 구태의연한 채용 기준은 무엇이며, 그런 기준으로 채용했을 때의 문제점은 무엇인지 말해 봅시다.

4. 세종의 인재 선발 방법에 대해 말해 봅시다.

5. 세종 때의 인사 시스템에 대해 정리해 봅시다.

- 간택
- 평론
- 중의

6. 기업이 지속적으로 발전할 수 있는 인재 채용 방법은 무엇입니까?

7. 모둠을 만들고 각 모둠별로 인재 채용 방법을 정해 봅시다.

구성 이해하기

○ 앞의 글 〈세종이 관노 출신 장영실을 중용한 까닭〉은 논평하는 글입니다. 다음을 고려하여 질문에 답해 봅시다.

- **논평**: 어떤 말이나 글 또는 사건에 대하여 자신의 견해를 담아 논리적으로 평가하는 글
- **논평 쓰기**
  ① 처음 부분: 논평하고자 하는 대상에 대한 간략한 설명과 그에 대한 짧은 평가 제시
  ② 중간 부분: 대상에 대해 분석한 뒤 문제 해결 방안 제시
  - 대상에 대해 긍정적으로 평가한 경우: 대상의 역사적·사회적 의의 등을 근거로 들어 기대되는 효과나 앞으로의 발전 방향에 대한 전망 제시
  - 대상에 대해 부정적으로 평가한 경우: 대상의 문제점을 근거로 들면서 그에 대한 해결 방안 제시
  ③ 끝부분: 앞의 내용을 요약·정리하고 과제 제시

1. 글쓴이가 논평하고 있는 대상은 무엇인지 찾아 써 봅시다.

2. 이 논평의 내용을 문단별로 요약해 봅시다.

① 중심 내용

② 중심 내용

③ 중심 내용

3. 이 논평의 주장을 한 문장으로 요약해 봅시다. 그리고 글쓴이가 그 주장을 뒷받침하기 위해 제시한 근거를 찾아봅시다.

4. 논평은 개인의 주관적인 의견보다는 일정한 계층이나 집단의 의견을 대변하는 성격을 가질 때가 많습니다. 이 논평은 어떤 사람들을 대변하는 글인지 말해 봅시다.

5. 다음은 글쓴이의 태도와 표현 방식 간의 연관성을 설명한 것입니다. 다음을 참고로 하여 글쓴이가 논평 대상에 대해 어떤 태도를 보이고 있는지 말해 봅시다.

- **논평 대상에 대해 비판적인 태도를 취할 때**
  - 대상의 빈틈이나 허점을 찾아내는 분석적 표현을 많이 사용한다.
- **논평 대상에 대해 공감적인 태도를 취할 때**
  - 대상의 긍정적인 부분에 집중하거나 그것을 과장하여 강조하는 경우가 많다.

1) 글쓴이가 논평 대상에 대해 어떤 태도를 보이고 있는지 말해 봅시다.

2) 이 논평에서 독자의 공감을 불러일으키는 표현을 찾아보고, 그렇게 생각한 이유를 말해 봅시다.

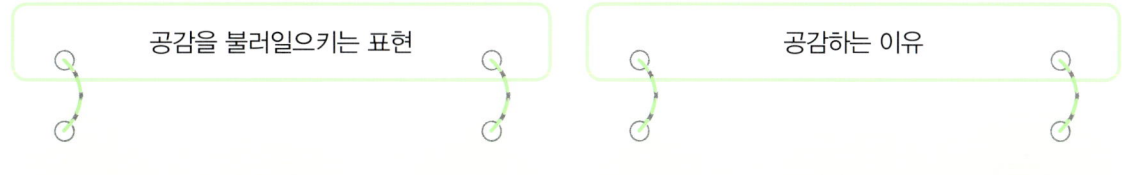

최근에 사람들이 많이 이야기하거나 관심을 갖고 있는 사회적 쟁점에 대한 논평을 써 봅시다.

1. 다음 보기 중에서 관심을 가지고 있는 사회 현상을 하나 찾아봅시다.

   보기

   휴대폰 과다 사용   외모 지상주의   게임 중독 등

   선택한 사회 현상

2. 위 1에서 찾은 사회 현상에 대해 다음과 같이 생각해 봅시다.

   1) 이 현상의 직간접적인 원인은?
   2) 이 현상의 구체적인 사례는?
   3) 이 현상으로 인해 예상되는 문제점은?
   4) 이 현상에 대한 문제 해결 방안은?

3. 위 2에서 생각한 내용을 바탕으로 '머리말, 본문, 맺음말'에 들어갈 내용을 간단히 정리하여 개요를 작성해 봅시다.

머리말	
본문	
맺음말	

4. 자신의 주장이 잘 드러나도록 제목을 정하고, 개요를 바탕으로 논평을 써 봅시다.

제목 _____

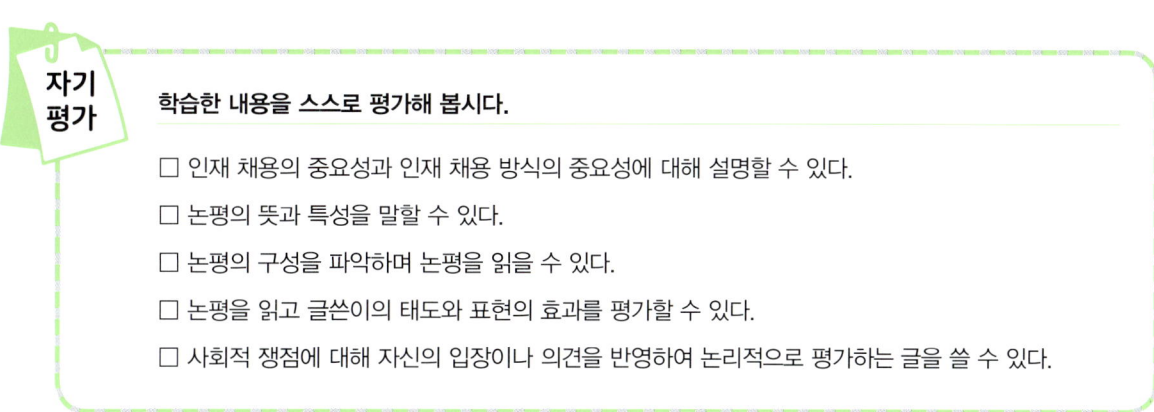

학습한 내용을 스스로 평가해 봅시다.

☐ 인재 채용의 중요성과 인재 채용 방식의 중요성에 대해 설명할 수 있다.
☐ 논평의 뜻과 특성을 말할 수 있다.
☐ 논평의 구성을 파악하며 논평을 읽을 수 있다.
☐ 논평을 읽고 글쓴이의 태도와 표현의 효과를 평가할 수 있다.
☐ 사회적 쟁점에 대해 자신의 입장이나 의견을 반영하여 논리적으로 평가하는 글을 쓸 수 있다.

13과 시와 정서

○ 다음 자료를 보고 질문에 답해 봅시다.

클로드 모네의 〈포플러〉

1. 각 그림에 대한 느낌이 어떠한지 말해 봅시다.

2. 각 그림에 대한 느낌이 다르다면 그 이유는 무엇일지 생각해 봅시다.

어휘 익히기

1. 다음 보기 중에서 알맞은 단어를 찾아 빈칸에 넣어 봅시다.

   보기
   | 몸짓 | 빛깔 | 향기 | 잊혀지다 |
   | 눈짓 | 전파 | 황량하다 | |

   1) 기억하지 못하게 되다
      예) 이 사건은 사람들의 무관심 속에 차츰 _____ 갔다.

   2) 몸을 놀리는 모양
      예) 그는 당황한 나머지 두 팔을 벌려 제지하는 _____ 을/를 하였다.

   3) 황폐하여 거칠고 쓸쓸하다
      예) 초겨울이라서 그런지 국립묘지는 생명 없는 세상처럼 적막하고 _____.

   4) 물체가 빛을 받을 때 빛의 파장에 따라 그 거죽에 나타나는 특유한 빛
      예) 노을이 비친 호수는 온통 붉은 _____ 을/를 띠고 있다.

   5) 눈을 움직여서 상대편에게 어떤 뜻을 전달하거나 암시하는 동작
      예) 그는 나에게 조용히 따라오라고 _____ 을/를 보냈다.

   6) 꽃, 향, 향수 따위에서 나는 좋은 냄새
      예) 꽃이 시든 뒤에도 방 안에서는 그 꽃의 _____ 이/가 사라지지 않는 듯했다.

   7) 도체 중의 전류가 진동함으로써 방사되는 전자기파, 특히 전기 통신에서 쓰는 것을 가리킴
      예) 우리가 라디오 방송을 들을 때 수신하는 무선 _____ 은/는 방송국의 송신 안테나에서 오는 것이다.

텍스트 읽기

○ 각 연의 짜임을 생각하면서 다음 시를 읽어 봅시다.

꽃

김춘수

내가 그의 이름을 불러 주기 전에는
그는 다만
하나의 몸짓에 지나지 않았다.

내가 그의 이름을 불러 주었을 때
그는 나에게로 와서
꽃이 되었다.

내가 그의 이름을 불러 준 것처럼
나의 이 빛깔과 향기에 알맞은
누가 나의 이름을 불러다오.
그에게로 가서 나도
그의 꽃이 되고 싶다.

우리들은 모두
무엇이 되고 싶다.
너는 나에게 나는 너에게
잊혀지지 않는 하나의 눈짓이 되고 싶다.

김춘수,
『꽃의 소묘』(백자사, 1959) 중에서

내용 이해하기

1. 시 〈꽃〉의 짜임을 표로 정리해 봅시다.

연	시적 상황	의미
1연	이름을 부르기 전	'그'는 나에게 무의미한 존재임.
2연		
3연		
4연		

2. 다음은 이 시의 작품 구조도입니다. 빈칸을 채우고, 이 시의 전개 방식이 가지는 특성을 찾아봅시다.

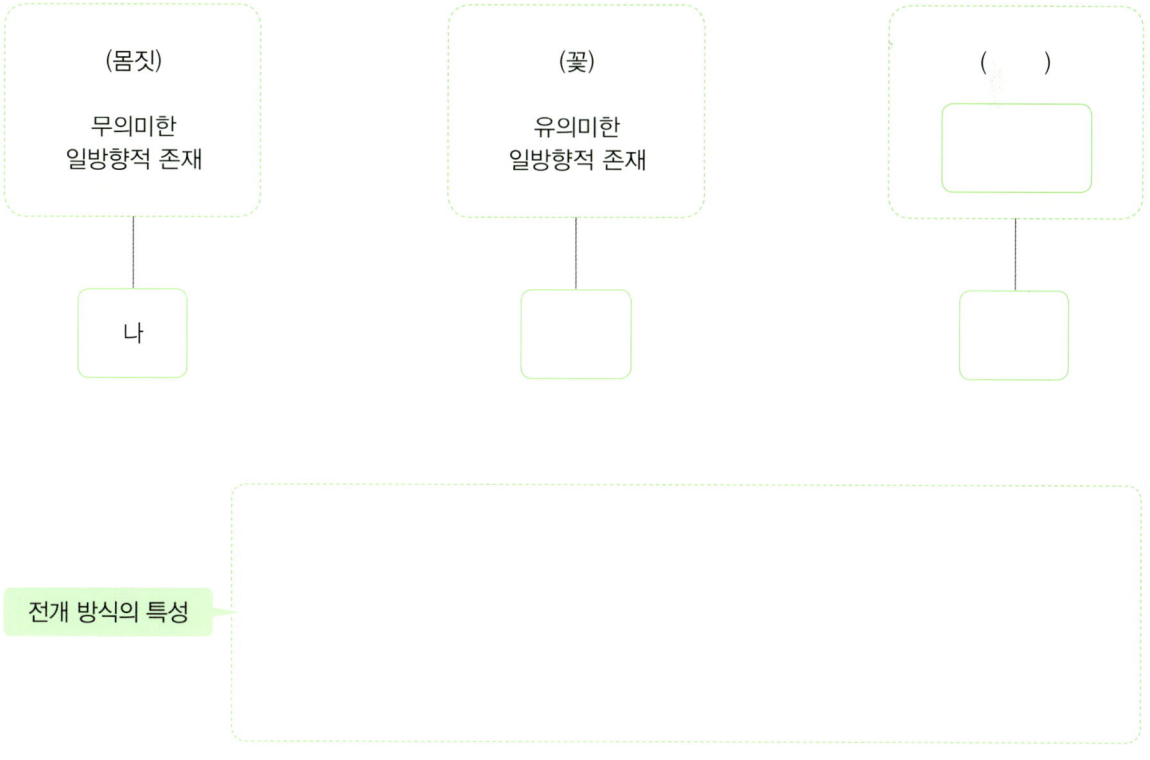

전개 방식의 특성

3. 다음 글은 이 시를 지은 김춘수의 창작 후기의 일부분입니다. 이를 참고로 하여 질문에 답해 봅시다.

> 〈꽃〉이란 시는 '꽃'의 생태를 사실적으로 묘사하고 있지 않다. 꽃의 생태를 유추로 해서 어떤 감정(정서)을 드러내려고 한 것도 아니다. 이 시에서의 유추 작용은 형이상학적이다. 이미 말한 대로 존재론적 어떤 세계를 건드려 보려고 하고 있다. 그리고 또 한편 언어의 힘, 즉 사물의 이름 부르기 기능을 말하려고 한다. 사물이란 언어가 없으면, 즉 언어가 이름 부르기를 하지 않으면 존재하지도 않는다는 인식을 말하려고 하고 있다.

1) 이 시에서 이름이 뜻하는 것은 무엇일지 말해 봅시다.

2) 이름 불러 주기의 역할은 무엇일지 생각해 보고, 이와 유사한 경험이 있다면 말해 봅시다.

4. 다음 시에서 밑줄 친 '빛깔과 향기'에 대해 생각해 봅시다.

> 내가 그의 이름을 불러 준 것처럼
> 나의 이 빛깔과 향기에 알맞은
> 누가 나의 이름을 불러다오.

1) 꽃에 있어서 '빛깔과 향기'는 어떤 의미를 가질지 말해 봅시다.

2) 위 1)을 통해 알 수 있는 '빛깔과 향기'의 의미는 무엇인지 말해 봅시다.

5. 다음은 앞의 시 〈꽃〉을 패러디(parody)한 장정일의 〈라디오와 같이 사랑을 끄고 켤 수 있다면〉이라는 작품입니다. 이 시를 감상해 보고 질문에 답해 봅시다.

라디오와 같이 사랑을 끄고 켤 수 있다면
김춘수의 '꽃'을 변주하여

장정일

내가 단추를 눌러 주기 전에는
그는 다만
하나의 라디오에 지나지 않았다.

내가 그의 단추를 눌러 주었을 때
그는 나에게로 와서
전파가 되었다.

내가 그의 단추를 눌러 준 것처럼
누가 와서 나의
굳어 버린 핏줄기와 황량한 가슴속 버튼을 눌러 다오.
그에게로 가서 나도
그의 전파가 되고 싶다.

우리들은 모두
사랑이 되고 싶다.
끄고 싶을 때 끄고 켜고 싶을 때 켤 수 있는
라디오가 되고 싶다.

장정일, 『길안에서의 택시잡기』
(민음사, 1988) 중에서

1) 이 시의 짜임을 정리해 봅시다.

연	중심 내용
1연	단추를 누르기 전의 라디오 – 무의미한 존재
2연	
3연	
4연	가볍고 편한 사랑을 원하는 우리

2) 〈꽃〉을 패러디해 시를 지어 봅시다.

구성 이해하기

1. 다음을 참고하여 시 감상문을 써 봅시다.

> **시 감상문 쓰는 방법**
>
> 1. 시 해석하기
>   - 시에서 어떤 대상을 중심으로 시상을 전개하였는지 파악한다.
>   - 시의 주요 내용을 정리해 보면서 작품의 전체적인 흐름을 파악하고, 시에서 중점적으로 다루는 내용을 이해한다.
>   - 시에서 인상 깊은 구절을 해석하고 그 근거를 제시한다.
>
> 2. 시 감상문 쓰기
>   - 제목: 전체 글의 주제나 내용, 분위기가 잘 드러나게 제목을 짓는다.
>   - 처음: 글을 쓰게 된 계기나 글의 방향을 드러낸다.
>   - 중간: 작품의 내용과 그에 대한 해석 및 감상을 드러낸다.
>   - 끝　: 전체 내용을 잘 정리하고 마무리한다.

2. 다음은 앞의 시 〈꽃〉의 감상문입니다. 잘 읽고 이 감상문의 개요를 말해 봅시다.

> ### 존재 확인을 향한 갈구
>
> '시' 하면 내 머릿속에 제일 먼저 떠오르는 것은 바로 김춘수 시인의 '꽃'이라는 시이다. 이 시는 한번쯤 사랑을 해본 사람이라면 누구나 좋아할 만한 작품일 것이다. 나에게도 이 시는 처음 김춘수라는 시인에 대해 관심을 갖게 하고 시에 대해 흥미를 갖게 해 준 의미 있는 시이기도 하다.

이 시를 처음 접한 것은 고등학교 때 국어 시간이었던 것 같다. 더 정확히 말하면 고1 때 국어 보충학습 시간에 문제집을 풀다가 이 시를 읽게 된 것이다. 그때 처음 이 시를 읽었을 땐 그 따분한 수업 시간에 무슨 달콤한 오아시스를 만난 양 나 혼자 상상의 날개를 펼치게 했다. 입시에 시달려 몸과 마음이 지칠 대로 지쳤지만 사모하는 임이야 없었겠는가? 이 시를 읽으면서 나의 애정 전선을 생각하며 "맞아", "맞아" 하는 감탄사가 절로 나오게 되었다. 그만큼 나의 마음을 꿰뚫어 보는 듯한 이 시는 아직까지도 나에게 많은 생각을 낳게 하고, 또한 나의 생각을 대변해 주는 시이기도 하다. 이 시를 읽으면서 떠오르는 사람들이 여러 번 바뀌기는 했지만, 여전히 변하지 않는 원리와도 같은 시라고 할까? 왜냐하면 이 시는 누구에게 적용해도 의미가 성립되므로 공식 같은 시라고 생각되기 때문이다.

　　위에서도 말했듯이 나는 이 시를 처음 접했던 고등학교 때는 이 시가 러브레터에 적으면 딱 좋을 것만 같은 시라고 생각했었다. 그런데 처음 느꼈던 그 느낌과 시에 대한 해석을 알고 난 후의 느낌은 달랐다. 이 시를 단순히 이성에 대한 그리움을 노래한 시로 보아서는 안 된다는 것이었다. 이 시는, 이성에 대한 사랑보다는 존재의 본질을 노래한 시로 봐야 한다는 것을 알게 된 것이다. 시에서 '상대방의 이름을 불러 준다.'는 말은 존재 인식의 출발이며, 존재를 인식하기 시작할 때 '무의미한 몸짓'에 지나지 않았던 것이 참모습을 드러낸다는 뜻이고, 여기에서 '꽃'은 무의미한 몸짓에 상대적인 개념의 '의미 있는 존재'를 상징하는 것이다. 즉 존재의 의미를 찾으려는 갈망, 우리 모두가 서로 의미 있는 존재이기를 기대하는 희망이 담겨 있는 것이다.

　　이렇게 시에 대한 여러 해석을 통해서 많은 것을 알게 되었지만, 나는 시를 감상하기 전 교과서처럼 누군가가 해석해 놓은 것을 본다는 것은 굉장히 흥미로우면서도 시를 이해하기에는 좋을지 모르겠으나 시를 느끼고 음미하는 데 방해가 될 수도 있다는 생각이 들었다. 어찌 됐든 이 시를 이성을 그리워하는 사랑의 노래로 보든, 존재의 본질을 노래한 시로 보든 간에, 이 시 자체는 내가 접했던 시 중 가장 많이 공감이 되었던 시이기도 하고, 가장 마음에 와 닿았던 시이기도 하기 때문에 가장 좋아하는 시가 된 것이다. 원래 시라고 하는 것은 독자가 읽고 난 후 공감하고 감동하면 되는 것이라고 생각하기 때문에, 김춘수의 〈꽃〉은 그 부분에서만으로도 참 좋은 시라는 생각이 든다.

　　또한 내가 이 시에서 가장 궁금했던 부분은 바로 '의미'라는 시어를 왜 '눈짓'으로 바꾼 걸까라는 물음이었다. 이 시는 시인이 처음 발표할 때와 다르게 4연의 시어 '의미'를 '눈짓'으로 대체한 것에 대해 여러 문제가 있는 것 같다. 나는 그 부분에 대해서 여러 생각을 해 보았다. 어쩌면 어느 해석에서처럼 미학적인 관점, 또는 김춘수 스스로 특별한 의도에서 강한 메시지를 담고 싶어 했을 수도 있지만, 나는 개인적으로 1연에 나오는 '몸짓'이라는 단어에 대응하는 단어로서 '눈짓'이 제일 잘 어울리기 때문이 아닐까 하는 생각이 들었다.

내가 그의 이름을 불러 주기 전에는 / 그는 다만 / 하나의 몸짓에 지나지 않았다.

우리들이 어떤 것에 집중하거나 의미를 부여하지 않으면, 잠시 동안은 기억되기야 하겠지만 그것은 그냥 스쳐 지나가는 하나의 하찮은 기억일 뿐일 것이다. 즉 그것이 즉시 의미 부여가 되지 않으면 우리의 기억 속에서 곧 사라지게 된다는 것이다. 누구나 사랑하는 사람에게나, 혹은 자신이 가까이 지내고 싶은 사람에게 어떠한 특별한 의미가 되고 싶어 하는 마음을 가지고 있을 것이다. 이 시가 나타내고자 하는 것은, 한마디로 그 '의미 부여'라는 것이다. 이 시는 어떻게 보면 아주 감상적인 연애 시로도 읽힐 수 있지만, 좀 더 자세히 들여다보면 나라는 고독한 실존이 불안 속에서 하나의 확실한 존재의 근거를 확보하려는 몸부림이요, 절절한 외침이다. 그렇게 생각하면 처음 생각했던 사랑하는 사람에 대한 설렘이라는 기분 좋은 이미지와는 다르게, 뒤늦게 깨달은 이미지는 그야말로 애절하고 절절하다.

이 시에서 내가 가장 마음에 드는 부분은 "**너는 나에게 나는 너에게 / 잊혀지지 않는 하나의 눈짓이 되고 싶다.**"라는 구절이다. 어쩌면 사람은 누군가에게 그야말로 잊혀지지 않는 하나의 눈짓이 되었을 때가 가장 행복한 순간이 되지 않을까. 나는 이 시를 읽을 때마다, 그렇다면 나의 빛깔과 향기에 맞는 그 이름은 과연 무엇일까, 그리고 그 알맞은 이름을 누가 불러 주게 될까 하는 터무니없는 상상에 빠져 버리곤 한다. 우리는 삶을 살아가면서 수많은 사람들과 어울려 살아가며 여러 사람들을 만나게 된다. 그 수많은 사람들 중에 어떤 특정한 사람에게 기억되고 내가 그 사람에게 어떠한 의미가 된다면 그것만으로도 '만남'이라는 것의 의미는 있지 않을까.

Happy Campus, 「김춘수 '꽃' 감상문」 중에서
www.happycampus.com/doc/14511907

3. 다음은 앞의 시 〈꽃〉에 대한 감상문의 개요입니다. 들어갈 내용을 채워 봅시다.

	들어갈 내용
제목	존재 확인을 향한 갈구
처음	▶ 작품을 읽었을 때의 첫 느낌, 작품과 관련된 경험 • 러브레터에 어울리는 시라고 생각함.
중간	▶ 작품의 주요 내용과 인상 깊었던 구절 및 해석 • • • • ▶ 표현 방법과 그 효과 • • • •
끝	▶ 전체적인 감상 평 정리

13과 시와 정서 193

쓰기

시 감상문을 써 봅시다.

1. 자기가 좋아하는 시 한 편을 선택해 봅시다.

   선택한 시의 제목

2. 자신이 쓸 감상문의 개요를 작성해 봅시다.

	들어갈 내용
제목	
처음	▶ 작품을 읽었을 때의 첫 느낌, 작품과 관련된 경험 •
중간	▶ 작품의 주요 내용과 인상 깊었던 구절 및 해석 • • • ▶ 표현 방법과 그 효과 • • •
끝	▶ 전체적인 감상 평 정리

3. 시 감상문을 써 봅시다.

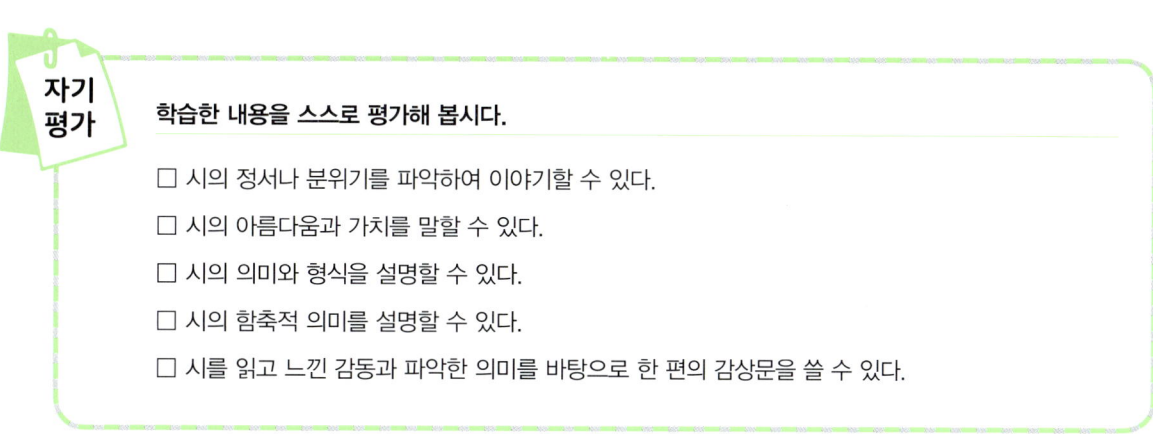

자기 평가

학습한 내용을 스스로 평가해 봅시다.

☐ 시의 정서나 분위기를 파악하여 이야기할 수 있다.
☐ 시의 아름다움과 가치를 말할 수 있다.
☐ 시의 의미와 형식을 설명할 수 있다.
☐ 시의 함축적 의미를 설명할 수 있다.
☐ 시를 읽고 느낀 감동과 파악한 의미를 바탕으로 한 편의 감상문을 쓸 수 있다.

14과 깨달음이 있는 경험

○ 다음 자료를 보고 질문에 답해 봅시다.

1. 오랫동안 소중하게 간직하고 있는 물건이 있다면 무엇인지 말해 봅시다.

2. 또 이 물건들을 버리지 못한다면 그 이유는 무엇인지 생각해 봅시다.

어휘 익히기

1. 다음 보기 중에서 알맞은 단어를 찾아 빈칸에 넣어 봅시다.

> 보기
> 분수   얽매이다   집착   해방감
> 무소유   이해관계   빈손

1) 자기 신분에 맞는 한도
   예) 사치스러운 생활을 하지 말고 _____에 맞는 생활을 해야 한다.

2) 돈이나 물건 따위를 아무것도 가진 것이 없는 상태를 비유적으로 이르는 말
   예) 사람들은 이 세상에 _____(으)로 왔다가 _____(으)로 돌아간다.

3) 구속이나 억압, 부담 따위에서 벗어난 느낌
   예) 시험이 끝나고 곧장 길고 긴 겨울 방학으로 들어가는 날의 _____은/는 무엇에 비길까.

4) 서로 이익과 손해가 걸려 있는 관계
   예) 두 나라는 통상 문제에서 서로 _____이/가 상충했다.

5) 마음대로 행동할 수 없도록 몹시 구속되다
   예) 그는 가족에게 _____ 자신의 꿈을 포기하고 말았지만 결코 후회를 하지는 않았다.

6) 가진 것이 없음
   예) 부처님은 행복의 조건을 _____(이)라고 하셨는데, 이는 소유하는 데서, 소유하고자 하는 데서 불행의 씨앗은 싹튼다는 말이다.

7) 어떤 것에 늘 마음이 쏠려 잊지 못하고 매달림
   예) 그는 권력에 대한 _____을/를 떨쳐 버릴 수가 없었다.

텍스트 읽기

○ 각 문단의 중심 내용을 정리하면서 다음 글을 읽어 봅시다.

무소유

1. "나는 가난한 탁발승이오. 내가 가진 거라고는 물레와 교도소에서 쓰던 밥그릇과 염소젖 한 깡통, 허름한 담요 여섯 장, 수건, 그리고 대단치도 않은 평판, 이것뿐이오."

   마하트마 간디가 1931년 9월 런던에서 열린 제2차 원탁 회의에 참석하기 위해 가던 도중 마르세유 세관원에게 소지품을 펼쳐 보이면서 한 말이다. K. 크리팔라니가 엮은 『간디 어록』을 읽다가 이 구절을 보고 나는 몹시 부끄러웠다. 내가 가진 것이 너무 많다고 생각되었기 때문이다. 적어도 지금의 내 분수로는 그렇다.

2. 사실, 이 세상에 처음 태어날 때 나는 아무것도 갖고 오지 않았었다. 살 만큼 살다가 이 지상의 적(籍)에서 사라져 갈 때에도 빈손으로 갈 것이다. 그런데 살다 보니 이것저것 내 몫이 생기게 되었다. 물론 일상에 소용되는 물건들이라고 할 수도 있다. 그러나 없어서는 안 될 정도로 꼭 요긴한 것들일까? 살펴볼수록 없어도 좋을 만한 것들이 적지 않다.

3. 우리들이 필요에 의해서 물건을 갖게 되지만, 때로는 그 물건 때문에 적잖이 마음이 쓰이게 된다. 그러니까 무엇인가를 갖는다는 것은 다른 한편 무엇인가에 얽매인다는 뜻이다. 필요에 따라 가졌던 것이 도리어 우리를 부자유하게 얽어맨다고 할 때 주객이 전도되어 우리는 가짐을 당하게 된다. 그러므로 많이 갖고 있

다는 것은 흔히 자랑거리로 되어 있지만, 그만큼 많이 얽혀 있다는 측면도 동시에 지니고 있다.

나는 지난해 여름까지 난초 두 분을 정성스레, 정말 정성을 다해 길렀었다. 3년 전 거처를 지금의 다래헌으로 옮겨 왔을 때 어떤 스님이 우리 방으로 보내 준 것이다. 혼자 사는 거처라 살아 있는 생물이라고는 나하고 그 애들뿐이었다. 그 애들을 위해 관계 서적을 구해다 읽었고, 그 애들의 건강을 위해 하이포넥스인가 하는 비료를 구해 오기도 했었다. 여름철이면 서늘한 그늘을 찾아 자리를 옮겨 주어야 했고, 겨울에는 그 애들을 위해 실내 온도를 올리곤 했다.

이런 정성을 일찍이 부모에게 바쳤더라면 아마 효자 소리를 듣고도 남았을 것이다. 이렇듯 애지중지 가꾼 보람으로 이른 봄이면 은은한 향기와 함께 연둣빛 꽃을 피워 나를 설레게 했고, 잎은 초승달처럼 항시 청청했었다. 우리 다래헌을 찾아온 사람마다 싱싱한 난초를 보고 한결같이 좋아라 했다.

❻ 지난해 여름 장마가 갠 어느 날 봉선사로 운허노사를 뵈러 간 일이 있었다. 한낮이 되자 장마에 갇혔던 햇볕이 눈부시게 쏟아져 내리고 앞 개울물 소리에 어울려 숲속에서는 매미들이 있는 대로 목청을 돋우었다.

아차! 이때서야 문득 생각이 난 것이다. 난초를 뜰에 내놓은 채 온 것이다. 모처럼 보인 찬란한 햇볕에 늘어져 있을 난초 잎이 눈에 아른거려 더 지체할 수가 없었다. 허둥지둥 그 길로 돌아왔다. 아니나 다를까, 잎은 축 늘어져 있었다. 안타까워하며 샘물을 길어다 축여 주고 했더니 겨우 고개를 들었다. 하지만 어딘지 생생한 기운이 빠져나간 것 같았다.

❼ 나는 이때 온몸으로 그리고 마음속으로 절절히 느끼게 되었다. 집착이 괴로움인 것을. 그렇다, 나는 난초에게 너무 집념한 것이다. 이 집착에서 벗어나야겠다고 결심했다. 난을 가꾸면서는 산철[승가(僧家)의 유행기(遊行期)]에도 나그네 길을 떠나지 못한 채 꼼짝을 못했다. 밖에 볼일이 있어 잠시 방을 비울 때면 환기가 되도록 들창문을 조금 열어 놓아야 했고, 분을 내놓은 채 나가다가 뒤미처 생각하고는 되돌아와 들여놓고 나간 적도 한두 번이 아니었다. 그것은 정말 지독한 집착이었다.

❽ 며칠 후, 난초처럼 말이 없는 친구가 놀러 왔기에 선뜻 그의 품에 분을 안겨 주었다. 비로소 나는 얽매임에서 벗어난 것이다. 날아갈 듯 홀가분한 해방감. 3년 가까이 함께 지낸 '유정'을 떠나보냈는데도 서운하고 허전함보다 홀가분한 마음이 앞섰다. 이때부터 나는 하루 한 가지씩 버려야겠다고 스스로 다짐을 했다. 난을 통해 무소유의 의미 같은 걸 터득하게 됐다고나 할까.

❾ 인간의 역사는 어떻게 보면 소유사처럼 느껴진다. 보다 많은 자기네 몫을 위해 끊임없이 싸우고 있다. 소유욕에는 한정도 없고 휴일도 없다. 그저 하나라도

더 많이 갖고자 하는 일념으로 출렁거리고 있다. 물건만으로는 성에 차질 않아 사람까지 소유하려 든다. 그 사람이 제 뜻대로 되지 않을 경우는 끔찍한 비극도 불사하면서, 제정신도 갖지 못한 처지에 남을 가지려 하는 것이다.

소유욕은 이해와 정비례한다. 그것은 개인뿐 아니라 국가 간의 관계도 마찬가지다. 어제의 맹방들이 오늘에는 맞서게 되는가 하면, 서로 으르렁대던 나라끼리 친선 사절을 교환하는 사례를 우리는 얼마든지 볼 수 있다. 그것은 오로지 소유에 바탕을 둔 이해관계 때문이다. 만약 인간의 역사가 소유사에서 무소유사로 그 방향을 바꾼다면 어떻게 될까. 아마 싸우는 일은 거의 없을 것이다. 주지 못해 싸운다는 말은 듣지 못했다.

간디는 또 이런 말도 하였다.

"내게는 소유가 범죄처럼 생각된다……."

그가 무엇인가를 갖는다면 같은 물건을 갖고자 하는 사람들이 똑같이 가질 수 있을 때 한(限)한다는 것. 그러나 그것은 거의 불가능한 일이므로 자기 소유에 대해서 범죄처럼 자책하지 않을 수 없다는 것이다.

우리들의 소유 관념이 때로는 우리들의 눈을 멀게 한다. 그래서 자기의 분수까지도 돌볼 새 없이 들뜬다. 그러나 우리는 언젠가 한번은 빈손으로 돌아갈 것이다. 내 이 육신마저 버리고 홀홀히 떠나갈 것이다. 하고 많은 물량일지라도 우리를 어떻게 하지 못할 것이다. 크게 버리는 사람만이 크게 얻을 수 있다는 말이 있다. 물건으로 인해 마음이 상해 있는 사람들에게는 한 번쯤 생각해 볼 말이다. 아무것도 갖지 않을 때 비로소 온 세상을 갖게 된다는 것은 무소유의 역리이니까.

법정 스님, 『무소유』(범우사, 1999) 중에서

내용 이해하기

1. 글쓴이는 소유에 대한 사람들의 태도가 어떠하다고 판단하고 있는지 말해 봅시다.

2. '난초'의 상징적인 의미는 무엇일지 생각해 봅시다.

3. '크게 버리는 사람만이 크게 얻을 수 있다.'는 말의 의미에 대해 생각해 봅시다.

4. 소유, 즉 집착에서 오는 괴로움을 경험한 적이 있다면 말해 봅시다.

5. 다음 글은 소유의 문제에 대해 쓴 고전 수필 〈차마설〉입니다. 이 글을 읽고 질문에 답해 봅시다.

> 내가 집이 가난해서 말이 없으므로 혹 빌려서 타는데, 여위고 둔하여 걸음이 느린 말이면 비록 급한 일이 있어도 감히 채찍질을 가하지 못하고 조심조심하여 곧 넘어질 것같이 여기다가, 개울이나 구렁을 만나면 곧 내려 걸어가므로 후회하는 일이 적었다. 발이 높고 귀가 날카로운 준마로서 잘 달리는 말에 올라타면 의기양양하게 마음대로 채찍질하여 고삐를 놓으면 언덕과 골짜기가 평지처럼 보이니 심히 장쾌하였다. 그러나 어떤 때에는 위태로워서 떨어지는 근심을 면치 못하였다.
>
> 아! 사람의 마음이 옮겨지고 바뀌는 것이 이와 같을까? 남의 물건을 빌려서 하루아침 소용에 대비하는 것도 이와 같거든, 하물며 참으로 자기가 가지고 있는 것이랴.
>
> 그러나 사람이 가지고 있는 것이 어느 것이나 빌리지 아니한 것이 없다. 임금은 백성으로부터 힘을 빌려서 높고 부귀한 자리를 가졌고, 신하는 임금으로부터 권세를 빌려 은총과 귀함을 누리며, 아들은 아비로부터, 지어미는 지아비로부터, 비복은 상전으로부터 힘과 권세를 빌려서 가지고 있다.
>
> 그 빌린 바가 또한 깊고 많아서 대개는 자기 소유로 하고 끝내 반성할 줄 모르고 있으니, 어찌 미혹한 일이 아니겠는가? 그러다가도 혹 잠깐 사이에 그 빌린 것이 도로 돌아가게 되면 만방의 임금도 외톨이가 되고, 백승(百乘)을 가졌던 집도 외로운 신하가 되니, 하물며 그보다 더 미약한 자야 말할 것이 있겠는가? 맹자가 일컫기를 "남의 것을 오랫동안 빌려 쓰고 있으면서 돌려주지 아니하면, 어찌 그것이 자기의 소유가 아닌 줄 알겠는가?" 하였다. 내가 여기에 느낀 바가 있어서 〈차마설〉을 지어 그 뜻을 넓히노라.
>
> 이곡, 「차마설(借馬說)」, 『가정집』 7 중에서

1) 소유에 대해 글 〈무소유〉와 〈차마설〉은 어떻게 생각하고 있는지 비교하여 말해 봅시다.

2) 친구와 함께 '소유와 행복'의 관계에 대한 자신의 생각을 말해 봅시다.

구성 이해하기

○ 앞의 글 〈무소유〉는 자신의 경험을 글로 표현한 수필입니다. 다음을 고려하여 질문에 답해 봅시다.

- **수필의 개념**: 자신이 체험한 바를 특정한 형식에 구애받지 않고 자유롭게 쓴 글
- **수필을 쓸 때 유의할 점**
  첫째, 글을 쓰기 전에 먼저 나누고자 하는 경험이 자신에게 어떤 의미가 있는 것인지, 또 읽는 이에게 어떤 의미를 줄 수 있는 내용인지 생각해 본다.
  둘째, 경험을 하지 못한 사람을 고려하며 글을 쓴다.
  셋째, 대상에 대한 자신의 생각과 느낌을 진솔하게 담아낸다.
- **수필을 쓰는 방법**
  1. 계획하기   • 글쓰기의 목적과 주제 정하기
                 • 예상 독자 파악하기
  2. 내용 생성하기 • 주제를 뒷받침할 글감 찾기
                 • 체험 속에 느낀 생각 정리하기
                 • 주제를 드러낼 새로운 의미나 관점 부여하기
  3. 내용 조직하기 • 글의 특징이나 개성에 맞게 자유로운 형식 선택하기
                 • 선택한 형식에 맞게 글감 조정하기
  4. 표현하기   • 참신한 표현과 문체로 표현하기
                 • 감동과 교훈을 살려 표현하기
                 • 체험이 없는 독자 고려하기
  5. 고쳐 쓰기: • 단어나 문장 수준에서 고치기
                 • 문단이나 구성 수준에서 고치기
                 • 주제를 고려한 글 전체 수준에서 고치기

1. 글 〈무소유〉에 나타난 글쓴이의 깨달음에 대해 생각해 봅시다.

1) 글쓴이가 깨달음을 얻어 가는 과정을 정리해 봅시다.

| 난초를 정성을 다해 기름. | → | | → | |

2) 소유에 대한 자신의 생각을 글쓴이의 생각과 비교해서 말해 봅시다.

2. 특별한 경험이 담긴 다음 글을 읽고 자신의 삶을 성찰해 봅시다.

내가 '옥티'라는 별명을 얻게 된 것은, 소극적이었던 내가 적극적인 나로 탈바꿈하는 갈림길에서였다. 대학 입학 후 나는 국어사랑 동아리에 가입하였고, 한 달쯤 지나자 신입 회원 환영회가 열렸다. 그 자리에서 우리는 서로 소개하고 이야기하며 노래 실력을 겨루었다.

흔히 있는 모임과 별반 다르지 않았지만, 사실 나로서는 참 어렵고 힘겨운 시간이었다. 나는 낯선 사람 앞에서 내 생각을 이야기하는 것이 두려웠으며, 여학생들 앞에서는 그 두려움이 더욱 커졌기 때문이다. 게다가 난 음치 중에 음치이다. 내가 낼 수 있는 음의 높낮이는 세 개밖에 없고 박자 관념이라고는 찾아볼 수 없을 정도이다. 나는 본의 아니게 모든 노래를 창작해 버린다.

하지만 이러한 수줍음과 음치라는 결함을 무릅쓰고, 나는 필사적으로 용기를 내어 감히 여학생들 앞에서 이야기를 하고 과감히 노래를 불러 재꼈다. 결과는 어땠을까? 그들은 웃었다. 나를 비웃는 게 아니라 재미있어서 웃었다. 나는 졸지에 코미디언이 된 듯싶었다. 수준급의 노래 실력을 갖추고 있었던 나머지 다섯 명에 비하면 내 노래는 옥에 티나 다름이 없었다. 계속 웃기만 하던 선배가 내게 별명을 지어 주었다. "넌 옥에 티다. 앞으로 줄여서 '옥티'라 부르겠다." 그리고 우리는 한바탕 즐겁게 웃은 뒤 모두 어울려 신나게 노래했다. 그들은 나의 노래 실력을 비웃고 조롱하는 게 아니라 도리어 그것을 긍정하고 감싸 주었다.

그 일을 계기로 나는 자신의 결함을 드러내 보이는 것이 크게 대수로운 일이 아니며, 도리어 그러한 결함들을 솔직하게 보여 주는 것이 사람들과 쉽게 친해지는 길임을 알게 되었다. 결점을 감추면 계속 결점으로밖에 남지 않지만, 스스로 드러내어 보이면 극복된다는 진리를 어렴풋이 터득한 것이다.

여하튼 나는 그 엉망진창의 노래 솜씨를 감히 여학생들 앞에 보여 줌으로써 '옥티'가 되었지만, 대신 수줍음, 부끄러움, 노래 못하는 열등감 따위를 벗어 버리기 시작하였다. 내가 '옥티'가 된 것은 예전의 나와는 다른 나로, 즉 적극적인 나로 변해 가는 과정의 한 상징이 된 셈이다. 나는 '옥티'라는 별명을 한없이 사랑한다.

이장원, 『아픔을 먹고 자라는 나무』(푸른나무, 2003) 중에서

1) 글쓴이는 '옥티'라는 별명을 얻으면서 어떻게 성격이 변하였는지 정리해 봅시다.

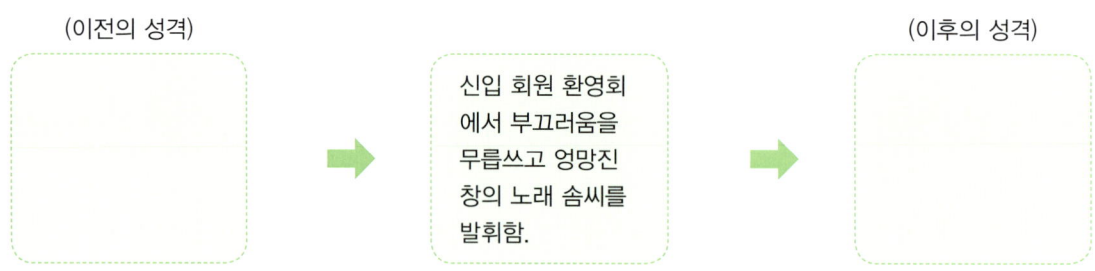

2) 다음 문장에는 글쓴이가 신입 회원 환영회를 통해 얻게 된 깨달음이 나타나 있습니다. 글쓴이의 깨달음에 대한 나의 생각을 말해 봅시다.

> 결점을 감추면 계속 결점으로밖에 남지 않지만, 스스로 드러내어 보이면 극복된다는 진리를 어렴풋이 터득한 것이다.

나의 생각

3) 글쓴이처럼 자신의 열등감을 극복한 사례나 자신의 별명에 얽힌 재미있는 사연이 있으면 자유롭게 이야기해 봅시다.

3. 경험한 일을 바탕으로 글을 쓸 때에는 읽는 이를 고려하여 써야 합니다. 다음 글을 읽고, 읽는 이를 고려하여 글을 써야 하는 이유를 알아봅시다.

아프리카에서 가지고 온 것

5세, 7세인 아이 둘과 함께 떠났던 아프리카. 아이들은 그곳에서 한 살을 먹고, 그만큼 훌쩍 성장해 집으로 돌아왔다. 스쳐 가는 여행지가 아닌, 생활을 하며 머무른 곳이었기에 우리는 아프리카의 깊은 속까지 볼 수 있었다.

동아프리카의 탄자니아, 우리가 그곳에서 알게 된 것은 태초 모습 그대로의 자연이었고, 우리와 똑같은 사람들이 살고 있다는 것이었다. 푸른 하늘에 떠 있는 흰 구름은 깡충 뛰기만 해도 잡을 수 있을 것처럼 낮았다. 또한 멀리 가지 않아도 집 주변에서 살아 있는 많은 것을 보았고, 아이들 키보다 큰 흰개미집을 보면서 작은 힘들이 모여 어떤 결과를 얻게 되는지도 알 수 있었다. 그뿐만 아니라 우리 집 목욕탕 천장에 살고 있는 민달팽이는 우리가 이 닦는 모습을 지켜보았고, 마른 나뭇잎인지 벌레인지 구별하기 힘든 나뭇잎벌레가 찾아들기도 하였다. 방으로는 새끼 도마뱀들도 놀러 왔다. 아이들은 자신들의 머리통만한 나뭇잎을 쓰고 놀았고, 얼굴을 가릴 정도로 큰 꽃들을 구경했다. 밤이면 하나 더 달기도 힘들 만큼 많은 별들을 보았다.

하지만 아이들이 본 것은 자연만이 아니다. 그곳에서 아이들은 물 한 컵으로 이를 닦고 세수하는 아프리카 사람들의 모습을 보았고, 전기가 들어오지 않아 초를 켜야 하는 밤을 보냈다. 공산품이 없어도 자연과 조화를 이루며 사는 방법을 깨닫게 되었다. 거리의 굶주린 아이들을 생각하는 마음을 가지게 되었으며, 피부색이 달라도 친구가 될 수 있음을 경험했다.

다시 대한민국에 발을 딛고 사는 지금, 물을 틀어 놓고 손을 씻는 엄마를 보며 수도꼭지를 잠그는 여덟 살짜리 딸, 쌀 씻은 물을 정화하기 위해서는 엄청난 물이 든다는 이야기를 듣고는 꼭 쌀 씻은 물은 화단에 버려야 한다며 낑낑대는 여섯 살 아들의 모습을 보게 된다. 아무것도 기억하지 못하는 나이라 생각했는데 몸으로 경험한 것을 생활 속에서 실천하는 아이들이 되었다. 아이들이 아프리카에서 가져온 것은 기념품도 아니고, 아프리카의 풍광이 담긴 멋진 사진도 아니다. 지금 내가 가지고 있는 것에 대한 감사와 자연에 대한 소중함, 바로 그것이다.

구혜경, 『좋은 생각』 (좋은생각사람들, 2006년 9월호) 중에서

1) 이 글은 글쓴이가 어떤 경험을 하고 난 후에 쓴 것인지 적어 봅시다. 그리고 그 경험이 나에게 주는 의미를 생각해 봅시다.

2) 이 글을 읽으며 공감하거나 이해하기 어려웠던 내용이 있었는지 생각해 봅시다. 그리고 어떤 점에서 그러했는지 그 이유를 말해 봅시다.

3) 위 2)에 적은 내용을 바탕으로 나의 경험을 글로 쓸 때에 유의해야 할 점을 정리해 봅시다.

 **쓰기**　　다음 순서에 따라 자신의 체험이 잘 드러나도록 수필 한 편을 써 봅시다.

1. 지금까지 살아오면서 잊지 못할 감동이나 즐거움을 얻은 경험을 머릿속에 떠올려 봅시다.

2. 한 가지 경험을 선택하여 그 당시의 상황과 느낀 점 등을 간단하게 메모해 봅시다.

3. 메모한 내용을 바탕으로 자신의 체험과 느낌이 생생하게 드러나도록 수필을 써 봅시다.

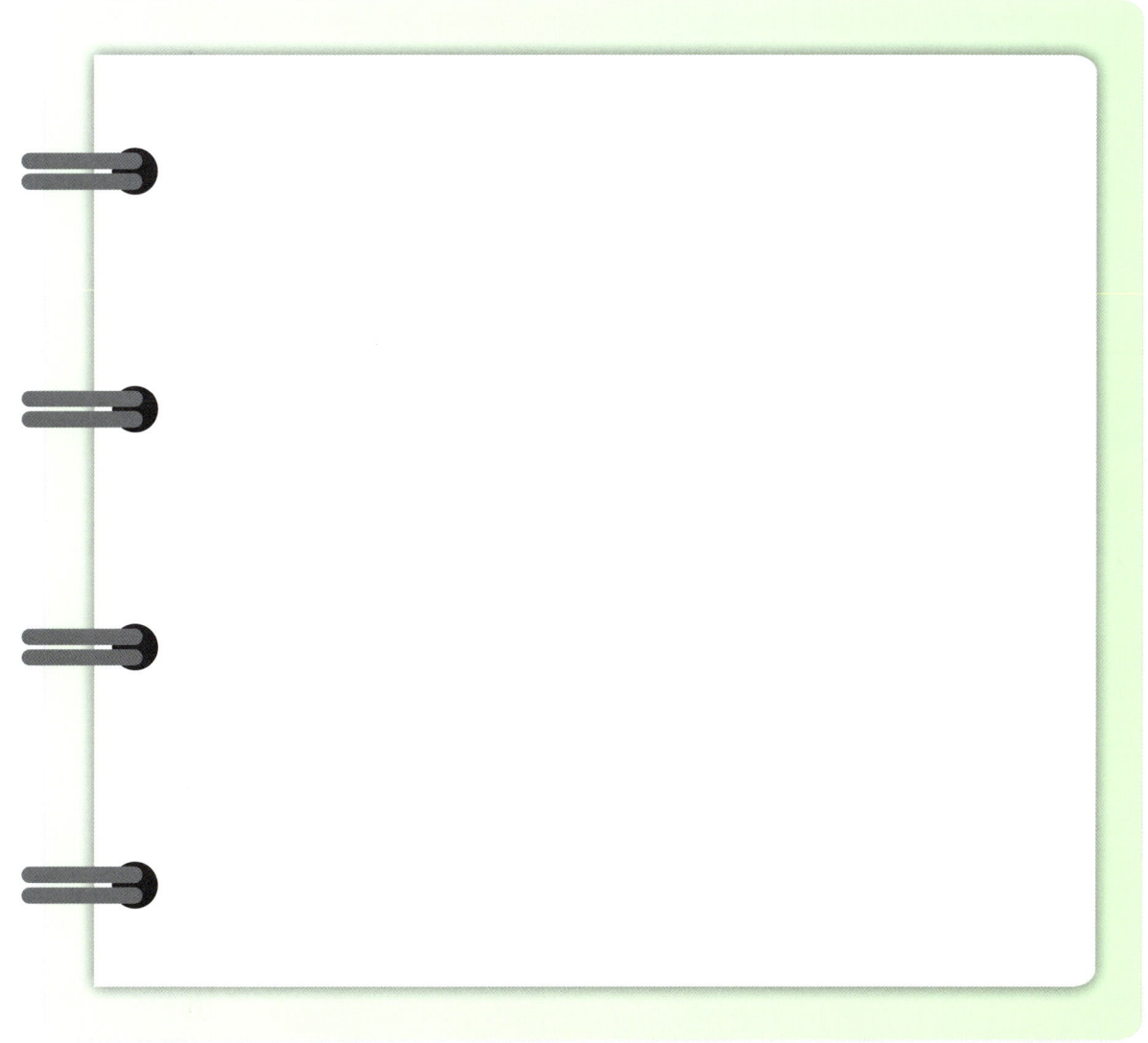

자기 평가

학습한 내용을 스스로 평가해 봅시다.

☐ 가치 있는 경험이 담긴 글을 읽고 자신의 삶을 성찰하여 이야기할 수 있다.
☐ 글을 읽으면서 글쓴이의 경험에 공감한 것을 말할 수 있다.
☐ 글쓴이가 말하는 가치 있는 삶에 대하여 설명할 수 있다.
☐ 수필의 제재와 형식에 대해 말할 수 있다.
☐ 자신의 생활 체험을 바탕으로 감동이나 즐거움을 주는 글을 쓸 수 있다.

15과 문학과 사회

○ 다음 기사를 읽고 질문에 답해 봅시다.

〈탐사보도 '세상 속으로'〉

**신림동에만 편의점 108개 난립 …
골목길 마주 보며 '제 살 깎아먹기'**

- '편의점 간 거리 250m' 공정위 권고 비웃듯 한 건물에 같은 브랜드 2개도
- 편의점 4곳 중 1곳은 하루 매출 100만 원도 안 돼

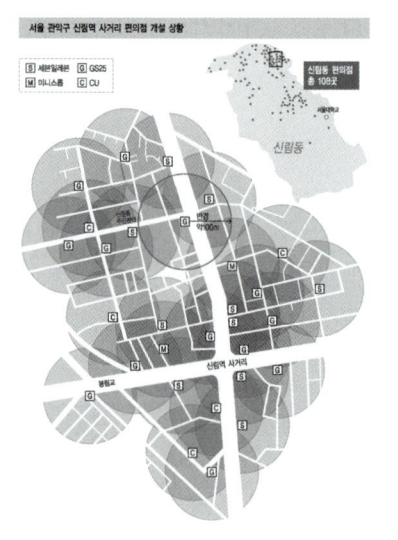

"이제는 그만 가게 문을 닫아야 할 것 같습니다. 골목에 우리 가게뿐이었는데 하나씩 늘더니 이제는 열 개도 넘어요. 그만큼 매출도 줄어서 적자만 쌓이고….."(서울 신림동의 한 편의점 점주)

언제부터인가 편의점이 골목 곳곳마다 생기기 시작했다. 처음에는 동네에 1~2개꼴로 있던 것이 이제는 길목마다 들어섰다. 그렇게 조성된 편의점은 전국에 2만 3,000여 개나 된다.

편의점은 다른 프랜차이즈(소매가맹점) 사업에 비해 창업 비용이 적게 든다는 것이 매력으로 작용했다. 너도 나도 점포를 열었다. 그런데 그것이 독이었다. 편의점이 우후죽순 생겨나 난립한 탓에 '창업 붐'은 이제 '폐업 붐'으로 연결되고 있다.

『경향신문』, 2013년 3월 22일 자 기사 중에서

1. 위와 비슷한 사회 현상에는 어떤 것이 있는지 생각해 봅시다.

2. 인상 깊게 읽은 소설이나 영화에서 접한 사건과 비슷한 일을 우리 주변에서 찾아 말해 봅시다.

어휘 익히기

1. 다음 보기 중에서 알맞은 단어를 찾아 빈칸에 넣어 봅시다.

> **보기**
> 확장   공방전   이판사판   협정
> 폐업   아옹다옹하다   구멍가게

1) 조그맣게 차린 가게
   예) 아이는 돈만 생기면 집 앞 _____(으)로 달려가 껌이며 사탕을 사먹곤 했다.

2) 직업이나 영업을 그만둠
   예) 노동자들이 공장의 _____을/를 막기 위해 시위를 벌이고 있다.

3) 범위, 규모, 세력 따위를 늘려서 넓힘
   예) 재벌의 문어발식 _____을/를 막아야 한다는 인식이 국민의 공감대를 이루었다.

4) 대수롭지 아니한 일로 서로 자꾸 다투다
   예) 친구들과 _____ 말고 잘 지내야 한다.

5) 막다른 데 이르러 어찌할 수 없게 된 지경
   예) 이번에는 _____ 결판을 내고야 말겠다고 결심했다.

6) 서로 의논하여 결정함
   예) 전쟁이 끝나자 참전국 사이에 평화 _____이/가 이루어졌다.

7) 서로 공격하고 방어하는 싸움
   예) 탁구 결승 경기는 치열한 _____ 끝에 결국 10 대 10으로 동점이 되어 듀스에 들어갔다.

텍스트 읽기

○ 각 문단의 중심 내용을 정리하면서 다음 글을 읽어 봅시다.

원미동 사람들

원미동 사는 사람들은, 아니 더 정확히 말하면 원미동 23통 5반 사람들은 이 겨울 들어 아주 난처한 일이 하나 생겼다. 생각하기에 따라서는 무엇이 그리 대단한 일이겠느냐고, 제법 요령 있게 넘어갈 수 있는 방법이 있지 않겠느냐고 하겠지만, 어쨌든 딱한 일임에는 분명하였다.

일의 시작은 지난 연말부터였다. 여름의 원미동 거리는 가게에 딸린 단칸방의 무더위를 피하기 위해 나온 동네 사람들로 자정 무렵까지 북적이게 마련이었으나, 추위가 닥치면 그렇지가 않았다. 너 나 할 것 없이 아랫목으로 파고들어서 텔레비전이나 쳐다보는 것으로 족하게 여기고, 찬바람이 씽씽 몰아치고 있을 밤거리야 상관할 바가 아니었다. 낮 동안 햇살이 발갛게 비치어 기온이 다소 올라가도 사정은 크게 달라지지 않았다. 요즘 집집마다 유행처럼 번지기 시작한 유선 방송이라는 게 시도 때도 없이 영화를 보내 주고 있기 때문에, 사람들은 변소 갈 시간도 아끼면서 법석을 떨어 대는 아이들을 바깥으로 내몰아 놓고서 이내 텔레비전 앞에 붙어 앉는 것이다. 옥상마다 다닥다닥 붙어 있는 안테나 사정 탓인지, 따로 선을 잇지 않아도 유선 방송이 잘 잡히더라는 집도 더러 있었다. 날씨는 춥고, 아랫목은 따뜻하고, 눈요기할 만한 필름은 텔레비전이 담당하였다. 그럭저럭 겨울이 깊어 가던 연말에, 동네 사람들은 행복 사진관 엄 씨가 일으킨 연애 사건으로 한동안 모이기만 하면 쑤군쑤군 입을 맞추었으나, 인삼 찻집이 문을 닫아 버리고 나서는 찻집 여자와 엄 씨의 관계에 초점을 모으던 화제도 시들해져 있었다.

그때를 맞추기나 한 듯이 일이 시작된 것이다. 처음에는 어떤 일이나 그렇듯 대수롭지 않았다. '김포 쌀 상회'의 상호가 '김포 슈퍼'로 바뀌었을 뿐인 것이다. 원래는 쌀과 연탄만을 취급하면서 23통 일대의 쌀과 연탄을 도맡아 배달해 주던 김포 쌀 상회의 경호 아버지가 어지간히 돈을 모은 모양이었다. 비어 있는 옆 칸을 헐어 가게를 확장한 것이다. 김포 쌀 상회가 김포 슈퍼로 도약하였을 때에는 응당 상호에 걸맞게 온갖 생활필수품들이 진열대를 메우는 것은 당연한 노릇이었다. 한쪽에는 싸전을, 또 한쪽에는 미니 슈퍼를, 그리고 가게 앞 공터에다가는 연탄을 쟁여 놓고 있는 폼이 제법 거창하기까지 해서, 김포 상회의 눈에 뜨이는 성공은 동네 사람들을 놀라게 했다. 충청도 산골 마을에서 야망을 품고 상경한 이들 내외는 품팔이로 번 돈을 모아 4년 전, 원미동에 어엿하게 김포 쌀 상회를 내었다.

처음에 고향 동네의 쌀을 받아다 파는 정도에 불과했지만, 다음 해에는 연탄 배달까지 일을 벌일 만큼 내외간이 모두 억척스럽고 성실한 일꾼이었다. 성품 또한 모난 데 없이 두루뭉술하고 어른을 알아볼 줄 알며 노상 웃는 얼굴이어서, 원미동 사람들에게 고루 인정을 받고 있었다. 그래서 김포 슈퍼의 개업일에는 많은 사람이 부러 찾아가서 과자 한 봉지, 두부 한 모라도 사 주면서 부지런한 내외의 앞날을 격려해 주었다. 김포 슈퍼가 개업 기념으로 돌린 수수팥떡이 두 시루도 넘었다는 말을 입증하기나 하려는 듯, 그날은 아이들마다 모두 입가에 팥고물을 묻혀 놓고 있었다. 큰길가의 번듯한 슈퍼마켓은 아니지만, 그래도 옹색한 꼴은 면한 가게를 꾸며 놓고서 내외가 어찌나 벙싯벙싯 웃어 대는지 보기만 해도 배가 부르더라고 이웃의 세탁소 여자가 사람들마다에 귀띔을 해 주기도 하였다.

인제 그들은 그 큰 가게를 꾸려 나가면서 더욱 착실히 돈을 모을 것이라고 강남 부동산의 고흥댁 같은 이는 경호네의 성공을 여간 부러워하지 않았다. 원미동 거리에서는, 하기야 모처럼 보게 되는 사업 확장인 셈이었다. 겨울철 추운 날씨가 제아무리 기승을 떤다 해도, 손님만 북적거리면 누군들 유선 방송의 흘러간 중국 영화에나 매달려 있을까. 봄가을 잠시 반짝 일손을 재촉하고 나면 그뿐인 원미 지물포나, 필름 현상이 고작인 행복 사진관이나, 건전지나 형광등 몇 개 파는 정도인 써니 전자 주인들이 썰렁한 가게를 놓아두고 방구석에만 처박혀 있는 것도 다 까닭이 있어서였다. 우리 정육점이야 어쩌고저쩌고해도 돼지고기 반 근짜리 손님이나마 해거름에는 심심찮게 모여드니 돈이 아쉽지는 않겠지만, 겨울엔 파마머리가 잘 안 나온다고 서울 미용실마저 드라이 손님 몇에 매달려 난로의 연탄만 축내고 있는 형편이었다. 요새야 원미동 거리 어느 가게나 다 그렇지만, 특히 강남 부동산은 아주 죽을 지경이었다. 벌써 몇 년째, 그 좋던 벌이는 다 옛말이고, 말 그대로 파리만 날리고 있는 형편이 언제 나아질지 그것조차 까마득했다.

"복덕방 벌이가 시방처럼 가겟세도 못 당헐 것 같으면 누구라고 문 열어 놓을랍디여. 인자부터 애들도 여의고 돈 쓸 일이 널린 판인디, 돈줄이 이러코롬 꽉 막혀 부렀으니 사람 환장하제이. 이런 판에 경호네 집은 참말 어쩐 일인가 몰라. 인자 막 돈줄이 붙는 갑소. 운이 닿으니 저렇제, 안 그려 봐, 암만 머리 싸매고 덤벼도 어림없지."

고흥댁 말대로 김포 슈퍼의 경호네 앞날은 가히 풍년의 조짐이 보이기도 하였다. 싹싹한 경호 엄마는 100원짜리 꼬마 손님한테도 일일이 뻥튀기 한 장씩을 선물로 주었다. 입에다가는 언제나 "어서 오세요, 안녕히 가세요, 감사합니다."를 매달아 놓았고, 까다로운 사람이 와도 활짝 웃는 낯에 고분고분 응대하여 곧잘 비위를 맞추어 냈다. 경호 아버지는 겨울철이라 밀려드는 연탄 주문으로 신새벽부터 해거름까지 눈코 뜰 사이가 없었.

연탄 배달 틈틈이 쌀 배달도 지체 없이 해치우고 야채를 받아 오기 위해 신나게 자전거 페달을 밟고 큰 시장으로 내달리는 모습은 일견 대견하게까지 보였다. 생필품 외에도 채소며 과일을 종류대로 팔고 있는 터라 가게는 그럭저럭 매상이 오르는 눈치였다. 시장이 먼 탓에 어지간한 찬거리는 가게에서 구입하는 원미동 여자들 사이에 김포 슈퍼 부식 값이 시장 상인들보다 오히려 싼 편이며, 채소나 과일들도 모두 싱싱하고 질이 좋더라는 소문이 핑 돌기 시작한 것은 개업 후 며칠 만의 일이었다.

 바로 그 무렵, 원미동 여자들은 형제 슈퍼의 김 반장이 가게 앞 공터에 수백 장씩 연탄을 부리는 현장을 목격하였다. 또, 형제 슈퍼의 간이 창고 구실을 하던 입구의 천막 속엔 쌀과 잡곡들이 제각기 멱서리에 담겨져 있고, 그 옆에 돌 고르는 석발기까지 덜덜거리며 돌아가는 모습도 목격하였다. 물론, 형제 슈퍼는 쌀과 연탄을 취급하던 가게가 아니었다. 과일이나 야채, 생선을 비롯하여 생활필수품들을 파는 구멍가게에 불과한 규모이긴 해도 이름만은 곧잘 '슈퍼'로 불리던 그런 가게였다. 형제 슈퍼가 느닷없이 쌀과 연탄을 벌여 놓고 빨간 페인트로 '쌀·연탄'이라고 쓴 어엿한 입간판까지 내다 놓은 것은 누가 뭐래도 김포 슈퍼의 개업과 발을 맞춘 것임이 분명하였다.

 "우리도 연탄 배달합니다. 거기다 또, 대리점 대우라서 한 장에 2원씩 싸게 드립니다요. 쌀이라면 우리 고향 쌀, 아시지라우? 계화미, 호남평야의 일등품만 취급하니까 한번 잡숴만 보세요. 틀림없다고요."

 김 반장이 만나는 동네 사람들마다에게 쏟아 놓는 대사였다. 아니 부러 가게 앞에 나와 서서 짐짓 쾌활한 얼굴과 목소리로 자신만만하게 단골들을 설득하였는데, 사람들은 그제서야 형제 슈퍼와 김포 슈퍼의 간격이 일백 미터도 채 못 된다는 사실을 깨달았다. 그리고 김포에서 쌀과 연탄만을 취급했을 때는 모두 형제 슈퍼에서 물건을 샀다는 사실을 깨달았다. 모두들 경호네의 눈부신 발전에만 정신이 팔려서 깜박 김 반장을 잊고 있었던 것이다.

 김 반장은 이제 스물여덟의 역시 싹싹한 총각이었으며, 23통 5반을 손바닥 안에 꿰뚫고 있는 반장 직책을 가지고 있었다. 때문에 동네의 잡다한 사건에 그가 끼지 않는 법이 없었고, 원미동 거리에서 가장 자주 듣게 되는 높다란 전라도 사투리도 틀림없이 그의 음성일 것이다. 그는 이 동네의 대변자이기도 하였다. 그의 형제 슈퍼에는 네 명의 어린 동생과 다리 골절로 직장을 잃은 아버지와 잔소리가 많은 어머니, 또 팔순의 할머니가 매달려 있었다. 식구가 복잡한 만큼 가게도 복잡하여 누구 말대로 없는 것 빼고는 다 있는 만물상임은 틀림없지만, 기득권을 가진 가게답게 적잖이 무질서하고 부식의 신선미도 떨어지는 편이어서 사람들은 알게 모르게 깔끔하게 정돈되어 있는 김포 슈퍼 쪽으로 발길을 돌렸던 것이다. 뭐든 새것이 역시 새 맛으로 좋은 법이었다. 그렇다고는 해도 김 반장이 그처럼 재빠르게 쌀과 연탄을 팔겠다고 나설 줄은 몰랐다. 아는 사람은 다 아는 일이지만, 지난 가을 김 반장은 작은 짐차를 하나 샀다가 한 달도 못 되어 사고를 저질러 그 뒷수습에 바짝 쪼들리고 있는 중이었다. 물건도 실어 나르고 채소나 과일을 산지에서 밭떼기를 할 작정으로 모아 놓은 장사 밑천을 다 털어서 차를 샀던 것인데, 그만 사람을 다치게 한 것이었다. 합의를 보고 피해자 보상도 해 주고 이것저것 뒷갈망을 하는 데 차를 판 것은 물론이요, 빚도 수월찮게 얻었다는 내막을 동네 사람들은 알고 있었다. 그런 처지에 빚을 얻어 싸전을 벌이고 연탄까지 팔겠다고 나서다니, 지물포 주 씨 말대로 제 죽을 구멍 파는 미련한 짓이라고 욕을 먹을 만도 하였다. 경호 아버지가 쌀과 연탄을 도맡아 대고 있는 줄을 번연히 알면서 말이다.

"김포 슈퍼요? 아, 난 상관없어요. 우리도 연탄 배달, 쌀 배달 다 하는데요. 무작정이 아니라구요. 관에다 허가받고 시작한 장사인데 나라고 왜 못해요?"

말은 요만큼 하여도 그동안 김 반장이 얼마나 끙끙 앓았는지 짐작할 만하였다. 비어 있는 점포에 구멍가게가 들어설까 봐 가게 계약 건수만 있으면 강남 부동산을 번질나게 드나들곤 하던 김 반장이었다. 김포 쌀 상회가 김포 슈퍼로 도약하여 자신의 목을 조를 줄은 생각지도 못했을 것이다. 어디든 동네의 조그마한 구멍가게가 대상으로 하는 지역은 암암리에 지정되어 있는 터, 같은 업종의 가게가 새로 문을 열 때는 일정 거리 이상 유지하는 게 상호 간의 예의라는 형제 슈퍼의 김 반장 이론은 분명히 옳았다. 우리 가게 하나도 제대로 소화시키지 못하는 조그마한 구역에 똑같은 구멍가게가 마주 보고 앉아서 어쩌자는 것이냐고, 다 같이 죽자는 모양인데 나는 못 죽어 주겠다, 옛정을 봐서 우리 연탄이나 쌀도 팔아 줘야 할 게 아니냐, 가격도 싸고 품질도 월등히 좋은데…….

김 반장은 원미동 거리에 서서 입이 닳도록 외웠다. 김 반장의 어머니도, 김 반장의 허리 꼬부라진 할머니도 동네 여자들을 향해

"우리 연탄도 좀 때요. 이번 참엔 우리 것 좀 들여놓아, 꼭!"

하며 우겨 대었다. 팔순을 넘긴 김 반장 할머니는 꼬부라진 허리를 아랑곳하지 않고 추위를 피해 종종걸음치는 아낙네들 뒤를 따라가면서까지 외워 댔다.

"우리 것도 팔아 주랑게……."

참말로 딱하게 된 것은 원미동 여자들이었다. 이제까지 대어 놓고 쓰던 경호네를 나 몰라라 하고 김 반장한테 돌아설 수가 없는 것이 김포 슈퍼 개업날에 무심코 던진 말들을 기억하고 있는 탓이었다.

"모쪼록 잊지 말고 들러 주십시오. 성의껏 모시겠습니다."

허리 굽혀 인사하면서 은박지 쟁반에 담긴 팥떡을 나누어 주던 경호네한테 누구라 할 것 없이 덕담처럼 던진 말이 있었다.

"다른 건 몰라도 쌀 안 먹고 연탄 안 때고 살 수는 없으니까 경호네를 잊고 살 수는 없지."

딱히 그것뿐이라면 또 모른다. 듣기 좋은 말만 뜯어먹고 살 수 있는 세상은 아니므로, 그깟 덕담쯤이야 인사치레로 돌릴 수도 있었다. 하지만 김포 슈퍼에 들를 때마다 은근히 얹어 주던 덤이며, 찾아 줘서 고맙다고 손에 쥐어 주던 빨랫비누 한 장씩을 누구라도 한 번씩은 받게 마련이었으므로, 입을 싹 씻고 돌아서기가 여간 난처한 게 아니었다.

일이 이쯤에 이르자, 김 반장이 쌀과 연탄을 벌인 게 잘못이라는 사람들도 있고, 애초에 가게를 확장한 경호네가 잘못이라는 사람들도 생겨났다. 그렇지만

어느 쪽도 딱 부러지게 죽을 죄를 진 것은 아니었다. 모두 다 살기 위하여, 어쨌거나 한번 살아 보기 위하여 저러는 것이었으므로, 애꿎은 동네 사람들만 가게 가기가 심란스러워진 셈이었다.

"김 반장 말도 맞아. 어쩔까, 이번에는 형제 슈퍼에서 연탄 백 장을 들여놓아야 할까 봐."

우리 정육점 안주인이 처음으로 김 반장에게서 연탄을 샀다. 형제 슈퍼 코앞에 우리 정육점이 있었다. 서로 가게를 열고 있는 처지라서 딱해 죽겠다던 이였다.

"할 수 없잖아? 김포 몰래 우리도 20킬로그램짜리 쌀 팔았어. 괜히 경호 아버지 눈치가 보이고, 참말 내 돈 내고 쌀 팔면서 무슨 죄를 짓는 것처럼 이게 뭐야?"

써니 전자의 시내 엄마도 이마를 찌푸렸다.

"이번에는 김포, 다음에는 형제, 그렇게 하면 되잖아요?"

64번지 새댁이 공평한 결론을 내리는가 했더니, 고흥댁이

"그럼 계란이니 두부니 라면도 일일이 나눠 가지고 사러 다닐 거여? 아이구, 난 이제 늙어서 기억력도 모자라는디 헷갈려서 그것 못 혀."

하며 고개를 설레설레 흔들었다. 딴은 그러했다. 김포에서 대어 먹던 쌀이나 연탄을 가끔씩이나마 김 반장에게로 거래를 옮긴다면, 형제 슈퍼에서 사 오던 부식이나 잡다한 일용품들도 이쪽저쪽 공평하게 사러 다녀야 할 판이었다. 어느 쪽으로 가나 한쪽의 뒤통수에 달라붙어 있기는 마찬가지겠지만, 설불리 굴었다 간 괜히 이웃 간에 정만 날 것이고, 하여간 난처한 일이다.

일은 그게 다가 아니었다. 김포 슈퍼에서는 또 가만 앉아 당할 수가 없으니, 내외는 머리를 짜내어 모든 물건의 가격을 일이십 원꼴로 낮추어 팔기 시작하였다. 형제 슈퍼에서 180원 하는 과자는 170원으로, 300원짜리는 280원으로 내려 받으면서 저울 눈금으로 파는 채소까지 후하게 달아 주었다. 뿐이랴? 계란 두 줄을 사면 하나를 덤으로 주고, 형제에서 1,000원에 스무 개씩 귤을 팔면 김포는 스물세 개를 담아 주었다.

500원에 3개들이 비누를 형제 슈퍼에서 산 누구는, 김포에서 450원에 판다는 귓속말을 듣자마자 가서 비누를 물리기도 하였다. 뒤통수에 달라붙는 눈총이야 모른 척하면 그만이지만, 당장 잔돈푼이 지갑 속으로 떨어져 들어오는 데야 김포 슈퍼로 치달리는 걸음에 의혹이 있을 수가 없었다.

김 반장은 그럼 두 손을 늘어뜨리고 구경만 할 것인가? 제꺼덕 김포 슈퍼보다 10원씩 더 가격을 내리고 저울 눈금도 마냥 후하게 달았다. 스무 개짜리 귤은 아예 스물다섯 개씩 팔아넘기니, 한 박스 팔아도 본전 건지면 천만다행인 장사가 시작된 셈이었다. 새해 들면서 김포와 형제의 공방전이 여기에 이르자, 오히려 살판난 것은 동네 여자들이었다. 구입할 게 많다 싶으면 세 정거장쯤 떨어져 있는 시장으로 가던 여자들이 시장 발걸음을 끊은 것도 새해 들어서의 버릇이었다. 굳이 시장에 갈 일이 없었다. 어지간한 것은 모두 형제나 김포에 있었고, 이만저만 파격 세일이 아닌 까닭이었다.

"워메, 그게 콩나물 200원어치여? 시상에 난 김포가 더 싼 줄 알았더니 김 반장네가 훨씬 많구먼그려."

어느 날, 고흥댁이 소라 엄마의 손에 들린 콩나물의 부피에 입을 쩍 벌린 것도 무리는 아니었다. 시장에 가더라도 500원어치꼴은 실히 될 만한 양이었기 때문이었다.

"아녜요. 연탄은 김포가 더 싸요. 난 어제 백 장 들였는데 500원이나 깎아 주고 플라스틱 바구니까지 얹어 주던 걸요."

소라 엄마가 소곤소곤 정보를 알려 주고 가자, 이번에는 원미 지물포 안주인이 아이들한테 초콜릿을 물리고 오면서 또 소곤거린다.

"어쩌려고 저러는지? 200원짜리 초콜릿을 김 반장은 150원에 팔더라니깐요. 떼 온 값도 안 되게 막 팔아넘긴대요. 이판사판이래요."

그러면 고흥댁은 정말 헷갈리기 시작하는 것이다. 아까까지만 해도 김포에서 적어도 30원은 싸게 샀다고 자부한 판인데 잠깐 사이에 형제에서는 50원이나 싸게 팔고 있다니, 어느 쪽으로 가야 이익일지 계산하기가 썩 어렵잖은가 말이다. 그러잖아도 지난번에 형제 슈퍼에서 산 비누를 물리고 그 즉시로 김포 슈퍼에서 싼값으로 비누를 샀다고 해서 동네 여자들 구설수에 올라 있는 고흥댁이었다. 한마디로 너무 노골적이라는 비난이었는데, 그깟 몇십 원 때문에 당장 산 물건을 되물리는 법이 어디 있느냐는 거였다. 이쪽저쪽을 다니더라도 좀 눈치껏 하지 않고 너무 표 나게 굴었던 까닭이었다. 싸게 주는 쪽으로 가는 것이야 말리지 않지만, 어느 쪽이 더 싼지 요령껏 눈치를 살핀 후에 행동에 옮기라는 말일 것이었다. 말귀는 알아들었다 해도 번번이 한 수 뒤처지는 것이 고흥댁은 여간 억울하지 않았다. 아까 콩나물만 해도 그랬다. 김포 콩나물이 엄청 양이 많더라고 오전에 이미 소문을 들었던 터라, 경호네한테 가서 200원어치를 한 봉투 받아 왔었다. 흡족할 만큼 많이 뽑아 준 터라 내심 기분이 좋았는데, 잠시 후에 보니 소라 엄마는 김 반장네에서 훨씬 많은 콩나물 봉투를 들고 오는 게 아닌가? 그래서 괜히 자기만 손해 보았다고 지물포 여자한테 하소연을 좀 했더니 단박에 핀잔만 돌아오고 말았다.

"아이구, 아줌마도……. 손해는 무슨 손해요? 김포에서 받은 것도 200원어치 곱절은 됐을텐데, 안 그래요?"

말을 듣고 보니 맞는 소리였다. 눈치를 잘 보아서 김 반장한테로 갔으면 더 이익은 봤을망정 손해는 아니었으니까…….

"그나저나 고래 싸움에 새우 등 터진다는 옛말은 다 틀린 말여. 고래들이 싸우는 통에 우리 같은 새우들이 먹잘 게 좀 많은가 말여."

그러나 고흥댁의 그럴싸한 옛말 풀이는 1월이 거지반 지날 무렵부터 서서히 모양새가 바뀌어 가기 시작했다. 유난히도 날씨가 맵지 않아 집집마다 김장 김치들이 부글부글 괴어오르던 정월이었다. 서울 미용실 옆으로 비어 있는 점포가 서너 개 있었다. 원래가 이 동네는 허울 좋은 상가 주택만 즐비한 터여서 가게는 비워 놓고 방만 세 들어 있는 수도 많았다. 집을 지었다 하면 약속이나 한

듯이 아래로는 가게를 두 칸 내고 2층에 살림집을 올리는 식이었다. 게다가 기왕의 주택이나 연립 주택들마저 아래층은 개조를 해서까지 점포를 만들었다. 요즘에 와서야 수요가 없는 점포는 단칸방 월세보다 시세가 없다는 사실을 깨닫긴 한 모양이지만, 어쨌든 지난 4~5년 사이의 원미동 23통 거리는 상가 주택이 대유행이었다. 시청을 끼고 있어서 몇 년 지나지 않아 한몫하려니 했던 기대는 완전 물거품이 된 셈이었다. 시청 정문 앞이라면 혹시 몰라도 이만큼 한 행보 멀어져 있고서는 어느 세월에 상가가 조성될지 아득하기만 하였다.

다른 데는 어쨌거나 영세한 꼴이나마 점포들이 문을 열었어도 서울 미용실 옆의 상가 주택들이 비어 있는 까닭은 앞이나 옆이 모두 공터인 탓이었다. 소방 도로를 끼고 꺾어 돈 자리에 앉아 있는 성루 미용실까지는 그럭저럭 큰길에서 내다보이는 이점이 있지만, 그다음부턴 도무지 무엇을 벌어도 밑천 잘라먹기가 예사인 점포들이었다.

그래서 이것저것 퍽도 많은 종류의 가게들이 철새 날아오듯 문을 열었다 닫았다 하였는데, 그중의 한 가게에서 별안간 '싱싱 청과물'이란 간판을 내건 것이었다.

새로 생긴 싱싱 청과물의 위치를 설명하자면 이렇다. 형제 슈퍼의 맞은편에 서울 미용실이 있고, 소방 도로를 끼고 구부러지면서 '종합 화장품 할인 코너'란 이름의 화장품 가게가 들어 있는데, 서울 미용실의 경자가 새해 벽두에 친구와 동업 형식으로 문을 열어서 동네 여자들을 상대로 화장품을 할인하여 팔고 있었다. 이 자리가 바로 인삼 찻집이 있던 그 가게였다. 행복 사진관 엄 씨와 꽤 진한 연애를 했던 탓에 어쩔 수 없이 이 동네를 떠나야 했던 찻집 여자의 뒷 소식은 아무도 몰랐지만, 사람들은 화장품 코너에 들어

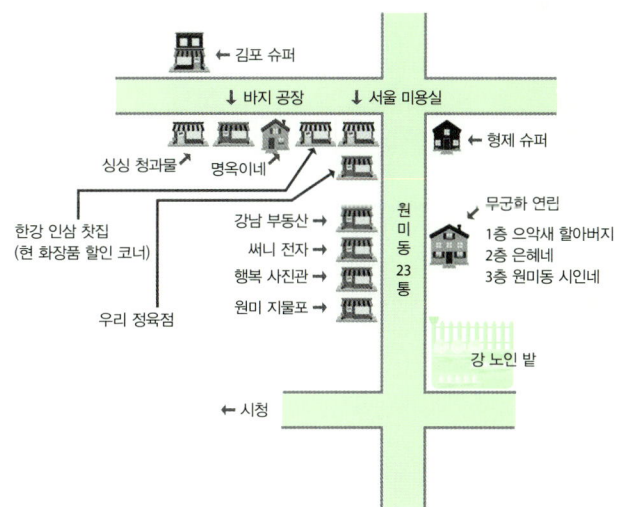

설 때마다 영락없이 사진관 엄 씨의 바람난 이야기를 입에 올리곤 하였다. 화장품 할인 코너 옆은 가게를 비워 둔 채 살림만 사는 명옥이네 집이고, 명옥이네 집과 붙은 또 하나의 점포 역시 그간은 진만이네가 싸구려 화장지들을 도매로 떼어다 쌓아 놓는 창고 구실만 하고 있었다. 진만이 아버지는 끝내 리어카 행상이 되어 화장지를 팔러 다니더니, 지난 연말에 시골로 내려가고 말았다. 진만이네가 살던 점포는 이내 가내 수공업 형태의 바지 공장이 들어섰다. 아마 집주인이 직접 일꾼 서넛을 데리고 일을 하는 모양이었다. 유리문 안으로 미싱 돌리는 청년들의 머리가 보이고, 방에 가득 원단이 있는 것도 눈에 띄었다.

바지 공장 다음이 싱싱 청과물이었다. 싱싱 청과물 옆으로 다시 두 칸의 빈 점포가 있고, 이어 서너 필지의 공터와 공터 맞은편에 김포 슈퍼가 자리 잡고 있었다. 싱싱 청과물 자리 역시 원래는 살림만 하던 빈 점포였는데, 언제 이사를 가고 새로 들어왔는지 눈치 채지 못할 만큼 갑작스런 개업이었다. 아마 강남 부동산을 거치지 않고 위쪽의 다른 복덕방이 성사시킨 물건이기가 십상이었다. 강남 부동산을 거쳤다면 김 반장이 모르고 있었을 리가 없었다.

싱싱 청과물의 주인 사내는 이제 막 이사 와서 동네 형편은 전혀 모르는 듯했다. 무작정 과일전만 벌였으면 혹시 괜찮았을 것을, 눈치도 없이 '부식 일절 가게 안에 있음'이란 종이 쪽지를 붙여 놓고 파, 콩나물, 두부, 상추, 양파 따위 부식 '일절'이 아닌 '일체'를 팔기 시작하였다. 참 답답한 노릇이었다. 김포 슈퍼와 형제 슈퍼의 딱 가운데 지점에서, 그것도 결사적인 고객 확보로 바늘 끝처럼 날카로운 두 가게 앞에 버젓이 '부식 일절' 운운한 쪽지를 매달아 놓았으니 무사할 리가 없었다. 김포의 경호네나 형제의 김 반장이나 밑천 잘라먹기식의 장사를 한 탓에 서로들 적잖이 지쳐 있을 때였다. 웃음 많고 상냥하던 경호 엄마의 얼굴에도 시름이 덕지덕지 끼었고, 세탁소 집 여자 말을 들으면 밤중에 부부 싸움도 벌어지고 있는 모양이었다. 김 반장은 꺼칠한 얼굴에 술만 늘어서 소주 네 홉이 하루 기본이라고 외치는 판이었다. 김 반장의 경우는 좀 지나치다 할 만큼 술주정까지 덧붙여진 탓에 동네 사람들의 이맛살을 찌푸리게 하는 수도 많았다. 한번 술에 취하면 장사고 뭐고 때려치우겠다고 날뛰지를 않나, 기분이 상한다고 턱도 없는 값에 물건을 팔아넘기질 않나, 팔리지도 않는 쌀과 연탄은 무슨 고집으로 외상을 내서라도 쌓아 놓지를 않나, 참말 속이 터져 죽을 노릇이라고 김 반장의 어머니와 할머니는 매일 징징대었다. 특히 그 허리 굽은 할머니는

"이날 이때껏 장가도 못 들고 지 부모 대신 동생들 가르치느라고 마음고생만 시킨 내 큰손주 다 버리겄어!"

라면서 눈물까지 글썽거렸다.

"사람 폴짝 뛰다 죽겠네. 얼라! 과일만 팔아도 속이 뒤집힐 판에 부식 일절? 참 골고루들 애먹이는구먼."

김 반장의 눈빛이 곱지 못하듯, 김포 슈퍼 내외도 안색이 좋지 못하였다.

"정말 죽어라 죽어라 하네여. 김 반장 등쌀에도 피가 마르는데 인제는 싱싱 청과물까지 끼어들어 훼방을 놓으니……."

웃음 많던 경호 엄마가 한숨을 푹 쉬었다. 그런 걸 아는지 모르는지 싱싱 청과물의 유리창에는 또 하나의 쪽지가 나붙었다. '완도 김 대량 입하.'

며칠 후 경호네와 형제 슈퍼의 김 반장이 휴전 협정을 맺었다는 소문이 동네 안에 좌악 퍼졌다. 아닌 게 아니라, 두 집의 물건 값이 같아졌고 저울 눈금도 서로 확실히 하고 있어서, 이제는 어느 집으로 가든 같은 가격으로 물건을 살 수밖에 없었다. 말로 표현하지는 않았지만 동네 여자들은 내심 김이 빠졌다. 그래도 고흥댁은 나이가 많으니 솔직해도 흉이 되지 않는다.

"진작 이렇게 되었어야 했지만, 그래도 어째 좀 아쉬운디……."

그러나 얼마 지나지 않아 여자들은 새로운 사실을 알게 되었다. 경호네와 김 반장이 단순한 휴전 조약만을 맺은 게 아니라, 당분간 동맹 관계를 유지하기로 약조를 했다는 것이다. 물론, 이 동맹자들이 쳐부숴야 할 적군은 싱싱 청과물이었다. 믿을 만한 소식통에 의하면, 먼저 동맹을 제안한 쪽은 김 반장이라고 했

다. 김 반장이 늦은 밤 경호 아버지와 함께 공단 쪽 돼지 갈빗집에서 술을 마시는 걸 보았다는 사람도 있었다. 제안은 김 반장이 했지만 이것저것 묘책은 경호 아버지한테서 나온 것이란 말도 있었고, 서로 형님, 아우 해 가면서 신세 한탄도 할 만큼 사이가 좋아졌다는 소문도 있었다.

남은 일은 싱싱 청과물이 어떻게 당하는지 구경하는 것뿐이었다. 고흥댁 말대로 고래가 세 마리로 불어났으니 먹을 게 더 많아지리라는 기대도 조금 있었다. 아닌 게 아니라 주된 전략은 바로 가격 인하였다. 싱싱 청과물에서 취급하는 품목에 한해서만 두 가게가 모두 대폭적으로 가격을 내리기로 하였다는 것이다. 그 외의 상품들은 동맹 이후 두 가게가 같이 정상 가격으로 환원하였다. 완도 김을 대량 입하했던 싱싱 청과물에 맞서 김 반장은 위도 김을 들여와 집집마다 산지 가격으로 나누어 주었다. 부지런한 경호 아버지가 서울의 청과물 도매 시장에서 들여온 사과와 귤이 김 반장네 가게에도 진열되어 싼값으로 팔려 나가기 시작했다.

원미동 여자들이야 굳이 싱싱 청과물을 들러야 할 이유가 없었다. 과일이나 부식은 경호네나 김 반장 쪽이 훨씬 값이 헐했으므로, 또한 한 동네 이웃으로 낯이 익은 그들의 가게에서 싱싱 청과물 쪽을 지켜보고 있을 게 뻔한데 원성을 사 가면서까지 찾아갈 까닭이 무언가?

이렇게 되자 싱싱 청과물의 주인 남자는 슬그머니 '부식 일절' 운운한 쪽지를 거두어들였다. '완도 김 대량 입하'라는 쪽지도 뗐다. 과일만 취급할 것임을 공표하기나 하는 듯, 대신 '과일 도산매'란 종이쪽지가 나붙었다. "콩나물이나 파 따위 팔아 봤자 큰돈 남는 것도 아니고, 그래 너희들 소원대로 딴눈 안 팔고 과일이나 팔아 보겠다." 이러면서 땅바닥에 침을 탁 뱉는 것을 보았노라고 서울 미용실 경자가, 드나드는 여자들한테 말을 전하곤 하였다. 그만큼 해 두었으니 동맹을 맺은 보람이 있은 셈이었다. 이제는 김 반장이나 경호 아버지의 동맹 관계가 지속될 이유가 없어진 게 아니냐고, 앞으로는 어떻게 일이 되어 갈 것인지 동네 사람들은 성급히 앞일을 궁금해 하였다. 그러나 싱싱 청과물을 향한 일제 공격이 끝난 게 아닌 모양이었다. 경호 엄마 말에 의하면, 그들 내외도 사실상 동맹 관계가 끝난 것으로 해석하고 있었다. 그런데 김 반장이 펄쩍 뛰며 야단이더라고 전했다.

"우리는 과일 안 팔아? 그놈이 문 닫는 꼴을 보기 전에는 절대로 그만두지 않을 거요."

김 반장이 기어이 싱싱 청과물 망하는 꼴을 보아야겠다고 이를 악물더라는 말을 들은 동네 여자들의 반응은 가지가지였다.

"지독하네. 경호네는 김 반장이 그런다고 따라 해? 어린 사람이 악심을 품으면 경호 아버지가 달래야 사람의 도리지."

"그런 소리 말아요. 어떻게 김 반장 말을 거역해요? 동맹을 맺었을 때는 끝까지 의리를 지켜야죠."

"의리 좋아하네. 모르긴 몰라도 경호네 역시 싱싱 청과물 망하는 꼴 보려고 같이 작당했을걸."

"만약에 진짜 그렇다면 경호네가 잘못 생각한 거야. 사실로 말해서 김 반장이 진짜로 망하는 꼴 보고 싶은 마음으로 치자면야 경호네 김포 슈퍼지 어디 그깟 싱싱 청과물 가지고 성이 차겠수?"

"김 반장 그 사람, 너무 악착스러워, 젊은 사람이 어찌 그리 인정머리가 없을꼬?"

"그래 말야. 지 엄마한테는 왜 그리 툴툴거리는지, 남들한테는 곧잘 싹싹하면서 지 부모한테는 얼굴 펴는 것 못 보겠더라구."

"그게 다 무능한 부모들이 받아야 할 대접인 게지. 우리도 이 꼴로 나가다간 자식들한테 그런 대접을 받기 십상이지."

과일 도산매만 하겠다면 설마 어쩌랴 싶었던지, 싱싱 청과물에서는 구정 대목이 다가오자 울긋불긋한 꽃종이로 포장한 사과 상자, 귤, 배, 진영 단감, 딸기 들을 가게 안팎으로 가득 벌여 놓기 시작하였다. 신정 연휴가 사흘이나 된다 하여도 음력설만큼 돈이 풀리려면 어림도 없다. 우리 정육점도 연일 비린내를 풍기며 고깃근을 쟁여 놓고 대목 장사를 준비하던 무렵이었다. 김포 슈퍼와 형제 슈퍼에도 울긋불긋 과일전이 흐드러졌다. 김 반장이 차를 빌려 서울까지 원정 나가서 도매로 들여온 물건이었다. 가격은 싱싱 청과물을 기준으로 하여 정해졌다. 싱싱 쪽에서 사과 상품 한 상자를 15,000원에 판다면 그들은 14,000원에 금을 매겼다. 깎으려고 드는 손님들도 그냥 돌려보내지 않고 한껏 금을 내려 주었다. 구정 선물용으로 대개 상자째 팔려 나가는 때였다. 그것뿐이 아니었다. 싱싱에서 물건을 흥정하는 손님이 있으면 김 반장은 어디서 구해 왔는지 빽빽거리는 핸드 마이크를 쳐들고 훼방을 놓았다.

"과일 바겐세일입니다. 조생 귤이 있습니다. 산지에서 금방 올라온 맛 좋은 부사 사과를 파격적인 가격으로 판매합니다. 자, 과일 바겐세일!"

어떤 때에는 김포 슈퍼를 선전해 주기도 하였다.

"과일 세일합니다. 사과, 배, 귤 모두 세일합니다. 저쪽 김포 슈퍼로 가시든가 여기로 오시든가 마음대로 하세요. 몽땅 세일합니다요."

싱싱 청과물 사내가 김 반장한테 쫓아간 것은 당연한 일이었다. 하지만 싸움은 처음부터 싱싱 청과물 사내가 불리한 쪽에 있었다. 생각 없이 대뜸 내뱉은 첫말이 당장 김 반장의 공격망에 걸려 버린 것이다. 나이가 어리다 하여 만만히 여기고 다짜고짜 말을 놓은 게 실수였다. 싱싱 청과물 사내가 말꼬리를 붙잡혀서 정작 장사를 훼방한 것에 대해서는 따질 기회도 얻지 못한 채 전전긍긍하고 있을 때, 경호 아버지가 싸움에 끼어들었다. 이때다 싶었던지, 몰리고 있던 싱싱 청과물 사내가 버럭 소리를 질렀다.

"당신들말야, 왜 어깃장을 놓아? 가격이야 뻔한데 본전치기로 넘기면서 남의 장사 망쳐 놓는 속셈이 대관절 무엇이야? 엉! 왜 못살게들 굴어?"

경호 아버지도 어름하게 물러서지는 않았다.

"싸게 사서 싸게 파는 것도 죄요? 원 별소릴 다 듣겠네."

얼굴이 벌게진 싱싱 사내는 공연스레 목청만 돋운다.

"이 사람들, 이제 보니 심보가 새까맣군그래. 싸게 사서 싸게 파는 것도 죄냐구? 말해! 나하고 무슨 원수가 졌냐? 날 죽여 보겠다는 심보는 대체 뭐야?"

그러면 김 반장이 또 씩씩거리며 대들었다.

"이게 좁쌀밥만 먹고 살았나? 말마다 영 기분 나쁘게시리 반말로만 내뱉는군. 단단히 정신을 차릴 필요가 있는 작자라니까."

마침내 싱싱 청과물 사내가 죽기 살기로 김 반장의 멱살을 잡고 바둥거리기 시작했다. 몸피가 유난히 왜소하여 애초 김 반장의 상대가 되지도 못하면서 기를 쓰고 덤벼드는 그를 김 반장은 여유 있게 메다꽂았다. 이 못된 놈이 사람을 친다고 악을 쓰면서 덤벼드는 그를 향해 김 반장은 알게 모르게 주먹 솜씨를 발휘하였다.

"어디서 굴러먹던 뼈다귀인지 생전 보지도 못한 놈이 남의 장사 망치려고 덤벼든 것을 생각하면 내 속이 터진다구."

김 반장의 목소리는 칼날처럼 서늘했다.

"와 이라노? 이게 무슨 짓들이가? 한 동네 삼시로 서로 웬 주먹질이란 말이가? 보소, 아저씨가 참으소. 맞는 사람만 손해라 카이. 아이구마, 김 반장아, 니가 깡패로 나섰노? 이러는 기 아니다. 아무리 억울헌 일이 있다 캐도 이러는 기 아니다. 이 손 치아라! 내 말 안 들을라면 인자부터 니랑 내랑 아는 체도 말자고마. 이 손 치아라!"

원미 지물포 주 씨가 적극적으로 두 사람을 뜯어말렸다. 지물포 주인 주 씨가 뜯어말리는 그 사이에도 김 반장은 연신 싱싱 청과물 사내의 옆구리를 향해 헛발길질을 해대고 있었다.

싸움 구경에 나섰던 사람들은 그날의 사건을 두고두고 입에 올렸다. 다음다음 날, 싱싱 청과물 사내가 입술을 깨물려 리어카 행상으로 과일 처분에 나선 것을 보고는 모두들 김 반장의 잔인함에 몸을 떨었다. 구정 대목을 보려고 무리하면서까지 들여놓은 과일을 소화하기 위해서는 그 수밖에 없기는 하였다.

"지독해. 김 반장네 가게에선 앞으로 두부 한 모도 사지 않을 거야."

시내 엄마는 질렸다는 듯이 고개를 설레설레 흔들었다. 이제 네 살짜리 시내 하나를 두고 있는 그녀는 얼핏 보기엔 64번지 새색시보다 훨씬 앳되어 보였다. 써니 전자를 꾸려 나가는 그들 부부의 사는 모습도 지극히 낭만적이어서, 깊은 밤 문 닫힌 그들 가게에서 흘러나오는 애수 어린 음악 소리만 들어도 그것을 능히 짐작할 수 있는 터였다.

"경호 아버지도 다시 봐야겠어. 어쩌면 그렇게 몸을 사릴까? 약아 빠졌어. 난 김 반장보다 경호 아버지가 더 얄밉더라."

64번지 새댁이 분개하였지만, 여자들은 김 반장 쪽이 아무래도 나빴다는 쪽으로 의견을 모았다. 그렇게까지 독한 줄은 몰랐었는데, 정말이지 사람이란 두고 두고 겪어 보아야만 속을 안다고 입을 삐쭉였다.

원래가 목이 좋지 않아 어느 장사든 길게 가 본 적이 없는 싱싱 청과물은 문을 연 지 한 달 만에 셔터를 내리고야 말았다. 만둣집, 돼지갈비 전문, 오락실 따위의 장사를 벌였던 이전의 주인들도 두세 달을 채우지 못했으니까 그다지 이상할 것도 없는 일이었다. 다만 몇 푼이라도 가게 치장에 돈을 든 것이 아니고, 미처 팔지 못한 과일이나 부식은 식구들이 먹어 치우면 될 것이니, 다른 사람들에 비해 큰 손해는 없을 것이라고 여자들은 수군거렸다. 동맹자들이 결국은 목적을 달성한 사실에 대해 한편으로는 놀라기도 하면서 혹은 언짢게 생각하기도 하면서…….

특히 시내 엄마가 싱싱 청과물의 폐업을 가장 가슴 아파했다.

"오죽하면 여기까지 와서 장사를 벌였을라구. 이 동네가 어디 장사해서 돈 벌 곳이 되나? 그깟 것 같이 좀 먹고살면 어때서, 너무 잔인해."

"문 닫는 것 보니 안 되긴 좀 안 됐어. 그래도 어쩌겠니? 다들 먹고살아 보려고 아옹다옹하는 것이니……."

원래 대범한 편인 지물포 여자가 다소나마 그들을 감싸 주었다.

2월로 접어들면서 영상 10도 이상의 따뜻한 날씨가 며칠 계속되는 중이었다. 언제 꽃샘추위가 밀어닥쳐 꽁꽁 얼어붙게 할지 그것은 알 수 없지만, 하여간 요

사이라면 봄이 왔다고 해도 틀린 말은 아니었다. 원미동 거리는 모처럼 시끌벅적하였다. 아이들도 모조리 쏟아져 나와서 세발자전거를 타기도 하고, 무작정 달음박질을 쳐 보기도 하였다. 아이들을 거느린 채 써니 전자 앞의 양지에 한 무리 모여 서 있던 여자들 중의 하나가 낮은 목소리로 킥킥 웃었다.

"저것 봐. 봄이 오긴 왔어. 겨우내 뜸하더니만 으악새 울음소릴랑 이제 실컷 듣게 생겼군."

아닌 게 아니라, 겨울 동안 기척도 없던 으악새 할아버지가 무궁화 연립의 계단 앞에 나와 있었다. 벌써 한바탕 으악새 울음을 쏟아 놓고 온 길인지 팔굽을 탁 치고 으악, 손뼉을 탁 치고 으악 하는 일련의 동작들이 무르익을 대로 무르익었다. 으악새 할아버지는 그렇게 얼마 동안 미진한 울음을 다 뱉어 내고 나서는 머리를 쓰다듬으며 계단을 밟아 현관 안으로 사라져 버렸다.

"참말로 저것이 무슨 병인지 몰라. 보는 사람도 이렇게 심장이 지랄 같은데, 으악, 으악 치밀어 올라오는 그 할아버지야 오죽할까?"

"그러게 말예요. 내 생전에 저렇게 요상스런 병은 처음이에요. 예전에 누군가는 자꾸만 웃음이 나오는 병이 있다고 그러긴 합디다만……."

"그래 말야, 차라리 웃음이 나오는 병이면 듣기라도 좋게? 저건 꼭 가래 끓는 소리 같기도 하고, 등에 칼침 맞는 소리 같기도 하고……."

"에이구, 징그런 소리도 한다. 저 양반이 그래도 어찌나 정갈한지 혼자 사는 노인네 빨래가 안집 것보다 많대. 가끔씩 으악새 소리만 안 내면 나무랄 데가 없는 노인인데……."

한참 동안 으악새 할아버지를 입에 올렸던 원미동 여자들은 고흥댁의 출현으로 다시 화제가 옮겨졌다. 원미동 여자들이 환담하는 자리에는 꼭 끼여 있던 고흥댁이 어째 보이지 않는가 했더니 강남 부동산 문이 벌컥 열리면서 그녀가 나타난 것이다.

"뭐 좋은 일이 있어요?"

날씨 탓도 있겠지만 고흥댁 얼굴이 썩 밝아 보이는 것을 두고 묻는 우리 정육점 여자의 물음이었다.

"좋은 일이 머시당가? 요새 복덕방 좋을 일 있등가?"

"그런 말씀 마세요. 봄도 오고 슬슬 집들이 뜰 텐데……. 그나저나 한 건 했나 보죠? 뭐예요. 전세?"

"아따 족집게네. 싱싱 청과물 가게가 나갔어. 인자 막 계약혔네."

"벌써요? 하긴 빨리 뜨는 게 그 사람한테는 좋을 거야."

시내 엄마는 새삼 김 반장의 형제 슈퍼를 흘겨본다.

"그란디 이번엔 시내네가 쬐까 괴롭겠어야……."

고흥댁의 의미심장한 말에 여자들은 모두 시내 엄마의 얼굴을 쳐다보았다.

"아니, 왜요? 왜 우리가 괴로워요?"

시내 엄마가 눈을 동그랗게 떴다.

"글씨 말여. 그 사람들도 딱 작정한 것은 아니라고 허드만, 워낙이 배운 기술이 그것뿐이당게 딴 장사를 할 리가 없제잉."

"네에? 그럼 전파상이 온단 말예요?"

"아직 딱 부러지게 정헌 것은 아니래여. 이것저것 알아본 담에 헌다니께……."

이웃 간에 미리 알려 주지 않고 구전부터 챙긴 죄가 있어서 고흥댁은 자연 말꼬리를 흐렸다.

"오죽하면 이 동네까지 와서 전파상을 벌일라구. 같이 먹고살아야지. 안 그래?"

시내 엄마가 한 말을 흉내 내는 우리 정육점 안주인 때문에 여자들은 모두 깔깔 웃어 댔다. 시내 엄마는 샐쭉한 얼굴로 웃는 둥 마는 둥 하는 중이었다. 64번지 새댁은 그러나 이제부터의 일이 더 궁금해서 못 견디겠는 모양이었다.

"앞으로는 어떻게 되지요? 또 싸울까요? 그때 보니 경호네도 보통 아니던데요?"

동맹을 맺어 틈 사이로 끼어드는 싱싱 청과물을 제거하는 데 성공했으므로, 남은 일은 김포와 형제가 어떤 방침으로 돌아서느냐 하는 것뿐이었다. 말하자면, 휴전 협정의 효력은 다한 셈이니 이제는 어떤 일이 벌어지겠느냐 하는 이야기였다.

"아이구, 새삼스레 뭘 또 싸우리라구. 이왕지사 그리된 것, 서로 타협해서 좋도록 해야지."

이것은 고흥댁의 타협안인데, 아무래도 시내 엄마를 염두에 둔 말인 듯싶었다.

"어머나 김 반장이 가만있겠어요? 그리고 이 바닥에서 똑같은 장사를 벌여 놓았다가는 결국 두 집 다 망하고 말걸요."

시내 엄마의 발언 내용이 잠깐 사이에 극과 극으로 달라진 것을 모를 리 없는 여자들은 모두 입을 조심하였다. 설불리 잘못 말하였다간 이웃 사이에 금만 갈 뿐이다.

"우리야 뭐 굿이나 보고 떡이나 먹어야지."

소라 엄마의 삼드렁한 말에

"고래 싸움에 새우들 배부르는 재미 말이제?"

하고 고흥댁이 예의 그 옛말 풀이를 들고 나왔다.

"김 반장도 끝을 보는 성격인데 심상찮아."

많은 식구 거느리고 살다 보니 자연 악만 남았다는 김 반장의 처지를 가장 잘 이해하는 이웃인 지물포 여자의 근심 어린 걱정도 나왔다.

"왜들 이렇게 장삿길로만 빠지는지 몰라."

우리 정육점 여자의 우문이었다.

"먹고살기가 힘드니까 그렇지요."

새댁이 즉각 현명한 답을 내놓았다.

그러고는 잠시 말이 끊겼다. 매일매일을 살아 내야 한다는 점에서 원미동 여자들 모두는 각자 심란한 표정이었다. 그중에서도 시내 엄마가 가장 울상이었다. 아이들 속에서 끼여 놀던 지물포집 막둥이가 넘어졌는지 입을 크게 벌리고 앙앙 울어 대는 것을 신호로 여자들은 제각각 흩어져 버렸다. 그리고 빈자리에는 이른 봄볕만 엄청 푸졌다.

양귀자, 『원미동 사람들』(살림, 2004)

내용 이해하기

1. 이 작품의 중심 사건을 정리하고 각 사건에 대한 동네 사람들의 반응을 적어 봅시다.

사건	동네 사람들의 반응
'김포 쌀 상회'가 '김포 슈퍼'로 바뀌면서 '형제 슈퍼'에서 팔던 물건들을 팔기 시작함.	'경호네'의 성공을 축하하고 부러워함.

2. 이 작품의 사회·문화적 배경을 나타내는 소재를 찾아 적어 봅시다.

3. 등장인물들의 행동의 이유를 사회·문화적 상황과 연관 지어 생각해 봅시다.

4. 이를 통해 작가가 말하고자 하는 주제는 무엇인지 말해 봅시다.

5. 자신이 경험한 일이나 우리 사회에서 벌어지는 사건 중에서 소재를 찾아 소설로 쓰고자 합니다. 자신이 선택한 소재와 그 이유를 말해 봅시다.

자기 평가

학습한 내용을 스스로 평가해 봅시다.

☐ 문학 작품 속에 나타난 사회·문화적 상황과 관련지어 작가의 창작 의도를 말할 수 있다.
☐ 문학 작품 속 인물의 행동을 비판적으로 설명할 수 있다.
☐ 문학 작품 속에 드러난 사회 상황을 이야기할 수 있다.
☐ 문학 작품 속에 드러난 사회 상황과 오늘날의 현실 상황을 비교해서 말할 수 있다.
☐ 문학 작품을 통해 당시 사람들의 생각과 삶의 모습을 설명할 수 있다.

부록: 모범 답안

1과 읽기의 세계

어휘 익히기
1. 1) 맥락 2) 초점 3) 헤아리기 4) 터득해
   5) 새겼다 6) 반응 7) 반영한

내용 이해하기
1. ② 글쓴이의 생각이나 마음을 헤아리는 활동
   ③ 글의 내용을 감상하고 그것에 반응하는 활동

2. (글의 종류)   (읽기 방법)
   정보를 전달하는 글 :   ② ⑤
   설득을 위한 글   :   ① ④ ⑥
   정서를 표현하는 글 :   ③ ⑦

3. 첫째: 글의 종류에 따라 읽는 방법이 다르다는 것을 알아야 한다.
   둘째: 자신의 지식이나 경험을 글 내용과 적극적으로 관련지을 수 있어야 한다.
   셋째: 자신이 무엇 때문에, 무엇을 위해 읽는지 생각하면서 읽어야 한다.

4. 1)

	글을 쓴 목적	글의 종류
(가)	어떤 내용이나 대상을 설명하기 위해	설명문
(나)	어떤 주장을 통해 남을 설득하기 위해	논설문
(다)	감동과 교훈을 주기 위해	전래 동화

   2) • 늑대가 속한 과   (✓)
      • 늑대의 분포지   (✓)
      • 늑대의 외양   (✓)
      • 늑대의 습성   (✓)
      • 야생 늑대의 수명   (   )

   3) • 주장: 야생 동물의 수가 줄어들어 멸종할 수 있으므로 야생 동물의 수가 감소하는 데에 대한 방지책을 찾아야 한다.
      • 근거: 야생 동물의 수가 줄어들어 멸종이 된다면 생태계의 균형 자체가 파괴될지도 모른다.
   4) 자신을 도와준 나무꾼에게 목숨까지 희생하며 은혜를 갚은 호랑이의 모습이 감동적이다.

구성 이해하기
1.

단락	중심 내용
①	어떻게 하면 잘 읽을 수 있는가
②	읽기란 무엇인가
③	읽기의 사고 활동 ①
④	읽기의 사고 활동 ②
⑤	읽기의 사고 활동 ③
⑥	글을 읽는 방법
⑦	글을 잘 읽기 위한 방법 ①
⑧	글을 잘 읽기 위한 방법 ②
⑨	글을 잘 읽기 위한 방법 ③
⑩	글을 둘러싼 시대적·사회적 상황에 대한 이해의 필요성
⑪	많이 읽기와 잘 읽기의 관계

2. 단락 ⑩: 중심 문장이 단락의 마지막 부분에 있다.
   단락 ⑪: 중심 문장이 단락의 처음 부분에 있다.

3.

중심 문장의 위치	장점
중심 문장이 단락의 처음 부분에 있는 경우	글을 읽는 사람의 관심을 쉽게 끌 수 있고, 글의 내용도 쉽게 파악할 수 있다.
중심 문장이 단락의 마지막 부분에 있는 경우	미리 결론을 제시하지 않으므로 글을 읽는 사람의 궁금증을 유발해서 흥미를 유지시켜 준다.

4. 1) 중심 문장: 2개
   2) 문제: 하나의 단락은 하나의 중심 생각을 갖는 것이 원칙인데, 이 글은 하나의 단락에 두 개의 중심 생각이 들어 있어서 문제가 된다.
      →고치는 방법: 두 단락으로 나누어야 한다.

쓰기

1.

	문장에서 잘못된 부분	바르게 고치기
문장 ①	업신여겼다.	업신여겼기 때문이다.
문장 ②	틀림없습니다.	틀림없다는 점이다.
바른 문장을 쓰기 위한 주의 사항		
주어와 서술어는 서로 어울려야 한다.		

2.

	문장에서 잘못된 부분	바르게 고치기
문장 ①	많은 비용과 노력, 그리고 긴 시간이 든다.	많은 비용과 노력이 들고 긴 시간이 걸린다.
문장 ②	밀집된 인구, 교통수단, 공장 등에서 배출되는 오염 물질에 의하여	밀집된 인구와 교통수단, 공장 등에서 배출되는 오염 물질에 의하여
바른 문장을 쓰기 위한 주의 사항		
문장 성분을 연결할 때에는 대등성이 유지되게 한다.		

3.

	문장에서 잘못된 부분	바르게 고치기
문장 ①	여간 상냥했다.	여간 상냥하지 않았다.
문장 ②	별로 나아졌다.	별로 나아지지 않았다
바른 문장을 쓰기 위한 주의 사항		
부사와 서술어는 서로 어울려야 한다.		

4.

	문장에서 잘못된 부분	바르게 고치기
문장 ①	약사에게	약사와
문장 ②	인간은	인간이
바른 문장을 쓰기 위한 주의 사항		
조사를 바르게 써야 한다.		

5.

	문장에서 잘못된 부분	바르게 고치기
문장 ①	가을 날씨가 느껴질 수 있습니다.	가을 날씨를 느낄 수 있습니다.
문장 ②	누르게 합니다.	누릅니다.
바른 문장을 쓰기 위한 주의 사항		
피동이나 사동 표현을 남용하지 않아야 한다.		

2과 언어와 문화

어휘 익히기

1. 1) 지칭어 2) 보존하고 3) 정착 4) 정체성
   5) 호칭어 6) 금기 7) 농축 8) 계승하는

내용 이해하기

1.
> 우리는 우리말을 배우고 사용함으로써 그 속에 담긴 **전통**와/과 **생활문화**을/를 익히며 한국인으로서의 **정체성**을/를 형성해 나간다. 의식하든 못 하든 말에 담긴 우리 민족 고유의 **문화적 특성**을/를 배우고 한국인으로서 구별될 수 있는 특징을 지니게 된다.

2.

일상생활에서 사라진 말	의미
짚신	볏짚으로 가는 새끼를 꼬아 만든 신
미투리	삼으로 만든 신
노파리	노를 엮어 만든 신
나막신	나무를 파서 만든 신

- 시대와 생활 방식의 변화 때문에 더 이상 사용하지 않게 되었기 때문이다.

3. 채식을 위주로 한 식생활 문화

4. 한 동네에 먼 친척들이 모여 사는 환경에서 발달한 언어 사용법으로, 민족 전체를 피를 나눈 동포로 여기는 생각이 반영되었기 때문이다.

5. 1) 수미 씨가 자신의 남편을 얘기하면서 서로 공유할 때 사용하는 표현인 '우리'라는 표현을 사용했기 때문이다.
   2) 귀여운 아기, 자기 자녀, 손자를 "개똥아, 강아지야, 내 새끼야!"처럼 약간 낮추거나 천한 명칭으로 부르는 경우가 있다.

7. • "오늘 학교 안 가니?"라는 질문에 대한 영어와 한국어의 대답의 차이
   • 목욕탕 속에 들어가거나 뜨거운 국물을 먹었을 때의 표현

8.

속담	의미
• 벼 이삭은 익을수록 고개를 숙인다. • 빈 수레가 요란하다.	'겸손'을 미덕으로 여기는 문화
• 봄비가 많이 오면 아낙네 손이 커진다. • 여름비는 잠비고, 가을비는 떡비다.	'농경 생활'로 인해 계절에 따른 '비'의 의미를 각기 다르게 받아들이는 문화
• 암탉이 울면 집안이 망한다. • 어리석은 사내가 똑똑한 여자보다 낫다.	유교 사상으로 인해 남자를 여자보다 높은 존재로 여기는 문화

구성 이해하기

1.

머리말	• 말과 문화의 관계: 말 속에 담긴 문화적 특성
본문	• 한국어 어휘에 나타난 언어문화적 특성 1: 의생활 어휘에 나타난 문화적 특성 • 한국어 어휘에 나타난 언어문화적 특성 2: 식생활 어휘에 나타난 문화적 특성 • 한국어 어휘에 나타난 언어문화적 특성 3: 혈연관계 어휘에 나타난 문화적 특성 • 한국어 어휘에 나타난 언어문화적 특성 4: 타인에 대한 호칭어, 지칭어에 나타난 문화적 특성 • 한국어 언어 표현에 나타난 언어문화적 특성 1: 속담과 금기 표현에 나타난 문화적 특성 • 한국어 언어 표현에 나타난 언어문화적 특성 2: 특별한 표현에 나타난 문화적 특성
맺음말	• 한국어와 관련하여 남아 있는 과제: 보존하거나 계승할 언어문화적 특성을 바르게 구분하는 안목 가지기

2. 한국어에 담긴 언어문화적 특성

4. 1) '비'와 관련된 순우리말
   2) 동풍, 서풍, 남풍, 북풍도 순우리말로 써야 한다. 동쪽에서 부는 바람은 '샛바람'이고, 서쪽에서 부는 바람은 '하늬바람', 남쪽에서 부는 바람은 '마파람', 북쪽에서 부는 바람은 '덴바람'이다.
   3) 이 글의 주제와 관련이 없기 때문이다.

5. 1)

(나) → (가) → (라) → (다)

3과 스트레스와 건강

어휘 익히기

1. 1) 승화한 2) 합리화하 3) 조여 4) 방어 기제
   5) 격변 6) 투사된 7) 대처 8) 퇴행

내용 이해하기

1. • 스트레스: 인간이 역경과 고난에 처할 때 매우 긴장한 상태를 표현하는 말
   • 스트레스원: 사람들에게 자극을 주어 스트레스를 유발하는 원인

2.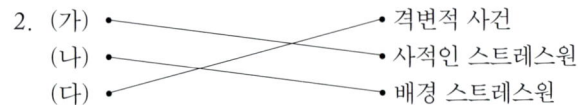

3.

직접적 대처의 종류	내용	예
공격적 행동과 표현	해롭고 위험하다고 생각되는 대상으로부터 자신을 보호하기 위해 언어적 공격이나 신체적 폭력을 행함.	스트레스 받은 아동, 청소년의 공격적 언어 사용과 행동
태도 및 포부 수준의 조절	스트레스를 덜 받기 위해 자신의 태도나 목표에 대한 수준을 조절함.	이 방안은 현실적인 '타협'을 의미함. 실패가 두렵고 의욕이 낮은 이는 아주 쉽거나 혹은 달성하기 어려운 목표를 선택하여 목표 달성 실패 이후의 비난을 면하고자 함.
철수	문제 장면으로부터 회피함.	공격적 감정을 운동 경기, 연극 무대, 소설 등을 통해 해소함.

4.

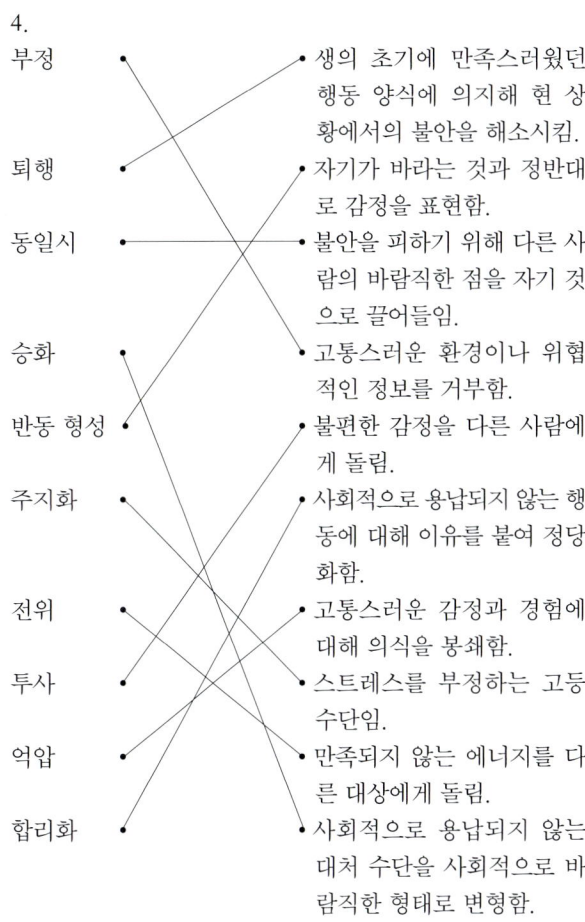

5. 1) 동일시
   2) 투사, 억압

구성 이해하기

1. 분류 기준 1: 스트레스를 일으키는 원인의 내용
   분류 기준 2: 대처의 직접성
   분류 기준 3: 방어 기제의 종류

2. • 하위 항목으로 분류하기 어려운 항목: 아마추어
   • 이유: 다른 하위 항목들과 동등한 자격을 가지고 있지 않기 때문

3. 동물은 포유류, 양서류, 파충류, 조류, 곤충으로 나눌 수 있다.

4.

```
          ┌─ 스트레스원 ─┬─ 격변적 사건
          │             ├─ 사적인 스트레스원
스트레스 ─┤             └─ 배경 스트레스원
          │
          └─ 대처 방안 ──┬─ 직접적 대처
                        └─ 방어적 대처
```

5. 1) 전설 2) 발생 목적

4과 한국의 절

어휘 익히기

1. 1) 이정표 2) 번뇌 3) 단청 4) 설파한 5) 의례
   6) 변용 7) 수호하

내용 이해하기

1. 신의 세계를 지상에 건설하고 신자들로 하여금 그 장엄함에 압도당해 종교심을 갖게 하려고

2. • 일주문: '일심'을 상징하는 것. 불교에서는 우주가 가장 깊은 속마음인 일심에서 비롯되었다고 본다.
   • 불이문: 너와 내가 둘이 아니고, 우주와 내가 둘이 아니다. 인간과 우주는 하나라는 의미이다.

3. 석등은 어두운 사바세계를 비추고, 무명에 덮여 있는 내 마음을 비추어 준다는 의미이다.

4. 불교가 인도에서 실크 로드를 통해 한국으로 전해지면서, 그 흔적으로 중앙아시아인의 얼굴을 하고 중국 원나라 장수의 갑옷을 입고 조선의 검을 들고 있는 형상을 하게 된 것이다.

구성 이해하기

1. (가): 당간 지주 (나): 일주문
   (다): 천왕문 (라): 불이문 (마): 대웅전

2. 대상에 대해서 분석할 경우에는 한 방향으로 일관되게 전개하는 것이 중요하다.

3. 대상의 구조를 명확하게 이해하기 어렵게 된다.

4.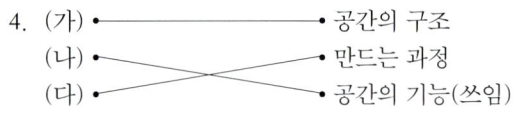

5. 1)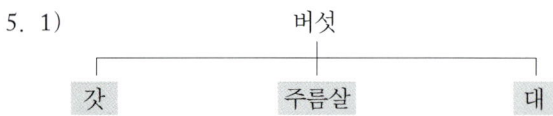

   2) (라): 구성 요소가 아닌 부분에 대한 설명이다.
   3) 들어가야 할 내용: 버섯의 대부분에 대한 내용

5과 남북 분단

어휘 익히기

1. 1) 분단 2) 신탁 통치 3) 냉전 4) 전향 5) 명분
   6) 구축하기 7) 주둔하

내용 이해하기

1.

①	중심 내용	조선 왕조의 식민지화
②	중심 내용	한반도 분단의 원인에 대한 다양한 입장
③	중심 내용	분단의 원인 1-1
④	중심 내용	분단의 원인 1-2
⑤	중심 내용	분단의 원인 1-3
⑥	중심 내용	분단의 원인 2-1
⑦	중심 내용	분단의 원인 2-2
⑧	중심 내용	분단의 원인 2-3
⑨	중심 내용	분단의 원인 3-1
⑩	중심 내용	분단의 원인 3-2
⑪	중심 내용	오늘날 한반도의 문제를 이해하는 방식

2.

	영향을 준 사상	성격	활동
부르주아 민족주의	윌슨의 '민족 자결주의'	친일, 일제와 타협적	물산장려 운동, 민립대학 설립 운동 등 전 민족적 실력향상 운동에 매진
사회주의적 민족주의	레닌의 '민족 해방주의'	우파의 친일 협력에 비해 도덕적 우위에 있었음.	노동문제, 농민문제에 비중을 두며 계급해방, 민족해방과 연결지음.

3.

	임정 승인에 대한 태도	이유
임정 구미 위원부	임정 승인받기 위해 노력함-임정 승인 운동 펼침.	승인되면 전쟁 중 미국에서 군사 원조를 받을 수 있고 전후 한반도에 정권 담당 주체로 등장 가능하므로
중국 국민당	가장 적극적으로 검토	임정을 앞세워 한반도에 대한 영향력을 행사하기 위함.
미국	임정 승인 반대	전후 중국이 한반도 문제에 영향력을 행사하는 출발점이 될 것을 우려함. 소련 정부의 자국 내 한인에 대한 정책을 의식함.

4. 1937년 7월 7일 일본군의 공격으로 노구교(盧溝橋, 루거우차오) 사건이 발생하자 장개석(蔣介石, 장제스)은 7월 17일 이른바 노산담화(盧山談話)를 발표하면서 정식으로 대일 항전을 선포했다. 장개석은 한국 독립운동에 대해 줄곧 깊은 동정을 보냈다. 한편, 실제적 관점에서 출발해 중국은 이미 일본과 전면적 지구전에 돌입해 있는 이상, 일본이 순조롭게 한국 내 전쟁 자원과 병력 자원을 취하지 못하도록 하기 위해 임정 등의 재중국 한인들이 적극적인 항일 운동을 전개하는 역할을 해야 한다고 생각하였다.

구성 이해하기

1.

논의의 초점	원인	분단으로의 전개 과정	이론이 가지는 약점
한국 내의 상황	좌우 대립 (경제적 문제와 일본에 대한 친일 여부)	• 윌슨의 민족 자결주의와 레닌의 민족 해방주의의 영향 • 1919년 이후 '부르주아 민족주의'와 '사회주의 민족주의'로 양분 • 1930~1945년, 한국 엘리트들이 좌우로 극심하게 나뉨.	• 대다수가 농민인 한반도에서 경제적 의미의 좌우가 선명히 있었다고 보기 어려움. • 남한에도 집권 세력 중 항일 운동에 매진한 사람들이 상당수 있었음.
강대국의 입장	강대국의 군사 분할 점령	• 임정 승인 운동 전개 • 카이로 회담에서 한국을 독립시키기로 결정 • 얄타 회담에서 공동점령 문제 논의 • 해방 직전 38선을 두고 남북으로 각기 군사 점령하기로 결정	• 1947년까지 미국과 소련은 협조주의를 지속했음. 따라서 군사 점령이 바로 남북 분단으로 연결되었다고 단정하기 힘듦.
한국 내의 상황과 강대국의 입장을 연결하여 이해	신탁 통치 파동과 미소공동위원회의 파행	• 38선을 경계로 소련군과 미군이 진주 • 신탁 통치 반대 (파동) • 미소공동위원회 결렬 • 유엔 통해 선거 치름. • 38선 이남에는 김구 세력, 이북에는 김일성 세력 구축 • 각각 대한민국 정부와 북조선인민공화국이 수립됨.	

2. 1) (가) 문단 — 원인
   (나) 문단 — 과정

2) • 문제가 있는 단락: (나)
   • 문제: 원인 두 가지(메주, 소금의 염도) 중 메주에 대한 내용만 기술되어 있기 때문이다.
   • 문제 해결 방법: 장을 맛없게 만들 수 있는 원인에 대한 내용도 기술되어야 한다.

6과 한국의 미

어휘 익히기

1. 1) 구성 2) 씨름 3) 감각적 4) 필치 5) 묘사
   6) 시선 7) 구도 8) 풍속화

내용 이해하기

1. ① — 치밀한 화면 구성
   ② — 간결하면서도 감각적인 필치
   ③ — 선수들의 모습 설명
   ④ — 선수의 신분과 엿장수의 모습 설명
   ⑤ — 평민들의 여가 문화인 씨름

2. 등을 보이고 있는 사람이 이길 것 같다.
   • 근거 1: 등을 보이고 있는 사람의 표정에 힘이 들어가 있다. 배지기 기술이 들어가면 상대방은 중심을 잃고 넘어질 것이다.
   • 근거 2: 등을 보인 사람의 상대방은 이미 다리가 들렸고 당혹스러워하는 표정이다.

3. 관중 모두의 시선이 선수 두 사람에 집중되어 있을 때, 화면 밖을 향한 엿장수의 시선이 이런 긴장감을 깨뜨려 주는 역할을 한다. 동시에 그림의 바깥쪽에도 구경꾼이 있음을 암시해 주기도 한다.

4. • 인물의 배치: 구경꾼들의 시선이 집중된 공간의 중심에 두 명의 씨름꾼을 배치하여 통일성과 긴장감을 준다.
   • 필치: 치밀하면서도 세부에 국한되지 않고, 간결하면서도 정확하게 짚어내는 감각적인 필치다.
   • 화면 구성: 두 남성과 구경꾼들이 겹쳐 보이지 않도록 구도를 잡았고, 구경꾼들 모두 각기 다른 포즈를 취하고 있어 치밀한 화면 구성이 돋보인다.
   • 화가의 시선: 약간 높은 곳에서 아래를 내려다본 시점을 써서 20명이나 되는 관중들이 작은 화면 안에 모두 들어오게 했다.

구성 이해하기

1.

대상	묘사 내용	대상에 대한 느낌(생각)
승부를 겨루는 두 사람	• 등을 보이는 사람: 표정에 힘이 들어가고, 오른손으로 상대의 다리를 들어 올린 배지기 기술을 하고 있는 모습임. • 상대방: 찌푸린 미간과 눈망울로 당혹스러워하고 있는 표정임.	등을 보이고 있는 사람은 승부를 결정짓기 위해 마지막 힘을 쓰고 있는 듯하고, 상대방 선수는 넘어가지 않기 위해 안간힘을 쓰고 있음.
선수의 신발	하나는 짚신이고 하나는 가죽신이며, 두 선수 모두 버선을 신고 있음.	두 사람 모두 선수가 아니라 평민으로, 예정에 없던 시합에 나간 것으로 보임.
엿장수	화면 밖을 바라보는 시선에 미소를 머금고 있음.	구경꾼들의 시선을 방해하지 않으면서 지혜롭게 장사를 하고 있음.

2. 묘사의 방법을 사용하면 글을 읽는 사람이 설명 대상의 모습과 특징을 보다 생생하고 구체적으로 떠올리며 상상할 수 있게 해 주는 효과가 있다.

7과 여러 나라의 공부 방식

어휘 익히기

1. 1) 융합 2) 원천 3) 논쟁 4) 사상 5) 주입식
   6) 교류 7) 암송

내용 이해하기

1. 한 나라의 공부 철학은 그들 사회의 문화로부터 비롯되며, 그들의 공부는 다시 그 나라 문화에 영향을 미친다. 즉 문화와 공부는 상호 작용하는 관계이다.

2.

나라	영향을 준 것
이스라엘	유대교
인도	힌두교
일본	집단과 관계를 중시하는 일본 문화
프랑스	철학

3. 일본인에게 있어서 '노트'는 그들이 지향하고 있는 공부 스타일을 가장 잘 담고 있는 집약체이면서, 주어진 지식을 최대한 빨리 익히고 습득할 수 있는 가장 효과적인 학습 도구이다.

4. • 공통점: 언어를 통해 자신의 생각을 다른 사람과 교류하는 방법을 배우고, 이를 통해 지식을 습득하고 사고력을 키운다.
   • 차이점: 프랑스는 다른 사람과 성공적인 생각의 교류를 추구하는 '사회성'에 중점을 두는 반면, 이스라엘은 자신만의 주체적인 의견을 중시하는 '주체성'에 더 중점을 둔다.

5.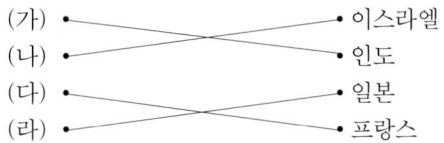

구성 이해하기

1. 각 나라의 공부 방식

2. 공부 방식에 영향을 미친 문화

3.

대상	차이점
이스라엘	끊임없이 의문을 가지고 질문을 하는 교육
일본	주입식, 암기식 교육

4. 모든 것을 당연하게 받아들이지 않고 끊임없이 의문을 가지고 질문을 하는 이스라엘의 교육에는 주입식, 단순 암기식 교육이 통하지 않는 반면에, '표준을 향한 공부'를 지향하는 일본의 교육에서는 주어진 지식을 철저하게 받아들이고 습득하는 주입식, 암기식 공부 방식이 일반적이다.

8과 신비한 미생물의 세계

어휘 익히기

1. 1) 침투 2) 미생물 3) 추적 4) 아군 5) 감염
   6) 면역 7) 특공대

내용 이해하기

1. 식중독을 일으키는 대표적인 균

2. 살모넬라균은 고체 형태의 암 주변의 정상 세포가 죽을 때 흘러나오는 '리보스'라는 당 성분의 냄새를 추적해 모이는데, 혈액 암의 경우에는 이 성분이 나오지 않기 때문에 살모넬라균이 찾아가기 힘들다.

3. 항암제는 갈 길이 멀고 장벽도 많아서 암세포까지 가기가 쉽지 않을 뿐 아니라 정상 세포에도 피해를 주는 반면에, 살모넬라균은 적극적으로 암세포를 추적하며 암세포가 몰려 있는 곳에서 스스로 번식해 수를 늘릴 수 있다는 장점이 있다.

4. 먼저 인체에 문제를 일으키는 모든 것(면역 반응을 일으키는 유전자와 설사를 일으키는 독성 물질)을 제거한 뒤 암세포를 공격하기 위한 인터류킨 유전자를 장착했다.

5.

	생물	특성	이용 사례
(가)	방울뱀	적외선 감지 능력이 있음.	소변기의 자동 물내림, 건물의 자동문, 감시 카메라, 방범 감시 센서
(나)	도꼬마리, 엉겅퀴, 도깨비풀의 씨앗	비늘 모양의 고리를 이용해 동물에 달라붙는 특성이 있음.	벨크로
(다)	도마뱀	발바닥을 덮고 있는 섬모에 접착 기능이 있음.	게코 테이프

구성 이해하기

1. 살모넬라균은 적극적으로 암세포를 찾으며, 암세포가 있는 곳에서 스스로 번식한다.

2. 살모넬라균은 식중독을 일으키는 대표적인 균으로 주로 소화기(특히 대장)에 침투해 심한 설사를 일으킨다. 그래서 이 균에 감염되면 설사를 심하게 하다가 탈수 증세를 보이게 된다.
   - 잉여 정보라고 생각하는 이유: 밑줄 그은 부분은 중복되는 정보이기 때문이다.

3. 과학자들이 살모넬라균에 매료된 것은 이 균의 암 추적 능력 때문이다. 일단 암을 찾아내야 치료를 할 수 있는데, 암세포는 면역계 세포의 움직임을 방해하고 외부와의 연락을 차단시키기 때문에 암세포를 찾기 힘들다.

4. 1) 원문의 내용과 다르게 요약하였고, 요약자의 의견도 들어 있다.
   2) 독서만 하는 것은 여행 안내서를 통해서만 그 지역의 풍속에 대해 알게 된 여행 안내인의 삶과 유사하다. 이와 달리 사색하는 인생은 직접 그 지역을 여행하며 그 지역의 진정한 특색을 알게 되고 이와 관련된 자신의 의견도 말할 수 있는 사람에 비유할 수 있다.

쓰기

1.

①	중심 내용	암 추적 능력이 있는 살모넬라균은 식중독을 일으키므로 인체의 면역 반응으로 보통은 제거되는데, 암 환자의 경우 면역력이 약해져 있으므로 제거되지 않고 살아서 암 덩어리에까지 갈 수 있다.
②	중심 내용	과학자들이 살모넬라균에 매료된 것은 이 균의 암 추적 능력 때문이다. 일단 암을 찾아내야 치료를 할 수 있는데, 암세포는 면역계 세포의 움직임을 방해하고 외부와의 연락을 차단시키기 때문에 암세포를 찾기 힘들다.
③	중심 내용	암세포가 성장하면서 주위의 영양분과 산소를 없애므로 정상 세포들이 죽게 된다. 살모넬라균은 이 죽은 세포에서 흘러나오는 '리보스'라는 당 성분을 추적해 모이는 것이다.
④	중심 내용	항암제는 암세포까지 가기가 쉽지 않을 뿐 아니라 정상 세포에도 피해를 주는 단점이 있다.
⑤	중심 내용	살모넬라균은 적극적으로 암세포를 찾을 뿐 아니라 암세포가 몰려 있는 곳에서 스스로 번식해 수를 늘릴 수도 있다.

⑥	중심 내용	연구자들은 살모넬라균을 암세포를 없애는 무기로 변화시키기 위해 먼저 인체에 문제를 일으키는 모든 것을 제거한 후 암세포를 공격하기 위한 인터류킨 유전자를 장착하였다.
⑦	중심 내용	살모넬라균은 암세포를 직접 공격할 수도 있고 주위의 공격 수단을 동원한 간접 공격도 할 수 있다.
⑧	중심 내용	살모넬라균은 스스로 부지런히 암세포를 찾는데, 암 치료가 완료되면 항생제를 주입해 간단히 제거할 수 있다.
⑨	중심 내용	살모넬라균의 능력을 잘 모방한다면 더욱 효과적인 항암 무기를 만들 수 있을 것이다.

2.
[①] [② ③ ④ ⑤] [⑥ ⑦ ⑧] [⑨]

3.

첫째 단락	암 추적 능력이 있는 살모넬라균은 식중독을 일으키므로 인체의 면역 반응으로 보통은 제거되는데, 암 환자의 경우 면역력이 약해져 있으므로 제거되지 않고 살아서 암 덩어리에까지 갈 수 있다
둘째 단락	암세포는 면역계 세포의 움직임을 방해하고 외부와의 연락을 차단시키기 때문에 암세포를 찾기 힘들다. 그러나 살모넬라균은 암세포에 의해 죽은 세포에서 흘러나오는 '리보스'라는 당 성분을 좋아하기 때문에 적극적으로 암세포를 추적한다. 항암제의 경우 암세포까지 가기가 쉽지 않을 뿐 아니라 정상 세포에도 피해를 주는 단점이 있지만, 살모넬라균은 적극적으로 암세포를 찾을 뿐 아니라 암세포가 몰려 있는 곳에서 스스로 번식해 수를 늘릴 수도 있다.
셋째 단락	연구자들은 살모넬라균을 암세포를 없애는 무기로 변화시키기 위해 먼저 인체에 문제를 일으키는 모든 것을 제거한 후 암세포를 공격하기 위한 인터류킨 유전자를 장착하였다. 살모넬라균은 암세포를 직접 공격할 수도 있고 주위의 공격 수단을 동원한 간접 공격도 할 수 있는데, 암 치료가 완료되면 항생제를 주입해 간단히 제거할 수 있다.
넷째 단락	살모넬라균의 능력을 잘 모방한다면 더욱 효과적인 항암 무기를 만들 수 있을 것이다.

4. 암 추적 능력이 있는 살모넬라균은 식중독을 일으키므로 인체의 면역 반응으로 보통은 제거되는데, 암 환자의 경우 면역력이 약해져 있으므로 제거되지 않고 살아서 암 덩어리에까지 갈 수 있다 암세포는 면역계 세포의 움직임을 방해하고 외부와의 연락을 차단시키기 때문에 암세포를 찾기 힘들다. 그러나 살모넬라균은 암세포에 의해 죽은 세포에서 흘러나오는 '리보스'라는 당 성분을 좋아하기 때문에 적극적으로 암세포를 추적한다. 항암제의 경우 암세포까지 가기가 쉽지 않을 뿐 아니라 정상세포에도 피해를 주는 단점이 있지만, 살모넬라균은 적극적으로 암세포를 찾을 뿐 아니라 암세포가 몰려 있는 곳에서 스스로 번식해 수를 늘릴 수도 있다. 연구자들은 인체에 문제를 일으키는 모든 것을 제거한 후 암세포를 공격하기 위한 인터류킨 유전자를 장착하는 방법으로 살모넬라균을 암 공격 무기로 변화시켰다. 살모넬라균은 암세포를 직접 공격할 수도 있고 주위의 공격 수단을 동원한 간접 공격도 할 수 있는데, 암 치료가 완료되면 항생제를 주입해 간단히 제거할 수 있다. 살모넬라균의 능력을 잘 모방한다면 더욱 효과적인 항암 무기를 만들 수 있을 것이다.

9과 수돗물의 미래

어휘 익히기

1. 1) 불소 2) 유해 물질 3) 임상 실험 4) 부작용
   5) 축적되어 6) 우려해 7) 시행

내용 이해하기

1.
1) • 여론 조사를 통해 수돗물 불소화 사업의 시행 여부를 결정하여야 한다. (O)
   • 물에 들어 있는 불소는 몸에 해롭지 않다. (O)
   • 미국에서는 65년에 걸쳐 수돗물 불소화에 대한 임상 실험을 실시하였다. (×)
   • 우리나라의 경우 2003년 대한 의사 협회에서 수돗물 불소화의 효과와 안전성을 인정하는 보고서가 나온 이후 불소화의 유해성에 대한 주장이 없어졌다. (×)
   • 불소화 반대론자들은 여론 조사 결과와 상관없이 절대로 수돗물을 불소화해서는 안 된다고 주장한다. (O)
2) • 불소화 사업에 대한 논의가 공정하게 이루어지지 못하였기 때문에 여론 조사를 통해 시행 여부를 결정하자는 찬성론자들의 주장은 받아들일 수 없다. (O)
   • 불소화된 수돗물을 마신 어린이들이 불소 중독증에 걸렸다는 보도가 있었다. (×)
   • 불소는 몸에 축적되므로 시간이 지나면 수돗물 불소

화의 부작용이 드러나게 될 것이다. (○)
- 미국의 수돗물 불소화 사업이 오랫동안 지속될 수 있었던 것은 이에 대한 투명한 논의가 민주적으로 진행되지 않아서이다. (○)
- 이제까지 수돗물 불소화 정책의 추진 과정은 전혀 투명하지 않았다. (○)

3.

	의견 1	의견 2
주장	여론 조사를 통해 수돗물 불소화 사업의 시행 여부를 결정하여야 한다.	일방적인 여론 조사를 통해 수돗물 불소화 사업 추진을 서둘러 결정하는 것은 받아들일 수 없다.
근거	• 불소화된 수돗물은 인체에 해롭지 않다. • 65년 동안 58개국 3억 6천만 명이 불소화된 수돗물을 마시고 있는데, 이것은 장기간의 대규모 임상 실험이라고 할 수 있다. • 2003년 대한 의사 협회에서 그 효과와 안전성을 인정하는 보고서가 나왔다. • 지난 16년 동안 찬반 토론이 충분히 이루어졌다.	• 불소 중독증 사례가 있고, 수돗물이 불소화된 지역의 부작용 사례가 드러나고 있다. • 불소의 실상이 드러나자 곳곳에서 불소화 사업이 취소되었다. • 이제까지 수돗물 불소화 정책 추진 과정은 전혀 투명하지 않았다.

4.

쟁점 1	물에 들어 있는 불소가 우리 몸에 해로운가?
쟁점 2	불소화된 수돗물은 충치 예방 효과와 안전성이 있는가?
쟁점 3	여론 조사를 통해 수돗물 불소화 사업 시행을 결정하는 것이 타당한가?

구성 이해하기

1. 1) [시중에 판매되는 생수나 유명한 약수에도 불소가 들어 있다.] + [즐겨 마시는 녹차에도 많은 양의 불소가 들어 있다.] + [우리가 마시는 모든 음료에 불소가 들어 있다.] + [이미 음료와 함께 불소를 마시고 있지만 건강에 아무런 문제가 없다.]
   ⇨ [물에 들어 있는 불소는 우리 몸에 해롭지 않다.]
   - 논리 전개 방식: 귀납적 추론 방식

2) • 소전제: 이제까지 수돗물 불소화 정책의 추진 과정은 전혀 투명하지 않았다.
   • 결론: 따라서 그 결과를 받아들일 수 없다.

10과 자연과 삶

어휘 익히기

1. 1) 자생지 2) 야생화 3) 보존하고 4) 파괴하는
   5) 생태계 6) 멸종되고 7) 동반자

내용 이해하기

1. 야생화의 존재와 가치에 대한 정보를 알려 줌으로써 야생화의 가치를 알아보는 안목이 생기게 하기 위해

2. 인간이 가까이 다가갈 때 꼬리명주나비가 느낄 불안감을 배려해서

3. 꽃이 아름답고 쓰임새도 다양하여 사람들이 무분별하게 마구 캐어 갔기 때문에

4. 불법 채취와 무관심으로 멸종 위기에 처한 야생화들이 있다. 보다 많은 식물 자원을 확보하려는 노력과 보존의 지혜가 필요하다.

5. 야생화를 좀 더 많이 알아보는 안목을 기르고 이들을 우리의 동반자로 받아들여야 한다.

구성 이해하기

1. • 분야: 식물 분야
   • 예상 독자: 야생화의 종류, 야생화의 이름, 야생화의 자생지, 야생화의 쓰임 등에 관심을 가진 독자

2.

야생화	새롭게 알게 된 정보	더 알고 싶은 정보
둥굴레	둥굴레의 자생지, 쓰임과 효용	
쥐방울덩굴	쥐방울덩굴과 꼬리명주나비의 관계	
깽깽이풀	이름의 유래, 쓰임과 효용	
산마늘	이름의 유래, 효용	

11과 한국의 커피 역사

어휘 익히기
1. 1) 전파력 2) 굴곡 3) 사교 4) 변천 5) 허영
   6) 서구화 7) 근대화

내용 이해하기
1. 한국의 커피 역사에 대해 정리한 책

2. 한국에서 근대화는 곧 서구화를 의미했고, 커피는 서구화의 상징으로 여겨졌다. 한국인은 항상 서양과 소통하고 싶어 했고, 그런 열망은 커피 사랑으로 이어졌을 것이다.

3.
사회적 상황	커피의 사회적 의미
일본 다방이 생김	신문물의 흡수
일제 강점기	특정 계층이 누리는 탐미주의적·관념적 지식의 허영(가난한 예술인들을 위로)
미군이 주둔함	커피가 대중화됨. 미국 자본으로 운영되는 상품
군사 독재 정권 시기	정치적 통제의 수단(군사 독재의 통제 대상)
대기업의 커피 시장 진출	커피의 르네상스 이룸
커피 자판기와 캔 커피의 등장	커피의 혁명
스타벅스의 등장	시간 제약 없음. 커피가 자유 제공됨.

4. • 장점: 첫째, '고종'에서 '스타벅스'에 이르기까지 커피가 한국 사회에 어떻게 적응해 왔고 어떤 영향을 주었는지 보여 주기 위해 다양한 사례를 소개하고 있다.
   둘째, 간결하고 명확한 문장을 사용하고 쉬운 어휘로 표현하여 글의 내용을 쉽게 이해할 수 있도록 하였다.
   • 의의: 이 지구상에 둘도 없는 한국만의 독특한 커피 문화를 통해 한국 사회를 읽어 보려고 시도하고 있다는 점에서 그 의의가 있다.

5. • '스타벅스'가 자유를 제공한다고 믿는 이유: 고객의 시간을 제약하지 않기 때문에
   • 커피는 문화이자 경제이며 정치라고 말한 이유: 한국에서 커피는 시대와 사회의 모습을 반영해 주고 있으므로 문화라고 할 수 있다. 동시에 대기업이나 스타벅스 같은 회사가 한국 사회의 커피 사랑을 이용하여 이득을 얻고 있으므로 경제라고 할 수 있다. 또한 군사 정권 때에는 정치적 통제의 수단으로도 이용되었으므로 정치라고도 말할 수 있다.

구성 이해하기
1. 1) 제목: 고종 스타벅스에 가다
      저자: 강준만
   2) 이 책은 수입품인 커피가 한국 사회에 깊이 뿌리내릴 수 있었던 이유는 무엇인지, 커피가 한국 사회에 미친 영향은 무엇인지, 왜 한국인은 커피에 매료되었는지 돌아보는 계기를 제공해 준다. '커피 역사를 통해서 본 세상'을 이해하는 일은 결국 우리 일반 민중들의 삶을 이해하는 하나의 좋은 방법일 수도 있다고 생각한다.

2.
1) • 인용한 부분 1: 당시 커피는 서양 문물과 분위기의 상징이었다. 고종이 커피를 즐겨 마시게 되자, 커피는 단지 왕실에서의 기호품으로만 그치지 않고 중앙의 관료, 서울의 양반, 지방의 양반으로 점차 확대되어 일반화되기 시작하였다. 그들은 커피를 마시면서 서양의 개화 바람을 흡입한다고 생각했을지도 모르겠다. 좁은 국토, 많은 인구, 부존자원이 빈약한 한국인들은 생존과 성장을 위해 늘 해외로 눈을 돌려야만 했고, 그 결과 한국 경제는 오늘날 70%가 넘는 대외 의존도를 갖게 되었다. 이런 필요성도 커피의 '국민 음료화'를 낳은 한 요인일 것이다. 한국인은 늘 서양과 소통하고 싶어 했고, 그런 열망은 커피 사랑으로 이어졌을 것이다.
   • 인용 부분이 뒷받침하는 견해 1: 한국이 왜 세계에서 가장 커피를 많이 마시는 나라 중 하나가 되었는지의 이유로 커피는 '서구화의 상징'으로 여겼기 때문이라는 견해를 뒷받침하고 있다.
   • 인용한 부분 2: 커피는 우리 삶의 많은 부분을 그려 내 주고 반영해 주고 있기에, 단순히 마시는 음료라기보다는 한 시대의 문화를 나타내는 철학이요 사상인 것이다.
   • 인용 부분이 뒷받침하는 견해 2: 커피란 단순히 마시는 음료를 뛰어넘어, 우리 시대 하나의 생활이요 문화를 반영하는 매개체라고 보는 저자의 견해를 뒷받침한다.

2) • '고종 스타벅스에 가다'의 의미: 커피를 처음 들여와서 마셨던 고종부터 현대까지 한국의 커피 역사를 보여 준다는 의미
• '한국 근현대사의 커피 역사'라고 붙인 이유: 한국에서 커피는 근대부터 현대까지 역사와 맥을 같이해 왔으므로, 커피와 시대가 밀접한 관련이 있으므로

12과 경제와 인재

어휘 익히기

1. 1) 인재 2) 인성 3) 채용 4) 등용하였 5) 선발 6) 역량 7) 발굴

내용 이해하기

1. 기업의 성장과 쇠퇴는 결국 기업 내부의 인재에 의해 결정되는 만큼 제대로 된 인재를 뽑는 일이 중요하다는 의미이다.

2.

방법	이유
TV 서바이벌 프로그램을 통해 신입 사원을 선발함.	지원자의 역량을 최대한 발휘할 수 있게 하기 위해
온라인 게임 존을 만듦.	지원자의 긴장을 풀어 주기 위해
맥주 파티를 엶.	지원자의 역량을 최대한 발휘할 수 있게 하면서 기업 문화에 맞는 인재를 찾기 위해
목소리가 큰 사람을 선발함.	자신감이 있고 실수했을 때 반성이 빠르다고 판단
씹기 힘든 음식을 빨리 먹는 사람을 선발함.	빠릿빠릿하고 일처리가 야무지다고 판단
화장실 청소를 통해 선발함.	남들이 하기 싫어하는 일도 서슴없이 하는 열정을 높게 평가

• 지원자가 자신을 나타낼 말과 행동을 제한된 시간 내에 가능한 한 많이 하도록 만들어 원하는 인재를 제대로 선발하기 위해

3. • 구태의연한 채용 기준: 출신 대학을 기준으로 선발하는 것
• 문제점: 지원자의 역량과 자질을 제대로 살피지 않고 학벌만 보면 엉뚱한 사람을 뽑을 수 있다.

4. 신분의 귀천이나 문벌의 우열을 따지지 않았고, 심지어 과거의 행적도 묻지 않고 역량 있는 인재를 구했다.

5. • 간택: 공직 후보자의 경력과 자질, 부패 혐의 등을 철저히 살핌.
• 평론: 내부 관원들의 평가를 종합 정리함.
• 중의: 인사 청문회를 열어 여론을 들어 봄.

6. 학벌이나 스펙이 아니라 능력과 인성, 열성을 잘 살펴 인재를 채용해야 한다.

구성 이해하기

1. 인재 채용 방식

2.

①	중심 내용	한국의 이색적인 채용 방식
②	중심 내용	일본의 이색적인 채용 방식
③	중심 내용	별난 채용 방법이 생겨나는 까닭
④	중심 내용	구태의연한 채용 기준이 여전히 적용되고 있는 현실
⑤	중심 내용	잘못된 선발의 피해
⑥	중심 내용	세종 대왕의 인재 선발 방식
⑦	중심 내용	채용 방식을 다양화한 세종 대왕
⑧	중심 내용	세종 대왕의 인사 시스템
⑨	중심 내용	기업이 지속적으로 발전할 수 있는 길

3. • 주장: 기업은 처음부터 옥석을 정확하게 가려 인재를 채용해야 한다.
• 근거: 엉뚱한 사람을 뽑으면 직장 동료, 상사, 고객에게까지 지속적으로 피해를 준다. 또한 일단 채용한 직원은 마음에 안 들어도 해고하기가 쉽지 않다.

4. 취업 지원자들을 대변하는 글

5. 1) 비판적인 태도를 보이고 있다.
2) • 공감을 불러일으키는 표현: 구태의연한 채용 기준을 버리지 못하는 기업도 여전히 많아 안타깝다. 학벌만 보고 엉뚱한 사람을 뽑는다면 그것은 사과 상자 안에 썩은 사과 하나만 있어도 나머지가 쉽

게 썩는 것과 같은 이치다.
- 공감하는 이유: 제대로 된 인재를 선발하기 위한 채용 방법 개발에 노력을 기울이지 않는 기업들이 아직 많기 때문에

13과 시와 정서

어휘 익히기
1. 1) 잊혀져 2) 몸짓 3) 황량했다 4) 빛깔 5) 눈짓
   6) 향기 7) 전파

내용 이해하기
1.

연	시적 상황	의미
1연	이름을 부르기 전	'그'는 나에게 무의미한 존재임.
2연	이름을 부름	'그'는 나에게 의미 있는 존재임.
3연	소망	누군가의 의미 있는 존재가 되고 싶은 '나'
4연	소망	누군가의 의미 있는 존재가 되고 싶은 '우리'

2.
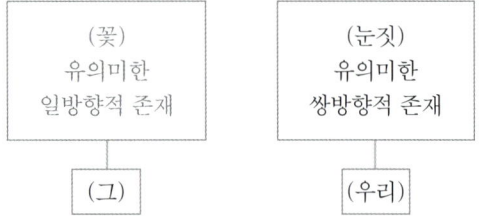

전개 방식의 특성: 점층법

3. 1) 존재의 본질
   2) 대상의 존재를 인식하고 인정해 주는 행위

4. 1) 꽃의 '빛깔과 향기'는 꽃이란 존재를 규정짓는 특성과 가치를 의미한다.
   2) '빛깔과 향기'란 모든 존재하는 것들의 존재론적 본질을 의미한다.

5. 1)

연	중심 내용
1연	단추를 누르기 전의 라디오 — 무의미한 존재
2연	단추를 눌렀을 때의 라디오 — 의미 있는 존재
3연	누군가에게 의미 있는 존재(사랑하는 대상)가 되고 싶은 나의 소망
4연	가볍고 편한 사랑을 원하는 우리

14과 깨달음이 있는 경험

어휘 익히기
1. 1) 분수 2) 빈손 3) 해방감 4) 이해관계
   5) 얽매여 6) 무소유 7) 집착

내용 이해하기
1. 인간의 소유욕은 끝이 없어서 항상 필요한 것보다 더 많은 것을 가지고 싶어 하며, 그래서 생활에 꼭 필요한 것 이상의 욕심을 부리게 된다. 그럼으로써 집착이 생기고, 이 집착으로 말미암아 시기하고 질투하고 다투게 된다. 인간의 역사는 자기 몫을 위해 싸우는 소유의 역사로 보이기까지 한다.

2. 난초는 글쓴이에게 기쁨을 주기도 하지만, 끊임없이 집착하게 하고 구속하는 존재로서 '소유욕'이나 '집착'의 대상을 상징한다.

3. 아무것도 갖지 않은 무소유자가 될 때 비로소 참된 자유와 행복을 얻을 수 있다.

5. 1) 〈무소유〉와 〈차마설〉 둘 다 소유에 집착하는 태도를 경계하고 있다. 〈무소유〉에서는 소유에 과도하게 집착하면 내가 소유한 물건에 오히려 내가 구속되어 나의 자유가 제한되며 괴로움을 느낄 수 있다고 하였다. 〈차마설〉에서는 사람이 소유하고 있는 것은 근본적으로 다 빌린 것이므로 소유에서 비롯되는 인간의 심리는 허망하다고 하였다.

구성 이해하기
1. 1) [난초를 정성을 다해 기름.] → [난초에 너무 집착하여 괴로움을 느낌.] → [무소유의 역리를 깨달음.]

15과 문학과 사회

어휘 익히기

1. 1) 구멍가게 2) 폐업 3) 확장 4) 아옹다옹하지
   5) 이판사판 6) 협정 7) 공방전

내용 이해하기

1.

사건	동네 사람들의 반응
'김포 쌀 상회'가 '김포 슈퍼'로 바뀌면서 '형제 슈퍼'에서 팔던 물건들을 팔기 시작함.	'경호네'의 성공을 축하하고 부러워함.
'형제 슈퍼'와 '김포 슈퍼'가 경쟁하면서 가격을 인하하고 덤을 주기 시작함.	사람들은 물건을 싼 가격에 살 수 있어서 좋아함.
형제 슈퍼와 김포 슈퍼 사이에 위치한 싱싱 청과물을 몰아내기 위해 김 반장과 경호 아버지가 동맹을 맺음.	양쪽 슈퍼에서 물건을 싸게 살 수 있어 굳이 싱싱 청과물에서 물건을 사지 않음.
싱싱 청과물 사내와 김 반장 사이에 말다툼이 벌어짐.	사람들은 김 반장과 경호 아버지를 욕함. 싱싱 청과물의 폐업을 가슴 아파함.
싱싱 청과물 자리에 새로 전파상이 옴.	'써니 전자'와 새로 생길 전파상이 서로 타협하길 바람.

2. 연탄, 유행처럼 번지기 시작한 유선 방송, 옥상마다 다닥다닥 붙어 있는 안테나, 쌀 상회, 전파상, 아랫목, 변소, 싸전

3. 1980년대, 도시 외곽 지역에 사는 평범한 소시민들의 삶이 드러나며, 먹고사는 일이 힘겹고 치열한 서민들의 삶이 단적으로 나타난다.

4. • 가난한 동네의 이웃 간 벌어지는 갈등과 화해
   • 먹고살기 힘든 현실
   • 더불어 사는 사회에서 인간들이 지켜야 할 이해와 공존의 원리
   • 서로 타협해 가며 이웃 간 정을 지키려는 삶의 모습

부록: 어휘 색인

ㄱ

가격 224
가꾸다 199
가내 수공업 222
가뜩이나 147
가리다 175
가시광선 120
가을걷이 38
가치 144
각도 120
간결하다 163
간장 84
간주하다 46
간직하다 62
간파하다 163, 176
갈림길 205
갈망 191
갈아엎다 131
감각적 89, 92
감상 13
감염 116
감지기 120
감지되다 90
감지하다 120
감칠맛 146
갓 70
강도 44
개업일 213
개조 221
개척령 150
개체군 17
개화 161
개화기 145
거듭하다 160
거래 218
거부 46
거주하다 62
거창하다 213
거처 199

겉돌다 130
겉치레 176
겨루다 90, 205
격려 44
격변 43
격변적 사건 44
견학 161
결렬 80
결사적 222
결함 205
겸비하다 176
겸손 176
경계 176
경비견 118
경지 15
경향 161
경호 69
계승 31
계승하다 27
계층 161
고난 44
고등 수단 47
고리 121
고분고분 214
고삐 203
고위층 161
고유하다 28
고착되다 76
고체 형태 117
골절 133
곰팡이 70, 84
공간 162
공격망 226
공격수 118
공동체 30
공론장 161
공론화 130
공방전 219
공부 방식 102

공부 철학 102
공사 161
공산품 207
공식 191
공유하다 44
공직 176
공터 92, 221
공평하다 218
공헌 162
과도기 78
과언이 아니다 119
과업 23
과일전 222
관념적 162
관노 176
관료 161
관원 176
관찰하다 151
괄목하다 105
괘씸하다 18
괴어오르다 220
교류 101, 105
교통 체증 45
교환하다 162
구가하다 176
구도 89, 90
구릉 145
구사하다 163
구설수 220
구성 89
구조물 68
구조 신호 116
구축 80
구축하다 75, 176
구태의연하다 175
국면 79
국방 176
국산품 162
국한되다 91

군락지 147
굳어지다 30
굴곡 91, 159, 160
굴러먹다 227
궁궐 69
궁극적 22
궁핍 162
궁합 160
권세 203
권위 102
귀띔 213
귀천 175
귀화인 176
균사 70
균형 42
그치다 160
극단적 48
극락 60
극복되다 205
극적 90
근대화 159
근원 103
근현대 164
글썽거리다 223
금기 27
금기 표현 30
금을 매기다 226
급변하다 145
급습 162
기둥 61
기여하다 105
기운 200
기원 76
기원국 26
기하다 176
기행문 13
기호품 160
긴밀하다 102
긴장 174

길들이다 31
김 223
깃대 61
깊숙이 144
까다롭다 214
깨뜨리다 91
꺼칠하다 222
꼼꼼히 149
꼼짝없이 149
꾸덕꾸덕 84
꾸며 놓다 60
꿰뚫다 215
꿰뚫어 보다 191
끔찍이 47
끙끙 216
낑낑대다 207

ㄴ

나름 144
난동 18
난처 212
난초 199
남획 17
낭만 158
내기 92
내막 216
내몰리다 38
내실 176
냉전 75, 79
너울거리다 147
노 28
노골적 220
녹슬다 61
논쟁 101, 102, 161
농경 생활 29
농도 132
농축 27
농축되다 30
농한기 38
눈여겨보다 162
눈요기 212
눈짓 185, 186
눈총 219
눈치 보다 163
늘어지다 200

ㄷ

다닥다닥 212
다방 161
다수결 132
다운 증후군 22
다짜고짜 226
단순 암기식 102
단청 59, 60
달려들다 117
달인 146, 175
담 69
담담하다 160, 162
답습 161
당간 지주 61
당혹스럽다 90
대 70
대견하다 214
대뜸 226
대리 46
대립 76
대목 225
대범하다 228
대변자 216
대변하다 77, 191
대수롭다 205
대수롭지 않다 213
대웅전 61
대웅전 마당 61
대처 43, 45
대체되다 161
대폭적 224
대표적 121
대한민국 임시정부(임정) 78
덕담 217
덕지덕지 222
덤 217
데치다 146
도래지 17
도맡다 213
도매 222
도약하다 213
도전 44
도전하다 102
도피 46
독성 116
독특하다 163, 174

돈줄 214
돋다 146
돋보이다 90
돌격 39
돌아보다 164
동맹 223
동반자 151
동원하다 175
동일시 47
동질성 47
동포 30
동행자 145
되물리다 220
되새기다 28
된장 84
두루뭉술 213
둔하다 17
뒷수습 216
드나들다 161, 216
들뜨다 201
등극하다 163
등쌀 223
등용 176
등용하다 173
등재되다 60
따지다 175
딱딱하다 163
딱 부러지다 218
때려치우다 223
떨어 대다 212
똑 부러지다 174
똥지게 175
뜯어말리다 227
뜻하다 229
띄엄띄엄 148

ㄹ

룸펜 162

ㅁ

마름질 69
막론하다 161
막연하다 175
만물상 216
만병통치약 162
만삭 147

만성적 45
말귀 220
말꼬리 226
맞닥뜨리다 103
맞서다 201
매개체 164
매개하다 161
매료 116
매료되다 160
매상 214
매진하다 77
맥락 11, 15
맹렬히 39
머물다 62, 146
먹이 사슬 17
멀게 하다 201
멍들다 175
메다꽂다 227
메우다 213
메주 84
면면히 28
면역 116
멸종 150
명명백백 133
명분 75, 79
명확하다 163
모나다 213
모방 119
모의 162
목 228
몫 198
몸짓 185, 186
묘사 89, 188
묘책 224
무관 176
무기 118
무명 62
무소유 200
무의식적 46
무작정 222
문벌 175
문화인 축 160
문화적 자산 102
물들이다 148
물레 198
미각 163

미간 90
미완성 161
미혹하다 203
민중 55
밀수 162
밀접하다 103
밑천 221

ㅂ

바닥 231
바람직하다 47
바위틈 144
박자 205
반성 174
반열에 오르다 104
반영 14
반영하다 11
반응 11, 13, 42
받침 68
발굴 173, 176
발발하다 76
발상 131
발휘하다 174
방어 45
방어 기제 43
밭떼기 216
배지기 기술 90
배치하다 69
버선 91
번뇌 59, 61
번듯하다 213
번식 148
번식기 17
번식하다 118
번연히 216
번질나다 216
벌어지다 148
벌이다 222
법석 212
벗 10
벗어나다 76, 200
베풀다 158
벽두 221
변소 212
변용 59, 62
변질 162

변천 159, 163
변형 47
별나다 175
볏짚 28
보람 199
보잘것없다 147
보전 148
보존 31, 149
보존하다 27
복구 118
복귀 76
복용 146
복원 118
복잡다단하다 160
복종하다 102
본전치기 226
본질 191
봉쇄 48
봉양(奉養) 14
부대끼다 23
부러워하다 213
부리다 215
부식 215
부여하다 132, 192
부자유 198
부작용 117, 129, 133
부정 46
부정부패 162
부존자원 161
부패 176
부풀리다 162
부화 39
북적이다 212
분 199
분단 75, 76
분수 198
분할 점령 78
불모지 150
불사하다 201
불소 129
불소화 130
불이문 61
비녀 18
비롯되다 61
비복 203
비석 18

빈손 198
빈약하다 161
빌리다 203
빚 216
빛깔 185, 186
빠릿빠릿하다 174
빠지다 223
뽑다 174
뿌리 내리다 160, 164

ㅅ

사고 활동 12
사교 159, 161
사기꾼 162
사랑방 161
사로잡히다 47
사바세계 60
사상 101, 102
사상가 162
사상 전향 77
사찰 61
사천왕 62
사회성 105
산란 38
산자락 148
살판나다 219
삶의 양식 28
삼 28
상경 213
상용화 146
상전 203
상징 160, 205
상하 관계 29
상호 작용 102
새기다 11, 15
새끼 28
샐쭉 230
생겨나다 175
생생하다 200
생존 161
생태 188
생태계 17, 147
생필품 214
서구화 159, 160
서늘하다 227
서류 전형 175

서서히 158
서슴없이 174
서식 147
서식지 17
서양 문물 160
서얼 176
서운하다 144
석탑 68
선명하다 158
선묘 91
선발 173
선발하다 174
섣불리 231
설득력 160
설레다 199
설파하다 59, 62
섬유 부착포 121
성 225
성군 175
성사시키다 222
세계 질서 78
세부 91
세분 29
세포 116
소소 150
소수 132
소양 132
소외시키다 30
소용 203
소유욕 200
소임 144
속담 30
속세 61
속셈 226
속속 175
쇠퇴 176
수단 28
수레 35
수렴 133
수립 80
수시 45
수호하다 59, 62
술주정 223
숨 가쁘다 164
스트레스원 44
스펙 176

승기 90	아른거리다 200	역리 201	우열 175
승려 60	악귀 62	역사적 산물 102	우파 76
승인 78	악심 225	연결 80	울분 161
승화 43, 47	악착스럽다 225	연락망 118	울상 231
시간을 때우다 162	안간힘 90	연명 150	원단 222
시끌벅적하다 229	안목 151	연주하다 158	원리 191
시도하다 163	안색 223	열망 79, 161	원성 224
시들하다 212	안쓰럽다 147	열성 176	원천 101, 103
시론 161	안타깝다 158	열정 174	원칙 78
시름 222	알록달록 60	염도 84	위주 29
시선 89, 90	앓다 216	염료 148	위태롭다 203
시세 221	암기 103	염증 148	위협 44
시점 90	암세포 116	엽기적 174	유골 62
시행 129, 130	암송 101, 103	영글다 150	유기물 70
식중독 116	암시하다 90	영락없다 222	유기적 80
신경전 92	암암리 216	영세하다 221	유도 102
신도 60	압도당하다 60	영역 163	유랑 생활 29
신명 92	애용 162	영향력 77, 78	유래 148
신문물 162	애정 전선 191	예민하다 147	유목민 29
신비롭다 145	애지중지 199	예배 63	유목 생활 26
신세 한탄 224	애초 217	예화 22	유배 158
신임 176	애태우다 147	오죽하다 174	유산 10, 60
신진대사 146	야망 213	옥 205	유전자 118
신탁 통치 75, 79	야생화 144	옥상 212	유해 물질 129, 133
신호 물질 116	야트막하다 145	옥석 175	유효하다 30
실상 133	야합 162	온고지신 30	육신 201
실존 192	약물 162	옹색 213	융합 101, 104
실크 로드 62	약점 77	완화 47	으르렁대다 201
심란스러워지다 218	약조 223	왕성하다 100	은총 203
심보 227	약탈 150	왕실 160	음미 13, 191
심심찮다 31	어깃장 226	왜소하다 227	음치 205
심상 222	어름하다 226	외면 18	웅대하다 214
십중팔구 146	어림도 없다 225	외상 161	의기양양하다 203
싸전 213	어엿하다 213	외톨이 203	의례 59, 60
싹싹하다 225	어필 161	요구 42	의식주 28
쌀 팔다 218	억압 48	요긴하다 198	의존도 161
쌉싸래하다 149	억척스럽다 213	요령 13, 212	의지 46
쌓기 176	언급되다 78	요상스럽다 229	이르다 160
썰렁한 214	언짢다 228	요인 161	이목구비 91
쑤군쑤군 212	얽매이다 198	욕구 47	이삭 35
쓰임새 148	여가 문화 92	용어 29	이색적 174
씨름 89, 90	여론 132	우겨 대다 217	이정표 59, 61
	여실히 147	우려 130	이치 175
	여의다 214	우려하다 78, 129	이판사판 219
ㅇ	역경 44	우리다 148	이해관계 201
아군 119	역량 173, 174	우문 231	인사 175
아랫목 212			

부록: 어휘 색인   251

인사치레 217	장엄 60	조화 207	지체하다 200
인성 173, 176	장착하다 118	조회하다 69	지칭어 27, 29
인식하다 45	장쾌하다 203	족족 148	지탱 149
인재 173	재상 176	족집게 230	지향 103
인정 213	재임 176	족하다 212	진액 146
인체 116, 130	재적응 42	존재론적 188	진열대 213
일관되다 131	재촉하다 214	좌절 46	진주 78
일구다 144	쟁여 놓다 213	좌파 76	진화 160
일념 201	적(籍) 198	죄의식 47	질리다 228
일맥상통 104	적군 119	주객 198	집권 세력 77
일반화 160	적외선 120	주둔하다 75, 76	집념 200
일상적 60	적잖이 198	주름살 70	집약체 104
일심 61	적합 176	주목 14	집착 47
일주문 61	전개 79	주석하다 62	집행하다 69
일체 222	전도 198	주식 29	징징대다 223
일품 149	전략 163, 224	주안점 80	찌푸리다 90
임상 실험 129, 131	전설 55	주입식 101, 102	
입성 104	전수하다 103	주장 13	ㅊ
입하 224	전위 47	주저하지 않다 163	차단 116
잊혀지다 185, 186	전전긍긍 226	주지화 47	차분히 164
	전파 185, 189	주체성 105	찬란하다 176
ㅈ	전파력 159, 160	죽음의 문턱 38	찰라 91
자괴감 22	전파상 230	죽치다 161	참고 175
자극 44	전향 75	준마 203	창작하다 205
자기 기만적 46	전형적 46	중독증 132	채색 14
자기만족 47	절절히 200	중용 176	채식 29
자리 잡다 103	점액질 146	중지 118	채용 173
자부심 105	접착제 121	중턱 148	채용이 곧 전부다 174
자부하다 219	접착 테이프 121	쥐다 144	채용하다 174
자비 62	정권 담당 주체 78	즐비하다 220	채찍질 203
자살 특공대 119	정당화 48	증식 148	채취 150
자생지 145	정맥 117	증진 146	책봉 176
자외선 120	정비례하다 201	지대하다 162	책임 회피 48
자질 175	정신 박약 22	지독하다 200	처지 14
자책하다 201	정신이 팔리다 215	지름길 15	척결하다 162
자치권 77	정착 27, 29	지배 76	천거 176
자판기 163	정책을 펼치다 78	지사제 148	천 길 물속은 알아도 한 길 사람 속은 모른다 174
작당 225	정체성 27, 28	지성 132	천왕문 61
작동 118	정화하다 207	지속적 175	철새 221
작정 230	제거 116, 118	지식인 161	철수 46
잘라먹기 221	제기 130	지아비 203	철저 104
잠식 163	조롱조롱 145	지어미 203	철저히 176
잡초 144	조성하다 221	지적 47	철학 105
장기적 45	조약 223	지지하다 76	청문회 176
장벽 117	조이다 43, 44	지천 150	청원 130
장본인 158	조짐 214	지체 161	

청청하다 199
체질 개선 146
초월하다 147
초점 11, 14
촉진 146
촘촘하다 70
추적 116
추축국 76
축내다 214
축적 133
축적되다 129
출신 176
충동 47
취급하다 213, 215
취지 162
측정 121
치밀하다 90
치아 132
치어 39
치열하다 163
치장 228
치중 176
친선 사절 201
친소 관계 29
친일 77
침체 161
침투 116
침해 131

ㅋ
칼날 144
케디 148
쾌락 162

ㅌ
타당 13
타인 30
탁발승 198
탄성 91
탈바꿈 205
탈수 116
탐구 103
탐미주의적 162
탕약 161
태고 150
태평성대 176

탱화 14
터득 15
터득하다 11, 200
토로 161
톡톡 174
통신 수단 118
통제 48, 162
퇴행 43, 46
투명 133
투사 43, 48
투여 117
튀다 174
트다 148
특공대 118
특산물 150
티 205
티켓 다방 162

ㅍ
파고들다 212
파괴하다 147
파급 49
파동 79, 120
파악 12
퍼지다 161
편모 117
펼치다 92, 151, 191
폐쇄 131
폐업 228
포괄 55
포부 45
포슬포슬 38
포획 17
폭받적 163
표준 104
푸지다 231
풀꽃 144
풀어 주다 174
품질 163
품팔이 213
풍광 207
풍속화 89, 90
풍요 158
피가 마르다 223
필기 104
필사적 205

필치 89, 92
핏줄기 189

ㅎ
하소연 220
하염없이 158
하찮다 192
학벌 176
한결같이 199
한몫하다 221
한방 148
합리적 13
합리화 43, 48
합의 216
항상성 17
항암제 118
항체 118
해거름 214
해방감 200
해소 46
해일 50
핵심 102
행동 규범 30
행보 221
행적 175
향기 185, 186
허둥지둥 200
허영 159
허영기 162
허전하다 200
헐레벌떡 164
험상궂다 62
험악하다 62
협하다 145
헤아리다 11, 12
헷갈리다 219
행구다 146
혁명 163
혐의 176
협력하다 77
협의하다 79
협정 223
형이상학적 188
형편 214
호칭어 27, 29
호화롭다 60

혼란기 162
혼탁 84
홀가분하다 200
화면 구성 90
확대 160
확보 222
확보하다 151
확장하다 213
환기 200
환원 224
활용하다 175
황량하다 189
회충약 162
회피 46
회합 162
효력 231
효시 161
효용 151
후보자 176
후하다 218
훼방 226
휘어지다 145
흐드러지다 226
흔적 29
흡수 162
흡입하다 161
힘겨루기 92

서울대 학문 목적 한국어⁺ 시리즈

말하기·듣기·읽기·쓰기

집필진

안효경	서울대학교 국어국문학 학사
	서울대학교 국어국문학 석사
	가톨릭대학교 국어국문학 박사
	서울대학교 언어교육원 한국어교육센터 대우전임강사
이슬비	서울대학교 국어교육/영어교육 학사
	서울대학교 한국어교육전공 석사
	서울대학교 한국어교육전공 박사
	(전)서울대학교 언어교육원 한국어교육센터 시간강사
	국립국어원 학예연구사

**서울대 한국어⁺
학문 목적 읽기**

초판 1쇄 발행 2017년 3월 30일
초판 6쇄 발행 2024년 3월 30일

지은이   서울대학교 언어교육원

펴낸곳   서울대학교출판문화원
주소   08826 서울 관악구 관악로 1
도서주문 02-889-4424, 02-880-7995
홈페이지 www.snupress.com
페이스북 @snupress1947
인스타그램 @snupress
이메일   snubook@snu.ac.kr
출판등록 제15-3호

ISBN 978-89-521-1805-9 04710
     978-89-521-1920-9 (세트)

ⓒ 서울대학교 언어교육원, 2017

지은이와의 협의하에 인지는 생략합니다. 잘못된 책은 바꾸어 드립니다.
이 책의 무단 전재나 복제 행위는 저작권법에 따라 처벌받게 됩니다.

주문 정보
Order Information

〈사랑해요 한국어〉, 〈서울대 한국어+ 학문 목적〉 시리즈는 서울대학교출판문화원 홈페이지(www.snupress.com)와 교보문고, 영풍문고 등 주요 서점 및 인터넷 서점 인터넷교보, YES24, 알라딘 등에서 구매하실 수 있습니다.

You can purchase the series at the Seoul National University Press homepage (www.snupress.com), major bookstores such as Kyobo Bookstore and Young-Poong Bookstore, and online bookstore such as Internet Kyobo Book Center (www.kyobobook.co.kr), YES24 (www.yes24.com), Aladin (www.aladin.co.kr), etc.

해외유통 및 대학, 기관에서 구입을 희망하시는 경우 공앤박으로 문의하시면 됩니다.

If you want to purchase from overseas distribution, Universities, or Institutions, please contact us at Kongnpark.

공앤박(www.kongnpark.com)
E-mail: info@kongnpark.com | Telephone: +82 (0)2 565 1531 | Fax: +82 (0)2 3445 1080

Notices

Title	Publication Date
사랑해요 한국어 1 (SB/WB)	January 2019
사랑해요 한국어 2 (SB/WB)	April 2019
사랑해요 한국어 3 (SB/WB)	May 2019
사랑해요 한국어 4 (SB/WB)	June 2019
사랑해요 한국어 5 (SB/WB)	November 2015
사랑해요 한국어 6 (SB/WB)	March 2016
서울대 한국어+ 학문 목적 읽기/쓰기	March 2017
서울대 한국어+ 학문 목적 말하기	January 2018
서울대 한국어+ 학문 목적 듣기	February 2019

서울대학교출판문화원 SNUPRESS

(08826) 서울특별시 관악구 관악로 1
1 Gwanak-ro, Gwanak-gu Seoul 08826, Korea

Telephone: +82 (0)2 880 5252 | Fax: +82 (0)2 888 4148 | E-mail: snubook@snu.ac.kr

www.snupress.com